趣说汉字

QU SHUO HANZI

金德生　刘配书　编著

语文出版社

·北京·

图书在版编目（C I P）数据

趣说汉字 / 金德生，刘配书编著. -- 北京 ： 语文出版社，2016.5
ISBN 978-7-5187-0339-5

Ⅰ. ①趣… Ⅱ. ①金… ②刘… Ⅲ. ①汉字—通俗读物 Ⅳ. ①H12-49

中国版本图书馆CIP数据核字(2016)第103303号

责任编辑 李世江 张 兰
装帧设计 郑 毅 梁 明
出 版 语文出版社
地 址 北京市东城区朝阳门内南小街51号 100010
电子信箱 ywcbsywp@163.com
排 版 真语文图书策划工作室
印刷装订 北京市科星印刷有限责任公司
发 行 语文出版社 新华书店经销
规 格 787mm×1092mm
开 本 1/16
印 张 23.25
字 数 335千字
版 次 2016年5月第1版
印 次 2016年5月第1次印刷
印 数 1-3,000
定 价 48.00元

010-65253954(咨询) 010-65251033(购书) 010-65250075(印装质量)

国家宣传文化发展专项资金项目

项目成果·真语文系列丛书

序

郝铭鉴

金德生先生是我的中学同学。记得他在校园年代，少年心事当拿云，钟情的是诗歌创作，在各路赛诗会上雄姿英发。后来进了部队，文学灵感依然如春潮涌动，又有军旅小说问世。想不到几十年后重逢，竟成了一位汉字研究者。在“提笔忘字”的今天，读到金德生、刘配书二位合著的《趣说汉字》，不禁有点喜出望外。

汉字是中华民族的文化瑰宝，承载着几千年的文明传统。现代人何以“提笔忘字”？有人说是电脑惹的祸，这话也许不无道理。自从电脑进入我们生活以后，不少人便和写字渐行渐远。他们在键盘上可以娇莺穿柳、彩蝶飞花、得心应手、意到键随；可一提起笔，便顿时如走上了千年蜀道，一步三颤、文思迟滞、笔重千斤。然而，即使存在这样的事实，我还是认为“提笔忘字”有更为深刻的原因——它和我们的汉字教育有关。

孔夫子是伟大的教育家，他设置的六门课程——礼、乐、射、御、书、数，其中“书”指的便是汉字学习。据《汉书·艺文志》：“古者八岁入小学，故《周官》保氏掌养国子，教之六书，谓象形、象事、象意、象声、转注、假借，造字之本也。”小孩子八岁读书，首先接触的是汉字的构造和使用，故古人习惯性地把研究汉字的学问称为“小学”。从许慎到王国维，历朝历代出了多少小学大家！现代文化人中，无论学的是文科还是理科，研究的是史学还是文学，都受过良好的汉字教育。且不说鲁迅是章太炎的入室弟子，郭沫若是研究甲骨文的一代大师，即使是陈独秀这样的职业革命家，他在身陷囹圄时，还潜心编出了《小学识字教本》。这正是汉字教育创造的奇迹。

传统的汉字教育最为宝贵的一点是：抓住了汉字表意的本质，从字形深入到了字理。学习者既知道某个汉字怎么写，还知道为什么这么写。接受这样的汉字教育，自然容易对汉字产生特殊的情感，明白每一个汉字都是文化集装箱，蕴藏着人类文明的历史，凝聚着中华民族的智慧，因此每认识一个汉字，都仿佛打通了一条人生道路。识字的过程是人生境界提升的过程。字不仅记忆在脑海中，更积淀在灵魂里，成为知识结构不可缺少的组成部分，犹如泰山刻石、浃髓沦肌，留下难以磨灭的印迹。

遗憾的是，今天的语文学习，识字往往停留在符号的层次。在短时间里，也许写得出点横撇捺，读得出“啊衣乌迂”，可恰如沙上写字、冰上雕花，经不起时间的考验。难怪在电脑的冲击下，很快便陷入了混沌和遗忘。金德生、刘配书二位的《趣说汉字》让我有点喜出望外，正因为它是反其道而行之，从中可以窥见回归传统的努力。

《说文解字》贵在一个“说”字，一句话能解开汉字的千古之谜，让人豁然开朗。《趣说汉字》显然受到了《说文解字》的影响，同样在“说”字上下功夫。它能博采众家之说，让每一个汉字在文字学的背景上呈现；同时又能融会贯通，形成适合今日读者理解的现代解说。全书基本上是一字一篇，篇幅并不长，但因善于选择切入点，又有切中肯綮的笔力，因此总能旁征博引、娓娓道来，并不显得局促，而且，作者并不都是就字说字，常常宕开一笔，就字说史，就字说理，如由“端”字谈到官风，由“行”字谈到春运，看似信手拈来，却使本书有了鲜明的时代色彩。

更值得称赞的是，《趣说汉字》不但说得有理，热情传播历代文字学家的研究成果；而且还能说得有趣，让严肃的文字学谐趣横生、引人入胜。为了达到这样的效果，作者常常古今穿越，比如在谈“吃”字时，从《舌尖上的中国》起笔，谈到邓艾的“口吃”，从苏轼的“日啖荔枝三百颗”谈到网络上的“吃不了兜着走”，思如泉涌，灵动自如。书中不少篇目，可以说是直接针对读者的疑问，如《“重”不是千里》《“射”不是寸身》，让人不由得产生先睹为快的冲动。特别是在作具体解说时，文笔简练而又透彻，严谨而又形象，不时还穿插灯谜和诗歌，妙语迭出却又不与戏说为伍，始终保持着熔雅俗于一炉的清新格调。

翻开《趣说汉字》的目录，第一眼的印象，在丰富之外，或许会觉得庞杂，但一篇篇读下来，便会发觉书中自有清晰的脉络。作者以《一“目”了然》冠全书，先谈汉字的起源，再谈人体的构造，后面便是社会伦理、生活起居、历史兴衰、自然万象、家禽野兽、文化理念……分门别类、杂中求序，由此可见作者用心之良苦。分散开来是零珠碎玉，翻到哪一篇都可读得津津有味，集中起来则成了妙手巧构，汉字发展的轮廓依稀可见。唯一感到不满足的是，全书虽有近200篇，读来却意犹未尽，颇有被吊起胃口的感觉，还望金德生、刘配书二位能不断“趣说”下去。这是我作为一个读者的期盼。

是为序。

2015年5月17日

目录

MULU

一“目”了然

 甲骨文“目”  金文“目” 小篆“目”

汉字起于何时，始于何人？考古发现，最早刻有类似文字形状符号的龟甲距今约8000年；造字始祖是黄帝时期的史官仓颉。有何凭据？答曰：观一“目”即可了然。

追溯汉字历史，当从“贾湖刻符”说起。在河南省漯河市舞阳县北舞渡镇贾湖遗址（新石器时代的裴李岗文化）出土的龟甲上，共有16个契刻的符号，其中有一个近似于甲骨文的“目”字（形状见龟甲右侧第一个刻符），多数文字专家认为，贾湖契刻符号是有意识刻画的，但不能确证为文字。

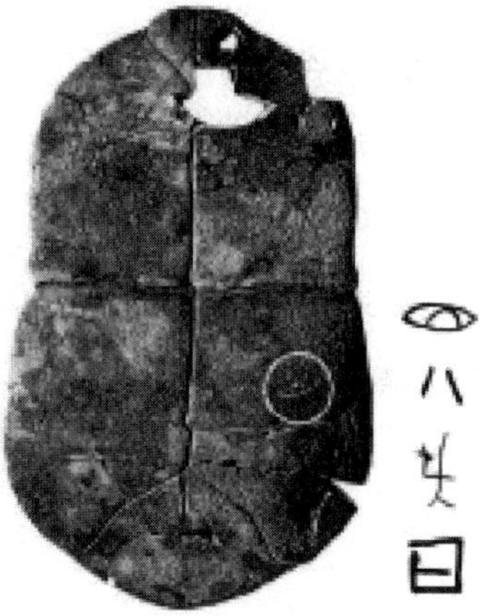

到了黄帝时代的《仓颉书》，那已是公认的文字了。传说中的仓颉复姓“侯刚”，乃陕西省渭南市白水县史官村人。白水者，上“白”下“水”，是为“泉”也，似寓汉字源泉所在之意。他首创文字，或实为收集整理，居功至伟，黄帝赐其“仓”姓。《说文解字·叙》曰：“黄帝之史仓颉，见鸟兽蹄之迹，知分理之可相别异也，初造书契。”

另据《平阳府志》记载：“上古仓颉为黄帝古史，生而四目有德，见灵龟负图，书丹甲青文，遂穷天地之变，仰视奎星圆曲之变，俯察龟文、鸟羽、山川，指掌而创文字，文字既成，天为雨粟，鬼为夜哭，龙为潜藏。”请读者注意，以上记载强调指出：仓颉生有“双瞳四目”。这就是说，造字先得目光好，文字原本始于“目”。

仓颉像

顺便说一下关于“目”字的问题。“目”像眼睛的形状——外边轮廓像眼眶，里面像瞳孔。《说文解字》（以下简称《说文》）曰：“目，人眼，象形。”言简意赅，一目了然。也许有读者会问：人的眼睛是横着长的，甲骨文、金文的“目”也都是横着的，到了小篆，怎么成了竖“目”？这是为了与“四”字相区别，只好让“目”竖起来了。

附：《仓颉书》

原文：化己，庇，乃尼山艾友所。草米并刈，乞少子左互。学耒，弢雨水，儿纠叔兵朱。

释义：身体变化，需要庇护。于是，尼山是养老送终的好地方（老有所养）。杂草庄稼一并割下，求少子帮助（壮有所用）。学使农具，取水灌地。小儿缠着叔叔玩弄兵器上的红飘带（幼有所学）。

（《一“目”了然》中的图片由叶文宪提供。）

“卜”地一声

小篆“卜”

学界普遍认为，真正意义上的汉字，应当始于殷墟甲骨文。

光绪二十五年（1899年），有位名叫王懿荣的官员无意间发现，出自河南省安阳市小屯村的中药龙骨上刻有文字，于是收购龙骨龟板进行研究。后又有文化人刘鹗广为搜求，这才从药材中抢救下大量的甲骨文碎片。

经研究，这些龙骨龟板上所刻的内容，大多数是巫师记录占卦问卜的情形，所以，“卜”字出现的次数特别多。

“卜”从甲骨文到正楷，字形变化不大，所要表现的意图都是龟甲经火灼而呈现的歧叉状裂纹。龟裂开叉的朝向是多种多样的，有朝左，有朝右，有朝上，有朝下，歧叉没有固定的走向。于是，起先的“卜”有多个刻画法，后来选择为朝右上的，金文即如此。小篆改为右歧支与主纹呈九十度；到了正楷，歧支朝右下，成了一捺点。由此可见，“卜”是象形字，有《说文》释“卜”为证。许慎曰：“卜，灼剥龟也，象

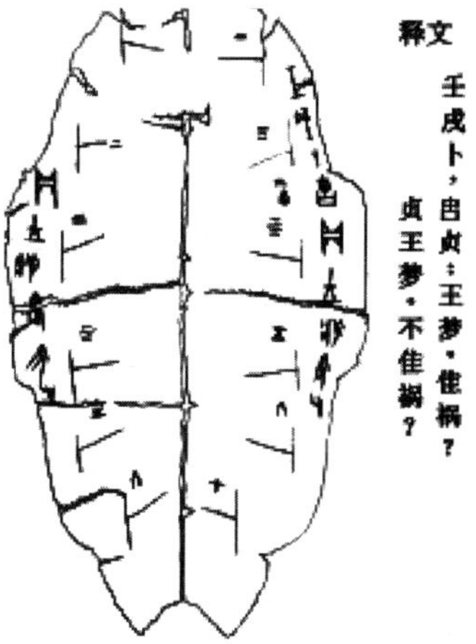

关于做梦的卜辞

炙龟之形。一曰，象龟兆之纵横也。”

《康熙字典》云：“卜，音朴。”这个字的读音确定的理由很简单，龟甲经火灼炙，开裂时会有“朴”的声响，此后就产生“卜卜”“卜通”“卜楞”等象声词。

古人为什么要灼炙龟甲？《左传·桓公十一年》：“卜以决疑，不疑何卜？”那是因为遇到了问题——要对即将进行的事情作一个预测。如出师是胜是负，办事或吉或凶，选址朝南朝北，择邻居东居西……所以，《周礼·春官·大卜注》曰：“问龟曰卜。”这就是说，“卜”的字义是占卦，以龟裂之征兆作出行动与否的选择。

《礼记·曲礼》云：“龟为卜，蓍为筮。”这里所说的“蓍”也是一种占卦的方法，它是用草秆子之类的东西来卜吉凶。

也许有人会问，龟卜灵不灵，蓍筮准不准？我们若回答“信则灵，不信则不灵”，你对我们这个答复肯定不会满意。那我们就引用一段历史书中的话供你参考，让你自己判断吧！

《左传·僖公四年》中有这样一段记载：“初，晋献公欲以骊姬为夫人，卜之，不吉；筮之，吉。”

最后，选一释“卜”字的权威论述，作为本文的结束语。蒋人傑先生著《说文解字集注》引吴夌云《小学说》之言如下：“古者有事问龟，则契其腹背之高处，以火灼之，其声卜则有兆以告我矣。其兆或纵或横，作卜以象其形，而音则如其声。”

（《“卜”地一声》中的图片由叶文宪提供。）

“象”，真的像象

——兼说“象形”字

 甲骨文“象” 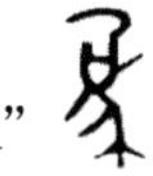 金文“象”  小篆“象”

象，是地球陆地上现存最大的哺乳类动物，所以称之为“大象”，多产于亚洲的印度和非洲的热带地区。

仓颉造“象”字，造得特别像大象的形状。商承祚在《殷虚文字类编》中说：“今观篆文，但见长鼻及足尾，不见耳牙之状……卜辞亦但象长鼻。盖象之尤异于他畜者，其鼻矣。”无论是甲骨文还是金文乃至小篆，“象”字的形状正是“长鼻牙”“象耳牙四足尾”。

《汉书·艺文志》云：“古者八岁入小学，故《周官》保氏掌养国子，教之六书，谓象形、象事、象意、象声、转注、假借，造字之本也。”（笔者注：“象事”即“指事”；“象意”即“会意”；“象声”即“形声”。）许慎在《说文解字·叙》中说：“象形者，画成其物，随体诘诎。”据此，笔者一直想着这样一个问题：在卜辞之中，“象”字并非唯一酷似物形者，如“马”“羊”“豕”等字，都可算得上是这些动物惟妙惟肖的“简笔画”。那么，为什么要将“六书”之一命名为“象形”，而不称作“马形”“羊形”“豕形”呢？

许慎释“象”，特别指出它是“南越大兽”。段玉裁也说：象是“南越大兽，兽之最大者，而出南越”。这就表明，许慎著《说文》的时候，华夏大地已经没有大象了。

笔者以为，仓颉造字之时如果河套地区没有象，他老人家怎能“画成其物”，造出“象”字？原来，在很早以前，黄河中游气候炎热，较为适合象群生存繁衍；象也是华夏先民“寻常服御之物”。王国维据《吕氏春秋·古乐篇》所载内容，得出结论：“商人服象，为虐于东夷，周公乃以师逐之，至于江南。此殷代有象之确证矣。”王国维说了这句话后50年，他的这一论断得到证实。1973年，甘肃省挖掘出一具大象骨架化石，被命名“黄河象”。这具化石身高4米，体长8米，象牙长2米多，好像两把长剑，所以又叫“剑齿象”。

众所周知，河南省简称“豫”。何谓“豫”，象之大者也。“剑齿象”正是特别高大的一种象。这个“豫”字的构造不正是手（予）牵“象”吗？

有个词叫“想象”，那可不是凭空造出来的，而是东周时期人们依据死象之骨产生的意想。《韩非子·解老篇》中说：“人希见生象也，而得死象之骨，按其图以想其生也，故诸人之所以意想者，皆谓之象也。”

据此，文字学家又造出个“像”字来，《易·系辞》有言：“象也者，像此者也。”《疏》言：“象此物之形状也。”

说到这里，我们觉得可以回过头来解答为什么叫“象形”字这个问题了：古文“象”与“像”通，则“象形”即“像形”，就是说，这个字像那个物体的形状。

既然象是“兽之最大者”，理所当然地用它来作代表了。如果大象的形状不作“象形”之首选，难不成要拿鼻、牙之长度都远远不及大象的“豕”来作代表，叫“豕形”吗？

从“刀”到“刃”

——兼说“指事”字

小篆“刀”

小篆“刃”

“刀”是个象形字，它的本义是指古代的一种兵器。饶炯《说文解字部首订》对“刀”字作如下描述：“古刀柄有环，篆文上正象之，左象刀口，右象刀背，下象刀尖。”

《尔雅·释名》云：“刀，到也。以斩伐到其所乃击之也。”这就是说，刀的作用是能斩伐到敌对方。请注意“到也”这个有趣的解释，原来“刀”的读音是这样来的。

其实，“刀”不仅仅用作兵器，在人们的日常生活中也离不开它。《玉篇》说：“刀，所以割也。”切菜剁肉，哪一样少得了刀子？

刀之所以能“斩伐”“切割”，在于它有着锋利的刀口，其名曰“刃”。《说文》说：“刃，刀坚也。象刀有刃之形。”许慎讲，“刃”是个象形字。

不过，之后的文字学家指出，此说不确当，“刃”应属指事字。王筠的《说文释例》说：“夫刀以刃为用，刃不能离刀而成体也，顾刀之为字，有柄有脊有刃矣。欲别作刃字，不能不从刀，而以‘丶’指其处，谓刃在是而已。”王筠说得再明白不过了——“刀”加个“丶”，指出刀锋所在之处，所以，“刃”为指事字也。

“指事”字，也称“象事”字、“处事”字，乃“六书”之一。《说文解字·叙》说：“指事者，视而可识，察而见意。”这是一种以象征性的符号来表示意义的造字法。

“指事”字大致可分两类：一类是纯符号性的，如古文“上”“下”，它们的“—”（长横）及上下“–”（短横），都不是独体字；另一类是在一个汉字的基础上增加指事符号，如“末”“本”，是在“木”字上下加“–”（短横），以指树梢、树根所在部位。

本文所述“刀”与“刃”的关系，正是“象形”跟“指事”的造字法有别之一例。

许慎对“六书”的排序为：指事、象形、形声、会意、转注、假借。笔者以为，先有象形而后有指事的情况为多，所以，特作《从“刀”到“刃”》一文，想以此来说明“象形”与“指事”的次第关系。

“武”，荷戈前进

——兼说“会意”字

小篆“武”

许慎在《说文解字·戈部》里，不用自己的话解释“武”字，仅引用楚庄王之言：“夫武，定功戢兵，故止戈为武。”

楚庄王的这句话见《左传·宣公十二年》：“楚子曰：夫文，止戈为武。又曰：夫武，禁暴、戢兵、保大、定功、安民、和众、丰财者也。”许慎为什么只从楚庄王之语中摘取“定功戢兵”四字呢？段玉裁的理解是：“于文止戈为武，是仓颉所造古文也。只取定功戢兵者，以合于止戈之义也。文之会意已明。”

何为“会意”？许慎曰：“会意者，比类合谊，以见指撝。”（笔者注：①“谊”即“义”。今人用“义”，古书用“谊”。②“指撝”与“指麾”“指挥”同，即“指向”。）

马叙伦《说文六书疏证》说：“会意之文异于象形者，必合两部分或两部分以上之象形或指事之文而成；盖必两种物体或两种物体以上发生互相关系，而共同产生一种意义者，为会意；指事之文，析之有一部分不成字者；而会意之文，析之则无不成字者。”

“武”既然析之为“从止从戈”，此“会意”字无疑也。有人据此望文生义，认为：“止戈”者，即“以正义的战争制止非正义的战争”。这样的“会意”显然是一种误解，完全违背了“武”的本义。仓颉造字，“以止为足”。李孝定《甲骨文字集释》云：“于省吾曰：武从止从戈，本义为征伐、示威；征伐者必有行，止即示行也；征伐者必以武器，戈即武器也。”徐灏《说文解字注笺》说：武者，兵事也……从戈从止的止，是人的足，象征征伐用武，士卒荷戈前进之意；说解据《左传·宣公十二年》文，将武字解为停止干戈的意思，这大概是春秋时代反战思想的反映。

“武”还有一解为“半步”（笔者注：“步”字上下成相反之足迹）。《国语·周语下》：“夫目之察度也，不过步武尺寸之间。”

在“会意”字中，有的字造得相当传神，读之亦可令人会心一笑。如，上“小”下“大”为“尖”；上“小”中“大”下“小”组合成“尜”（gá，一种两头小中间大的小玩意儿）。

在简化字中，如“筆”改为“竹毛”合成“笔”，“塵”则“小土”合成“尘”，都是巧妙地运用“会意”之法的成功案例。

“端”者，直立也

——兼说“形声”字

甲骨文“耑”

小篆“端”

“端”是个形声字，“立”是部首，“耑”是读音。

首先要说明的是，“耑”字的构造并不是上“山”下“而”，从甲骨文看，它当中“一”是指事符号，表示“地”。许慎说“上象生形，下象其根也”，意思是“物初生之题也”。徐锴注：“题犹额也、端也。”

“耑”与“端”本二字，开端的“端”本用“耑”。《左传·文公元年》称：“假端为耑也。”今凡开端、发端、端绪字，皆当为耑之假借。

“端”是个多义字。《说文》说：“端，直也。”《广雅·释诂》说：“端，正也。”《广韵》释“端”为：“绪也。”（《扬子·方言》说：“绪，南楚或曰端。”）《孟子》有言：“恻隐之心，仁之端也。”颜师古注：“端者，首也。人皆有仁义礼智之首。”由于“端”可作“首”解，则又可作“开始”解，如“开端”“发端”等。

我们觉得，如果把这几个解释归纳在一起表述，“端”就是“开始就得正直”，岂不妙哉！

由“开端”可引申为布帛之两端，又可作布帛的长度单位。《礼记·疏》：“束帛，十端也。丈八尺为端。”《小尔雅》：“倍丈谓之端，倍端谓之两，倍两谓之疋。”

“端”还可作动词，表示手平举拿物这一动作。君子待客，端茶为敬；但是，旧时地位高的官员会客时，不愿地位低的来客久坐，谈话告一段落，即端茶略饮，仆人见此立刻高喊“送客”，来客就得识相地起身告辞。

说了“端”字之义，顺便说一下形声字。《说文解字·叙》曰：“形声者，以事为名，取譬相成。”段玉裁注：“其字半主义半主声……以事为名，谓半义也；取譬相成，谓半声也。”

形声字的出现，是汉字造字进程中的一大飞跃。朱骏声著《六书爻列》，对《说文》所收9300多字作了统计，形声字就有8057字，约占80%；到了南宋初，郑樵《六书略》所列形声字为21810字，其余五书共2425字，形声字占94%……足见形声字是汉字的主力军。如此庞大的形声字阵容，端的了得！

许慎解释“形声”字，以“江”“河”为例，简单明了；笔者则选用“端”字解说，颇有舍近求远之嫌。不过，我们之所以如此，乃借字说事也。日前，中央领导同志提出，各级干部要“洗洗手，洗洗澡，照镜子，正衣冠”。这番话的意思是希望官员要端正作风，为人表率。这正是：

官员亮相先正冠，举止行为都要端。

如今提倡照镜子，衣冠岂容禽兽穿？

孑、孓，彳、亍……

小篆“孑”

小篆“孓”

小篆“彳”

小篆“亍”

许慎在前人分析汉字造字方法的基础上，将其归纳为“六书”：一曰指事；二曰象形；三曰形声；四曰会意；五曰转注；六曰假借。后来的学者认为，造字“六书”实为“四法二用”，即象形、指事、会意、形声是造字法，转注、假借是用字法。

然而，有些字很难与“六书”（或“四法”）对上号，有的就是刻符，如一、二、三，而孑、孓，彳、亍，乒、乓等，一个个都像缺胳膊少腿似的。

《说文解字·子部》曰：“孑，无右臂也。从了，象形。”又曰：“孓，无左臂也。从了，象形。”就是说，它俩是象形字。徐灏《说文解字注笺》云：“此（孑）篆盖象侧视形，故见其一臂。许云无右臂，谓从子省右笔耳。”显然是赞成许慎之说的。

可是，朱骏声不认同孑、孓二字属“象形字”，他在《说文通训定声》中说：“（孑）从子缺右，指事。”又说：“（孓）从子缺左，指事。”

“彳”“亍”二字的造字法也是众说纷纭。许慎曰：“彳，小步也。象人胫三属相连也。”段玉裁云：“（人胫）三属者，上为股，中为胫，下为足也。单举胫者，举中以该上下也。胫动而股与足随之。”解释“亍”的时候，许慎则说：“步止也，从反彳。”倾向于指事。

从许、段二人上述所言来看，“彳”字之义似为行（小步），“亍”字之义即为止，这岂不成了“左脚走，右脚停”了吗？《字汇》云：“左步为彳，右步为亍，合则为行。”这就是说，“一步”可分解成“左半步”和“右半步”，左起名为“彳”，右起名为“亍”。笔者以为，“彳”“亍”是摹声字，在十分幽静的环境下，尽管步子迈得很小，总还是听得到“彳亍”之声的。

“乒”“乓”是后起字，它俩是借用“兵”字变化而成的。《说文》曰：“兵，械也。从廾持斤，并力之貌。”（“廾”表示两只手）难道说“乒”是左手举斧子，“乓”是右手举斧子？如此望文生义，简直就是笑话。

笔者总的看法是，孑、孓是“子”的破体，彳、亍是“行”的破体，乒、乓是“兵”的破体——给它们起个名字就叫“破体字”吧！

从“头”说起

 小篆“头”  小篆“元”  小篆“首”

“头”字原本写作“頭”，从頁、豆声。许慎对“頭”的解释是“首也”，通俗地说就是脑袋。这里需要说明的是，古文中很少见到“頭”这个说法。那么，古人称脑袋是什么呢？称之为“元”，亦称“首”。

朱骏声《说文通训定声》说：“（元）当训首也，从古文‘人’、古文‘上’。首于人体最上，故从人上会意。”《左传·僖公三十三年》：“（先轸）免胄入狄师，死焉；狄人归其元，面如生。”这里的“元”，就是“首”，也就是“頭”。古代战争以斩敌军之首多少论功行赏，敌首多则晋级高；后称斩下的人头为“首级”。

徐锴说：“元，首也。故谓冠为元服。”什么叫“冠为元服”？就是说，帽子是戴在头上的，相当于脑袋的衣服。在周法高《金文诂林》一书里，引用了杨树达对“冠”字所作的解释：“冠，从冖（mì），从元，寸者手也，冖者覆也。冠从寸从冖从元，谓人以手覆加于首也，此造字以元为首之证也。”

杨树达还说：“人之去母体也，首先出，故凡首义之字，引申之皆有始义。”这就是说，“元”又作“始”解，《公羊传》：“元年者何？君之始年也。”

“元”还表示第一个、为首的，如状元、元帅。孔颖达解释“元帅”一词，云：“元，长也，谓将帅之长。”现代人称国家的第一把手为“元首”，讲得通俗点就是最大的“头头”，说得文绉绉的则是“领袖”。

过去，我们对“领袖”一词感到不大好理解，领头袖口怎会代指国家的首脑呢？《说文》曰：“领，项也。”《段注》云：“项当作颈。”《国语》说：“领字以全颈言之……衣之曲袷谓之领。”对于一件衣服来说，领头一提，服服帖帖，正所谓“提纲挈领”；而袖口也是至关重要的，因为它就在手这里；“手”“首”同音。我们可以联想，假如你洗衬衫，那就要突出重点，认真清洗领头袖口，这可是至关重要的。

如此说来，称国家元首为“领袖”，倒也是很有讲究的。

“颈”与“项”

 甲骨文“页”  小篆“页”

“页”作为部首，所属之字大都与人头的部位有关，如顶、额、颅、颊等。

《现代汉语词典》有“颈项”一词，作“脖子”解。那么，“颈”与“项”有没有区别？“颈”和“项”虽然都是“脖子”，但它俩是有前后之分的。许慎说：“颈，头茎也。”又说：“项，头后也。”《广韵》称：“颈在前，项在后。”

“颈在前”。有个成语叫“刎颈之交”，用剑割自己的脖子，当然只能割前面的部位。

“项在后”。有“不可望其项背”一语，“项背”代指人的背影。这句话即表示，尾随其后遥望而不可企及。

“㼌”“屔”，孔子的头

中国人有句口头禅，叫做“头重要”——头是最重要的。

人头的形状各模各样，识别各人主要看头看脸。古代没有照相设备，只能靠绘画或文字描述人的模样。

在我国古代的伟人中，若要说到脑袋，议论得最多的当数孔子，有说他相貌堂堂，属美男子，也有讲他长相丑陋。2006年9月28日，即孔子2557岁（应是2556岁）生日那天，山东省发布了一幅孔子标准像，给人的印象是很慈祥的。不过，我们以为这个“标准像”恐怕不太标准。

其实，历史上对孔子的相貌是有记载的。司马迁曾说孔子“圩顶”。“圩”就是四周高中间低的意思，也就是说，他老人家两个额角非常高，中间却有明显的凹陷。东汉的王充在《论衡》里说“孔子反宇”。“反宇”即为“圩顶”。

说孔子“反宇”，那应该是铁板钉钉的事实。在《说文》里有个字是“㼌”，正是古人按孔子的头型造出来，非他莫属的专利字。“㼌”读作yǔ。《广韵》曰：“㼌，孔子头也。”徐锴说得更具体：“书传多言孔子反宇，作此㼌字，云头顶四崖峻起，象尼丘山。”

大家都知道，孔子名丘，字仲尼。且慢，应该是“字仲屔”。根据何在？《说文解字·丘部》里就有个“屔”字。

先看“丘”字的解释。许慎曰：“丘，土之高也，非人所为也。从北，从一。一，地也。人居在丘南，故从北。一曰，四方高中央下为丘，象形。”徐灏《说文解字注笺》云：丘乃小山，“汉隶岳字正从丘，岳形高峻，故以小山加于大山也”。

再看“屔”字，许慎说道：“屔，反顶受水丘。”《广雅·释丘》曰：

“水潦所止，泥丘，又作𡵪。”郭沫若解释说：“（𡵪）顶上垮下者。《孔子世家》叔梁纥与颜氏女祷于尼丘，得孔子，生而首上圩顶，故因名丘，字仲尼。𡵪是正字，尼是假借字。”

鉴于以上所说的“頨”“𡵪”二字，就是孔子同时代的人或稍后的人（最起码在东汉时期）对儒家祖师爷相貌的刻画。

孔子就是孔子，因脑袋长相奇特，竟专门为他老先生造出“頨”“𡵪”二字，可了不得！

耳·取·最

甲骨文“耳”

金文“耳”

小篆“耳”

小篆“取”

小篆“最”

本文是想试说“耳”“取”“最”这三个字之间的关系。

“耳”字是个象形字，它就是长在脑袋两侧的听觉、位觉器官，一看便知。

我们总觉得，耳朵的形状不太好，容易被人家拉拽。我们小时候读过私塾，没少给塾师拽耳朵罚站，这让我们想起“耳提面命”这一成语。《诗·大雅·抑》称：“匪面命之，言提其耳。”孔颖达疏：“非但对面命语之，我又亲提撕其耳，庶其志而不忘。”现在认识到，先生这样做是严格要求，为的是让我们好好学习，将来出人头地。

拉拽耳朵要用手。左“耳”右“又”（“又”即“手”）就是“取”字。也许有人会问：“取”为什么要“从又从耳”？这是因为，“取”的本义是“捕取也”。《周礼》曰：“大兽公之，小禽私之，获者取左耳。”这就是说，“取”原先是指割野兽的左耳朵，后来特指以献敌左耳邀功。据《左传·宣公二年》记载：“俘二百五十人，馘（guó，同‘聝’）百人。”郑玄注：“馘，所割者之左耳。”

古代作战，起初是以割取敌人首级献功。苏轼《阳关词》说：“恨君不取契丹首，金甲牙旗归故乡。”后来觉得割敌首多了携带不便，这才改成割取敌人左耳为凭。这让我们想起金庸《神雕侠侣》里的一个情节：

杨过为帮助固守襄阳城的郭靖黄蓉夫妇抗元，夜袭敌营，杀敌无数，取下的耳朵足足装了一麻袋。

古代战事，以所献敌耳多寡而论功行赏，取敌耳数量第一者其功为“最”，倒数第一者称为“殿”。

我们不妨看看这个“最”字的构造，它是“取”字头上加个“冃”（mào），表示割敌耳的数量“盖了帽”。《广韵》曰：（最）极也。注云：“最”为第一。

如上所说，“最”为首位，“殿”为末尾。若合成“最殿”一词，可不能理解成首尾之意，其解有二：一是在最后面，最落后。《商君书·境内》：“其后入者，举为最殿。”二是考绩纪功的优劣，上功曰最，下功曰殿。《魏书·中山王英传》：“计习训淹年，听受累纪，然俊造之流应问于魏阙，不革之辈宜返于齐民，使就郡练考，核其最殿。”

“自”与“鼻”

 甲骨文“自”  金文“自”  小篆“自”

 甲骨文“鼻”  小篆“鼻”

“自”，自己的“自”，自从的“自”，谁不明白，有什么好说的！其实不然。“自”当“己”解、当“始”解，都是引申义，它的本义是鼻子。《说文》曰：“自，鼻也，象鼻形。”

既然“自”是“鼻”，怎么又代指“己”，或作“始”呢？徐灏在《说文解字注笺》里说：“自即古鼻字，象鼻形，中画，其分理也。人之自谓或指其鼻，故有自己之称，又引申之训（自）由、训（自）从。”

人们都有这样一个习惯动作，向他人言及自己时，总爱用手指头指着自己的鼻子；尤其是相互间发生争吵之时，各人都会不停地指着自己的鼻子大声申辩：“我怎么啦，我……”

当我们弄清“自”的原意是“鼻”之后，再来看那些以“自”作为偏旁部首的字，就很容易联想到它的含义也是与鼻子有关的。如“息”，本义是指呼吸时进出的气息。再如“臭”，一读xiù（即“嗅”），表示用鼻子辨别气味；另一读chòu，是指跟“香”相对的难闻的气味。

“自”自从被“自己”“自从”“自然”等难以造字的虚词假借后，只得再造出个形声字“鼻”，用以替代原来的“自”字。正如徐灏所说：“因为语词所专，以畀声为鼻，今自、鼻不同音者，声变之异也。”

我之先民对鼻子的功能颇有研究。老子曰：“天食［注］人以五气从鼻入，地食人以五味从口入。”这句话的意思是说，鼻子嗅气味，嘴巴尝滋味。

班固《白虎通》云：“鼻出入气，高而有窍。又，鼻者，肺之使。”这就是说，鼻通肺，是呼吸系统的“先行官”。

有“鼻祖”一词，其义为始。《汉书·扬雄传》云：“有周氏之婵嫣兮，或鼻祖于汾隅。”

作为呼吸兼嗅觉器官的鼻子，怎么会拿它来喻指创始者呢？这是因为，我之先民通过人体解剖得知，“人之胚胎，鼻先受形”。《扬子·方言》也说：“鼻，始也。兽初生谓之鼻，人初生谓之首。梁益闲谓鼻为初，或谓之祖。祖，居也。”以上所言，就是“鼻祖”一词的真正来源。

[注]食（sì），通“饲”。给人吃；喂食。

“气”和“欠”

 甲骨文“气”  金文“气”  小篆“气”

 甲骨文“欠”  小篆“欠”

道学创始人老子指出：“以一炁生万物。”（见《关尹子·六匕篇》）这种“炁”，清者上扬成天，浊者下坠为地。文字学家认为，“炁”是“气”的古文。

《说文》曰：“气，云气也。象形。”徐锴云：“古云气字，直气而已。”从甲骨文、金文到小篆，这个“气”字都是三画。《甲骨文字集释》：“三（气）象云气层垒形。卜辞雲字作云，上从二与三（气）字近，下象云气下垂之象。”（李孝定按）段玉裁云：“（气）象云起之貌。三之者，列多不过三之意也。是类乎从三者也。”

这里需要说明的是，“气”与“氣”原本是两个不同概念的字。《说文》曰：“氣（xì）馈客刍米也。从米气声。”《六书正伪》云：“气，俗用氣，乃稟氣之氣。云气必用气。”后来，“气”与“氣”成了古今字，于是又累增出一个“餼”字。如今，我们将“氣”简化成“气”，其实只是恢复它的本来面目罢了。

现代科学释“气”，大大地超出“云气”这个概念，它指的是“没有一定的形状、体积，能自由散布的物体”。这种物体无处不在，就拿人来说吧，谁都知道时时刻刻离不开这个“气”。

这让我们联想到一个“欠”字，它就是“人”头顶上加个“气”。

也许有人会问，“欠”字为什么要这样写呢?许慎的解释是：“张口气悟也，象气从人上出之形。”你不妨再瞧瞧甲骨文的“欠”，它的样子就像是张着大嘴在打哈欠。

“张口气悟”也好，“人上出气”也罢，皆可作“人倦解”。《礼记·曲礼》曰：“侍坐于君子，君子欠伸，撰杖屦，视暙莫，侍坐者请出。”郑玄解释“欠伸”云：“志疲则欠，体疲则伸。”通俗地说，“张口运气谓之欠伸”。用现在的话说就是打呵欠，伸懒腰。

“欠”字有许多引申义。如“欠身”，指身体或身体的一部分稍微向上移动这个动作。“犹恐是梦，忙又将身子欠起来。”（语出《红楼梦》）

这里又引出一个问题，哈欠的“欠”怎么变成欠债的“欠”？段玉裁云：“欠者气不足也，故引申为欠少字。”这就有了欠债的意思。

“言”论一番

小篆“言”

许慎曰：“口，人所以言食也。”这就是说，嘴巴有两大功能：一是“言”，即说话；二是“食”，即吃东西。本文就来说说“言”。

“言”字的解释是相当多的，查《现代汉语词典》：作动词，有15义；作名词，有20义；还可用于句中或句首，作语气助词。我们所作《趣说汉字》皆为千字左右之短文，不能详释此“言”；况且我们学识有限，言多必失，所以，择其一二，略微“言”论一番。

从造字法来看，“言”是个指事兼会意字，下部是“舌”，其上“二”乃古文“上”，这两个部分组合起来，表示“言从舌上出”。不过，也有说甲骨文的“言”有写成“上心下口”的，那就得理解成“言从心中出”。我们以为，这两种说法都能成立。

《说文》曰：“直言曰言，论难曰语。”依许慎的解释，“言”是中性词，本无褒贬。我们以为，此说甚当。言既为心声，那就该怎么想则怎样说，这就叫“直言不讳”。然而，社会是复杂的，处世是不易的，说话是艰难的，因此，在“言”字的前面往往就得加以种种限制（或称为“修饰”）。《史记·商君传》云：“貌言华也，至言实也，苦言药也，甘言疾也。”可见，出言之前得咂巴咂巴说的话究竟是个什么滋味。

如果在“言”后面加个后缀，也能使这个词一下子有了感情色彩，如

“言信”，说到做到，有信用，当然好得很；“言爽”，说话不守信用，则不足取。可是，一个“大”字作为“言”的前缀，组成“大言”，你说说看它是褒是贬？通常理解，“大言”就是“大话”；“大话”就是“过头话”；“过头话”就是与事实不符的话。成语“大言不惭”，其义即：说大话而不知羞耻。由此可见，“大言”当属贬义，是不好的事。

“吃”在中国

 小篆“吃”  小篆“喫”  小篆“啖”

自打纪录片《舌尖上的中国》在中央电视台播出之后，“舌尖上的××”（××是我国某地的地名）一时铺天盖地，正可谓：吃遍中国各地，舌尖尝尽美味；吃遍天南地北，各地各有风味。

笔者特爱咬文嚼字，今番就来说说这个“吃”字。

“吃”的本义并非指“进食”这个动作。《说文》曰：“吃，言蹇（jiǎn）难也。从口气声。”“蹇”通“謇”，意思是“口吃”，亦称为“结巴子”。在我国历史上，患有口吃的名人不少。例如，战国时期的著名法家韩非子，“为人口吃，不能道说，而善著书”（据《史记·韩非传》）；汉初的周昌、三国时的邓艾，二人皆口吃，竟由此而产生了一个成语——“期期艾艾”；杜甫《饮中八仙歌》里讲到的焦遂，也有口吃的毛病，所以他平时“对客不出一言，醉后辄酬答如注射，时人目为酒吃”（语出《唐史·拾遗》）。

口吃的“吃”有个异体字“喫”，初见于《世说新语·言语篇》：“邓艾口喫，语称‘艾艾’。”后来，在唐人诗里开始出现了把“口喫”的“喫”作为“食”或“饮”解的例句。杜甫《绝句》：“梅熟许同朱老喫（当‘食’解）。”《送李校书诗》：“对酒不能喫（当‘饮’解）。”如此一来，“吃”就成了如今的“吃东西”。

那么，古人拿什么字来表示“进食”呢？用“啖、啗、噉”（dàn，三字同音同义）。《广雅》曰：“啖，食也。”《荀子·王霸》：“啖啖常欲人之有。”段玉裁注：啖啖，并吞之貌。苏轼有诗句“日啖荔枝三百颗”。

文字的流行本身就是约定俗成的事，如今人们已不用“啖、啗、噉”，而是一概以“吃”表示“进食”这个动作了。

国人历来对“吃”有诸多讲究，渐渐地形成了极具特色的“吃文化”，不仅拥有几大菜系，而且有着一系列节令食品：清明团子端午粽，中秋月饼重阳糕，腊月初八腊八粥，正月十五吃元宵……

然而，“吃”是个用途极其广泛的多义词，它除了表示口吃、进食外，还有很多引申义。譬如：“吃烟”的“吃”，等同于“吸”；“吃酒”的“吃”，等同于“喝”；“吃官司”的“吃”，等同于“挨”；“吃力”的“吃”，等同于“费”；“吃不消”的“吃”，等同于“承受”；“吃掉敌军一个团”的“吃”，等同于“消灭”；“吃大户”的“吃”，等同于“依赖”；“吃惊”的“吃”，等同于“感受”……

近日，网传一则题为《谈“舌尖下的中国”》的段子，倒也深得“吃”的精髓，不妨抄录于下，供各位朋友一笑。

在某某会议期间，某国宾客流着哈喇子对中国东道主说：“我终于明白了，中国文化其实就是‘吃’的文化：工作岗位叫‘饭碗’；谋求生计叫‘糊口’；办事不力叫‘吃干饭’；受雇于人叫‘混饭’；混得好的叫‘吃得开’；受人欢迎的叫‘吃香’；受到领导特殊照顾的叫‘吃小灶’；花积蓄叫‘吃老本’；成人后还靠父母过日子的叫‘吃老’（他还不知道有‘啃老’这个词）；男人靠女人供养的叫‘吃软饭’；占女人便宜的叫‘吃豆腐’；干活累了叫‘吃不消’；自己的利益受损了叫‘吃亏’；看到别人占便宜心里不好受叫‘吃醋’；犹豫不决叫‘吃不准’；负不起责任只好‘吃不了兜着走’……”

中国东道主听罢哈哈一笑，说道：“你吃饱了撑的，一点不怕吃力，看样子是吃错了药！”

舌甘为甜

 甲骨文“舌”  金文“舌”  小篆“舌”  小篆“甘”

“甜”是由“舌”“甘”二字组合而成。它属会意字：舌头尝到甘美之食，味道很甜。据文字学专家说，“甜”字出现得较晚，原本只有“甘”字。徐灏《说文解字注笺》云：“古无所谓甜，盖以甘统之。后世以稼蔷之类为甘，饴饧之类为甜。”

有人戏言：说了千言万语而不烂，三寸之舌也。故，“舌”写成上“千”下“口”。其实不然，“舌”字原先的写法是上“干”下“口”。《说文解字·口部》曰：“舌，在口，所以言也，别味也。从干、从口。”

“舌”何以从“干”？徐锴云：“凡物入口必干于舌，故从干。”徐灏云：“舌者口中之干。”段玉裁注：“干，犯也。言犯口而出之。食犯口而入之。”《字形表》说：“‘舌’象张口，舌向前伸，有所动作之形。”

“甘，美也。从口含一。”（许慎语）所谓含“一”，是指口里含的东西。含什么东西？当然是有滋有味的、不舍得一下子吞下去的、得慢慢品尝的。王筠《说文释例》云：“甘乃味也，味无形，故属事，不定为何物，故以‘一’指之。甘为人所嗜，故含之口中，咀味之也。”从上面这些解释的意思看，起先应当是“五味之可口皆曰甘”，后来则专指五味之一的甜味。

“甜”还有个同音字“舔”，有滋有味的美食就多舔舔吧！

“牙”和“齿”

 甲骨文“齿”  金文“牙”

在人的口腔里，长有上下两排起着咀嚼、辅助发音和保持面部外形饱满作用的高度钙化组织，它们统称为“牙齿”。

不过，有时“牙”和“齿”这两个字是要分开运用且不能互相替代的。譬如，“打掉牙只好往肚里吞”，不能说成“打掉齿只好往肚里吞”；再如，“唇亡齿寒”不能讲成“唇亡牙寒”。照此说来，“牙”和“齿”是有所区别的了？然也！

先谈谈“齿”。《说文》曰：“齿，口断（同‘龈’）骨也。象口齿之形，止声。”由此可见：“齿者总谓口中之骨，主齰齧（意为咀嚼）者也。”（语出《颜师古·急就篇注》）其实，许慎解释的是小篆“齿”字，而甲骨文的“齿”字是独体象形，没有声旁“止”。《句读》对古文“齿”的造字情况分析得极为形象：“断所生骨也。凵（qiǎn，即口），口张则齿见；一者，上下齿中间之虚缝；（两排尖状物）则齿形。”直到战国时期，才在这个字的上面加了个声符“止”，成为形声字。

再说说“牙”。《说文》曰：“牙，牡齿也。象上下相错之形。”这就是说，“牙”是“齿”的一种。可是，“牙”怎么会是“牡齿”，难道还有雌性的“牝齿”吗？原来，“牡齿”实为“壮齿”。段玉裁云：“壮，大也。壮齿者，齿之大者也。牙较大于齿，非有牝牡也。”那么，“壮齿”为什么写成“牡齿”呢？请看《诂林》丁福宝按：“牡即壮之别体，如后齐《宇文苌碑》、隋《张贵男墓志》、隋《首山舍利塔铭》，凡壮字皆书作牡。”

是不是按个头大小来分别“牙”和“齿”呢？历来众说纷纭。“牙大齿小”之说源于《诗经·召南·行露》“谁谓鼠无牙，何以穿我墉”之句。其意大概是：人们都说老鼠无牙，那么它拿什么来洞穿我家的墙呢？东方朔认为，老鼠并非无牙，而是门口的牙长得小，“其齿前后若一，齐等无牙，此为齿小牙大之明证”。另有一说如《字汇》所言：“上曰齿，下曰牙。”但此议附者寥寥无几。最为通行的是“口前称牙，嘴里称齿”，如“门牙”长在门口；“臼齿”生在里面。

现代人是按照人体解剖学来解释“牙齿”的，《辞海》说：“人出生后6个月起首次长出的牙称‘乳牙’，共20个；6岁起乳牙逐渐脱落后再长出的称‘恒牙’，共32个。根据位置、功能和形状，牙齿分为切牙（门牙）、尖牙（犬牙）、前磨牙（双尖牙）和磨牙（臼齿）等。”

笔者以为，“牙”和“齿”本质上是一回事，它们的区别大都由语言习惯所决定。有一个词叫“齿冷”，本义是指人笑必开口，笑的时间长了，牙齿就会有冷的感觉，后来拿它讥笑于人，如“令人齿冷”。再有一词叫“牙口”，因幼马每岁生一齿，故以牙的多少来计算马的岁数。人们常用“牙口好”这一恭维话来夸奖上了年纪的老人身体健康。如果把“齿冷”说成“牙冷”，或是把“牙口”说成“齿口”，谁听了都会觉得别扭。

其实，“牙”和“齿”只在表示长于牙龈上的咀嚼器官这一义相同之外，各自还有好多义项。各举二例：如“齿列”（义为“排列”）、“挂齿”（义为“念及”）；“牙”有时特指象牙，如“牙雕”，而“牙旗”是旗的名字。张衡《东京赋》有“牙旗缤纷”之语；颜师古注：“古者天子出，建大牙旗，竿上以象牙饰之。”

现在，人们把“牙”和“齿”组成双音节词“牙齿”，它就成了专用名词，不再有其他的意思了。这也许就是现代汉语的高明之处吧！

谈谈“心”

甲骨文“心”

小篆“心”

仓颉造字之时，人体解剖技术也许已经到了相当高度，如果没看到过心脏的形状，怎么能造出“心”这个象形字呢？

《说文》曰：“心，人心，土藏，在身之中，象形。博士说以为火藏。”

首先谈一下心究竟是“土藏”，还是“火藏”。徐灏云：“博士所说乃五行本义。博士，汉医官。至今医家依此治病不误。”桂馥《说文解字义证》云：“脾，土藏；肾，水藏；肺，金藏；肝，木藏；独无火藏。脾既为土，则心不应复为土，博士说是也。”笔者赞同“火藏”说，故有“急火攻心”“心急如焚”之谓也。

其次，谈一下“心”的字形问题。从甲骨文到小篆，“心”的字形发生了很大的变化。尽管如此，它的象形基调不变：“形如莲蕊，上有四系，以通四脏。”

再来谈一下“心”之义。许慎讲它是“人心”；其实，不单是人，凡脊髓动物推动血液循环的肌性器官都叫做心。打个通俗的比方，心脏就是人（或脊髓动物）体内的一台循环泵。

可是，古人以为人心是思维器官。孟子曰“心之官则思”，感觉、知觉、记忆、思维、情感、性格、能力等心理活动，都是由心产生的，是指挥中心。这种认识完全取代了大脑的功能，显然是一种误解。

“心”的比喻义、引申义很多。例如，形容情绪好为“开心”；做事认真称作“细心”，不认真叫做“粗心”；思虑过多说成“心事重重”；思绪恍惚说是“心神不宁”；主意独到，谓之“别出心裁”；志向远大，赞为“雄心壮志”……

因心“在身之中”，则在当中的皆可比作“心”，如“靶心”“版心”“圆心”“菜心”等。

因心“在身之中”，即有“中心”一词。白居易《琵琶行》云：“东船西舫悄无言，唯见江心秋月白。”这里的“江心”指的是浔阳江中心。如今大有“中心”泛滥之势，像什么“医疗中心”“购物中心”“洗浴中心”，比比皆是。

最后，谈一下心有没有记忆，会不会和脑有着某些联系的问题。20世纪50年代，医疗技术取得重大突破，可以进行“换心”这一脏器移植手术了。随着移植心脏的病例增多，人们惊奇地发现，确有不少“换心即换人”的案例。

美国一位事业有成的地产家，做了换心手术之后，突然有了绘画天赋，就此弃商作画，还颇有建树。原来，他的心脏供体是一位画家。

英国有个七岁的小女孩，移植心脏成功后经常对家人诉说，有个凶手残酷地杀害了她。家人越来越觉得蹊跷，便报了警。警方根据女孩提供的凶手模样，破获了一起残杀女子的悬案，罪犯杀害的对象正是女孩心脏的提供者。

再举个本乡本土的例子吧！东北有位年近花甲的作家，名叫杨孟勇。2000年在哈尔滨医科大学第二附属医院做了心脏移植手术，成为当时中国最年长的换心人。手术后的某夜，他莫名其妙地大哭一场，从此他爱运动，爱健身，爱打扮，爱照镜，活脱脱一个青年人。经查，提供心脏者是二十来岁的小青年。

人类的认识是没有止境的，科学是在不断发展的。笔者想，心与脑相关联之“谜”还有待人们继续探索啊！

"血"者，赤诚也

甲骨文"血"

小篆"血"

血是什么？谁人不知，何人不晓。可是，"血"字这样写传达的是什么信息？许慎说："血，祭所荐牲血也。从皿，一象血形。"它怎么是祭祀之物呢？段玉裁注："古者茹毛饮血，用血报神，因制血字，而用加之人。"古人以为，血是红色，红色即赤色，以血祭神，视为赤诚。

就"血"字的构造而言，宋育仁《说文解字部首笺正》有较为详细的解释："皿，器也，所以盛者，从皿而'丶'之，指血之所在，此谓视而可识，察而见意。血亦谓人血，不专为牲血，制字取此者，是为远取诸物。"也就是说，这个"血"是祭祀时用器皿盛牲血之状的剖面图。

商承祚《殷虚文字类编》告诉我们：甲骨文"血"字的写法与小篆有所不同，它是在"皿"上加个"O"（应该是血滴的形状）。"此从O者，血在皿中，侧视之为'一'，俯视之则成'O'矣。"由此可知，"血"所谓象形，是指"皿"上面的那个"O"，或"一"，或'丶'，而不是整体象形。

古今字典都有"血"部，尽管字数较少，其实趣味不少。例如：

衄（nǜ，亦作衂），特指鼻孔出血，也许由于有些人常常会流鼻血，竟要造出"衄""衂"两个字来表示它。

衃（pēi），凝聚的血。

衊（miè），污血。

衇（"脉"的异体字），血管。

衋（xì），这个字的字义为悲伤，恐怕是悲痛到极点了，即眼无泪而心流血，故《酒诰》言：“民罔不衋伤心。”

还有一个从血的“衆”（“众”的繁体字）字。笔者以为，造出这个字是颇具匠心的：就拿成语“衆志成城”来说吧，如果把衆人的满腔热血都凝聚在一起，还有什么困难克服不了，还有什么事做不成？

前一时期，报刊上出现一个新词语，叫做“道德血液”。笔者想，一旦国人的血管里都流淌着无比纯洁的“道德血液”，心往一处想，血往一处流的话，振兴中华之愿何愁不能实现！

“要”与“腰”

金文“要”

小篆“要”

“要(yāo)”，现代汉语作“求”解，但它原是“腰”的本字。古文“要”有一种写法：上部当中一个“囟”，左右叉着正反手，正对“囟”的下面是个“中”。《说文》曰：“要，身中也，象人要自臼之形。”（臼似“臼”，底横中断，读作jú，许慎解释是“叉手也”。）译成白话就是，叉手于自身的当中部位，身体的当中部位就是“腰”。笔者以为，“腰”是人体要害部位，所以古代称之为“要”。

现在的字典将“要”划归“西”部，上“西”下“女”。关于上部演变成“西”的问题，那是“隶变”所致。下部将“中”换成“女”，倒是有来由的，《文源》里讲：“像女子自约两手于腰之形。”不过，笔者觉得此说相当勉强，“人多护惜其腰”（段玉裁语），难道男人就不护惜其腰了?！

那么，古“要”为什么换成了今“腰”呢?《段注》里有句话，是说“(要)以为要约、简要”，拿它派这个用场去了；而身中部位长有“肉”，这就将“要”累增成“腰”了。

有个“靿”(yào，亦作“袎”)字，它是指靴子或袜子的筒状部分，如靴靿、高靿袜子。有的人“腰”“靿”不分，常有“高腰靴子”之误。请这些朋友想一想，靴靿再高，也不至于穿到腰眼上去吧?

“脊”与“吕”

 金文“脊”  小篆“脊”  小篆“吕”

许慎曰：“脊，背吕也。从𠦬从肉。”

先解释一下“𠦬”。《说文》曰：“𠦬，背吕也。象胁肋形也。”段玉裁云：“脊居中而直，一象人要（腰），故则象背左右胁肋之形也。”于是，我们再来看这个“从𠦬从肉”的“脊”字，其如《释名》所言：“（脊）积也。积续骨节，脉络上下也。”

脊柱由骨节组成，此处的骨节就是“吕”。《说文》曰：“吕，脊骨也，象形。”如今之“吕”实为俗字，上下“口”之间本应有一笔相连。段玉裁云：“吕象颗颗相承。中象其系联也。”他还引用《释骨》之言：“项大椎之下二十一椎通曰脊骨，曰脊椎，曰膂骨；或以上七节曰背骨，第八节以下乃曰膂骨。”

姓氏之“吕”，按理也应写成“吕”。许慎曰：“昔太嶽为禹心吕之臣，故封吕侯。”《后汉书·郡国志》云：“汝南郡新蔡有大吕亭，故吕侯国。”史称，赐吕姓，“谓其能为禹股肱心膂，以养物丰民人也。”

现代汉语中有“脊梁”一词，笔者以为其源于《战国策》“今梁者，天下之脊也”之语。现在，“脊梁”用来代指“骨干分子”“中坚力量”。

据医疗卫生部门介绍，时下腰脊疾病患者增多，特作建议如下：玩电脑、写博文等要节制，坐半小时得站起来活动活动；站姿要挺，坐姿要正，睡姿要直，行走要慢，动作要缓，提物要轻……切记，脊梁骨要挺，要正，要直啊！

“男”耕“女”织

甲骨文“男” 小篆“男” 甲骨文“女” 小篆“女”

人分两性，阳性为男，阴性为女，此天道也。然而，造字的时候就遇到麻烦了——不论是男人还是女人，都是有鼻子、有眼、有胳膊、有腿的，用什么方法造字才能既形象又准确地将二者区分开来呢？仓颉他老人家自有办法。

李孝定言道：“男女之别，于文字形体上殊难表示，故就男女工作上之差异以为区别：女盖象跽而两手有所操作之形，女红之事多在室内也；男则以力田会意。”（见《甲骨文字集释》）这就是说，用象形造“女”字，以会意造“男”字。

《说文》曰：“男，丈夫也。从田从力。言男用力于田也。”（笔者注：有的文字学家认为不是“从力”，而是“从耒”。）

《部首订》云：“男为成人之称，古者三十而娶，受（通‘授’）田。男从田力会意，谓其力任田事。”照此看来，古人竟是提倡晚婚的。

相对于在田间耕种之“男”而言，“女”的字形设计就显得颇费心机。《说文》曰：“女，妇人也。象形。王育说。”许慎特地强调，将“女”的造字法归为“象形”，这话是王育说的。言下之意，“女”这个字的造字法历来有争论，“不得其居六书何等，而惟王育说是象形也。”（语见《段注》）

笔者以为，“女”的字形古往今来变化很大：甲骨文、金文的“女”字都是手敛腿跽；小篆的“女”字是手敛脚立；正楷的“女”字却是手舞足蹈了。如果说“女”字是象形的话，她所操持的家事，唯有纺纱织布这一动作最为相似的了。故，男耕女织乃天然之分工也。

段玉裁云：“女，妇人也。立之相对。丧服经每以丈夫妇人连文。浑言之女亦妇人，析言之适人乃言妇人也。”这就是说，古代以未婚的为“女”，已婚的为“妇”。

笔者总觉得男女二字构思极为缜密：“男”字从田从力，突出健壮；“女”字姿态婆娑，意在优美，真可谓相得益彰，匠心独运呀！

“天”与“夫”

 甲骨文“天”  金文“天”  小篆“天”

 甲骨文“夫”  金文“夫”  小篆“夫”

众所周知，“大”是正视之“人”。如果“大”加上个“一”，置于头顶上则为“天”；贯于头发间即为“夫”。这两个字的区别就在于“一”的高低——“天”在上，“夫”（人）在下。足见仓颉造字构思何等缜密。

许慎曰：“天，颠也。至高无上，从一大。”段玉裁云：“颠者，人之顶也。以为凡高之称。（天）至高无上，是其大无有二也，故从一大。于六书为会意。”

“夫”的造字法又是什么？先看一下《说文》对“夫”的解释：“丈夫也。从大，一以象簪也。周制以八寸为尺，十尺为丈。人长八尺，故曰丈夫。”段玉裁注：“夫之一，毌（读guàn）大首，为象形，亦为会意。一象旡。旡，首笄也。”《金文诂林》亦云：“高鸿缙曰，夫，成人也。童子披发，成人束发，故成人戴簪。字倚大（人），画其首发戴簪形，故为成人意之夫。”

笔者以为，“天”与“夫”都是指事字。

先说一下“天”。从甲骨文的字形看，它强调了“大”字最高处的那个象征人头的方框框；金文“天”，方框改成个大圆点；再到小篆，方框、圆点都不见了，而是变成了“一”，用以指“天”在人头顶上的意图更加明显。

再说这个“夫”。即使“一”就是用来束发的簪，它毕竟还是一个指事符号，表示一根簪子插在人的头发这儿。

《说文解字·叙》曰：“指事者，视而可识，察而见意。”这是一种以象征性的符号来表示意义的造字法。“指事”字大致可分两类：一类是纯符号性的，如古文“上”“下”，它们的“一”（长横）及上下“–”（短横），都不是独体字；另一类是在一个汉字的基础上增加一个指事符号，如“、”“一”等。

所以，笔者认为，把“天”“夫”说成是“象形”字，值得商榷。不过，如果说这两个字的造字法是指事兼会意，笔者觉得也还是讲得通的。

“妻”，妇与夫齐也

小篆“妻”

《辞海》:“妻,男子的配偶。与‘夫’相对。”

《现代汉语词典》:“妻,妻子。”“妻子:男女两人结婚后,女子是男子的妻子。”

那么,较早的文字著作是怎么说的呢?《说文》曰:“妻,妇与夫齐者也。从女,从屮(chè),从又。又,持事,妻职也。”《释名》云:“士庶人曰妻。妻,齐也。”李孝定《甲骨文字集释》道:“许云从屮者,乃发形之讹变,盖象以手束发或又加笄之形,女已及笄可为人妻之意。”

以上这些诠释表明,在古人的心目中“妻”的地位是与夫齐的,即平等关系,所以连读音也跟“齐”一样。

古代人特别相信“缘分”,认为夫妻本是天作地合,实为一体。元代赵孟頫的妻子管道升写过一首题为《我侬词》的散曲,把“夫妻实为一体”的理念叙说得淋漓尽致:“把一块泥,捻一个你,塑一个我。将咱两个,齐打破,用水调和。再捻一个你,再塑一个我。我泥中有你,你泥中有我。我与你,生同一个衾,死同一个椁。”

可是,不知从何时何地何人起,夫妻不再举案齐眉了,“妻”的地位下降成“夫”的附庸,成了握扫帚的“妇”,就连称谓也变成“内人”“贱内”了。于是,什么“女诫”“三纲五常”“三从四德”等,一股脑儿强加到女性头上，这时的“妻”实为受人“欺”；更有甚者，动不动祭起“七出之条”，动辄休妻，“妻”字一下子就成了“弃”字。

夫妻本该一般齐，爱妻就是爱自己。
我视爱情为美德，相敬如宾爱一世。

“父”是一种责任

小篆“父”

欲知父之义，听咱说仔细。
父为手举杖，造字寓深意：
一曰家之长，事事有规矩；
二曰顶梁柱，重任担当起。

许慎曰：“父，矩也。家长率教者。从又举杖。”段玉裁云：“（父）巨也。家长率教者。率，先导也。经传亦借父为甫。从又举杖，收其威也。”

“父”字在《说文》的“又”部，就字义而言，“又”即右手，“丨”（gùn）即杖，因此说成“从手举杖”。举杖干什么？徐锴讲得很详细：“君子曰：鞭扑不可废于家，刑罚不可废于国。家人有严君焉，父之谓也。故于文，‘又’举‘丨’为父。‘又’者手也，‘丨’，杖也，举而威之也。”不过，笔者以为，在教育子女方面，父要有威，但不应用棍棒，那种“棒下出孝子”的旧教育方式应立法制止！

可是，郭沫若对“父”字另有见解。他说“父”是“斧”之初文：“石器时代，男子持石斧以事操作，‘丨’即象斧形。然斧是器物可以象形，故金甲文斧钺字作‘斤’。六书之次第，象形最先，指事次之，不得有‘斤’之后复作‘父’也。”照他的意思是说，“父”是“斧”的本字；由于父亲这个概念较抽象，无法象形，即把代表斧子的“父”拿过来用，然后再在“父”下加“斤”，用以表示“斧头”。

郭说一出，又有文字学家提出，“父”原应是“把”，其理由是，右手举棍，这个动作当为“把握”。这种看法乍听起来也是有一定道理的。

笔者有个爱好，就是琢磨汉字。这就将琢磨“父”字而产生的两点肤浅看法与大家分享：

（1）父者，矩也。父亲是一家之长，他的言行都应该中规中矩，合乎法度，成为表率，才有资格教育家人。这就叫：做父亲就该有做父亲的样子！

（2）父者，举也。父亲是家庭的顶梁柱、主心骨。他的双手要托举起一切重压，他的双肩要承担起一切责任，从而庇护他的家人。这就叫：做父亲就该有做父亲的资格！

如今，“父”字多作书面语使用，而俗称“父”为“爸”。不是有人说“父”原是把握的“把”吗，在“父”下加个“巴”，那就叫“爸爸”吧！

子子孙孙　生生不息

甲骨文“子”金文“子”小篆“子”

甲骨文“孙”小篆“孙”

“子”的本义是小孩。从“子”的字形看，上面的“○”是个圆圆的小脑袋；当中有两只舞动的小手；下面表示裹在襁褓之中的小脚。徐铉引用李阳冰的话说：“子在襁褓中，足并也。”段玉裁说，子字象形，“象人首与手足之形也”。

现代人用时髦语言解释“子”，说是夫妻爱情的结晶。可是，古人则强调“子”的重要性，释为“嗣也”，一下子将他提升到传宗接代的高度。

“子”的另一义为“滋”，万物滋生之总称，因此，“子”成了阴历十一月的代称。《说文》曰：“子，十一月，阳气动，万物滋。”《释名》云：“子，孳也。阳气始萌，孳生于下也。”

“子”字有诸多引申义，最主要的引申义是用作对男性的尊称，特别是男性中有大学问者，则尊之为“×子”，这就有了“孔子”“孟子”“老子”“庄子”等称谓。

在《论语》一书中，凡孔丘说的话，都称之为“子曰”。由于《论语》是儒学经典，位列“四书五经”之首，久而久之，“子曰”就成了孔子的专利。“子在川上曰：‘逝者如斯夫！不舍昼夜。’”这里的“子”正是代指孔丘。

据《史记·孔子世家》记载，孔丘的儿子名鲤；鲤的儿子名思。《尔雅·释亲》云："子之子为孙。"这表明，思是孔子的孙子。

"孙（孫）"是个会意字。许慎曰："从子从系。系，续也。"你瞧甲骨文"孙"字的样子，正是一根绳系着一个小孩子。也许有人会问，"孙（孫）"为什么要从"系"？段玉裁的解答是："系部曰，继者，续也。系犹继也。"

儿子的儿子为"孙"；孙子的儿子叫什么？《尔雅·释亲》亦云："孙之子为曾孙。"曾孙再往下叫什么？朱熹云："曾，重也，自曾孙以至于无穷，皆得称之也。"这就是说，曾孙以下一概称作"重孙"。

总之，儿子后面有孙子，孙子往下有曾孙，曾孙接着有重孙（也有说是"玄孙"）……无穷无尽，生生不息。由此可见，生儿育女乃是人类繁衍的头等大事呀！

孟·仲·叔·季

小篆“孟”

小篆“仲”

小篆“叔”

小篆“季”

《左传·文公十八年》有“高辛氏有才子八人，以伯仲叔季为序”之语。兄弟之序亦称“孟仲叔季”。

《说文》曰：“伯，长也。”“孟，长也。”就是说，“伯”“孟”都是老大。那么，“伯”与“孟”究竟有没有区别呢？有。《礼纬》云：“嫡长曰伯，庶长曰孟。”乃嫡、庶之分。

“孟”是上“子”下“皿”。这个字表示旧时的接生方法，“皿”是接生用的盆子。时至今日，人们还把生小孩称作“临盆”。第一次生产，见小孩子安安全全地掉进盆里，猛地一阵惊喜，于是老大就叫他（她）“孟”吧！古代有“孟姜女”者，她就是姜家生的老大。

老二称“仲”。《释名》云：“仲，中也，言位在中也。”段玉裁云：“古中仲二字互通。”依兄弟排序而言，仲仅次于伯，文言称“伯仲”，俗话说“老大老二”。可是，有个成语叫“伯仲之间”，也就是说在“老大老二”之间，他是一点五？究竟是老大，还是老二？这个成语有点莫名其妙！（我们此说当属望文生义，说笑而已，不可当真。）

“叔”是老几？《句读》云：“武王母弟八人，管叔以下皆称叔，唯冉季载一人称季。”这就是说，在老二“仲”之后，直到最幼小的“季”之前，皆称为“叔”。

可是，“叔”的本义很令人费解。《说文》曰：“叔，拾也。从又尗（shū）声。汝南名收芋为叔。”颜师古曰：“叔，豆也。”这些解释都是从“叔”字的构造而言的。“尗”表示某种植物的茎部结有果实，“又”即“手”，去采摘果实，所以将“叔”解释为“拾也”。那么，原本表示采果子的意思怎会代指“老三”（以及老四等）呢？郭沫若作如下解释：“《说文》云汝南名收芋为叔，按此当为叔字之本义；以金文字形而言，实乃从又持戈以掘芋也，用为伯叔字乃出于假借，古金文伯叔字均作弔。”笔者觉得，郭沫若的话好像没说完，还得来点补充：《说文古籀补》一书说，籀文“叔（弔）”，象人执弓矢形，“以射天地四方，故叔为男子之美称”。

许慎曰：“季，少称也。从子，从稚省，稚亦声。”他的意思是说，“季”这个字不是从“禾”，而是“从稚省”——“稚”字省掉“隹”，且读音为“稚”。鉴于此，我们则可以把“季”作幼小稚嫩的“奶末头”来理解。也有文字学家认为，“季”从“禾”从“子”，应是“幼禾”（小苗苗）之会意。笔者以为此说也有一定的道理，正所谓“公说公有理，婆说婆有理”，这两种解释恐怕很难统一起来。

孟仲叔季，手足情深；长幼有序，互相礼敬；

尊长爱幼，和蔼可亲；其乐融融，共叙天伦。

"舅""姑"为谁

小篆"舅" 小篆"姑"

"舅"是谁？妈妈的兄弟，上海人称作"娘舅"，湖南人称作"舅爷（ya）"；"姑"是谁？爸爸的姐妹，上海人称作"孃孃"，湖南人称作"姑娘"。可是，这两个称谓古人与今人大有区别。不同在哪里？听笔者慢慢道来。

唐代诗人朱庆馀作《闺意献张水部》诗一首，云：

洞房昨夜停红烛，待晓堂前拜舅姑。
妆罢低声问夫婿，画眉深浅入时无？

难道说新婚第二天大清早，新娘子就得去拜见她的舅父、姑妈？这是什么地方的风俗？

原来，这里的"舅姑"是指公婆，即丈夫的爸爸妈妈。《尔雅·释亲》曰："妇称夫之父曰舅，称夫之母曰姑。"

那么，为什么称公公为"舅"、婆婆为"姑"呢？这是由于我国古代同姓不婚，而表兄妹不同姓，则可通婚。有出古装戏《珍珠塔》，正是讲的表姐弟联姻。这种婚姻制度古时候相当盛行，因为这可以亲上加亲，正所谓"妇事舅姑，如事父母"（语出《礼记·内则》）。

其实在古代，"舅""姑"的称谓还有他指。段玉裁说："舅者，旧也。姑者，故也。旧故之者，老人之称也。"于是，"妇称夫之父曰舅，男子称妻之父曰外舅”；“妇称夫之母曰姑，男子称妻之母曰外姑”。至于丈夫称妻子的兄弟为“舅子”，妻子称丈夫的姐妹为“姑子”，也正是源于“外舅”“外姑”之故也。

"家"字费解

甲骨文"家"金文"家"小篆"家"

有时，越是熟悉的字越难说清楚。

"家"，是一个再熟悉不过的字。它为什么写成上"宀"（mián）下"豕"？几千年来，众说纷纭。

《说文》曰："家，居也。从宀，豭省声。"许慎此说视"家"为形声字，"宀"是形部，"豭省"（豭省掉"叚"）是声部。《说文解字·宀部》："宀，交覆深屋也。"段玉裁注："古者屋四注，东西与南北皆交覆也。有堂有室，是为深屋。象两下之形，亦象四注之形。"《说文解字·豕部》："豭（jiā），牡豕也（即公猪），从豕，叚声。"

许慎的这一说法多遭质疑。后来的文字专家大都认为"家"是个会意字：古时，家家养猪，所以"家"字像屋中有豕。段玉裁认为其本义是"豕之居"，引申假借为"人之居"。

近代出土的大量甲骨文也显示，"家"字下面的"豕"都写得像一头猪。持这种观点者认为，古人豢养牲畜，以猪为最。这是因为猪易养，长得快；勤产仔，繁殖快。古代祭祀用牛、羊、豕三牲，卜辞中就有"牛一羊三豕十"的记载，足见豢养的牲畜之中猪的比例最大，数量最多。故，家庭富有程度往往以猪的多少来衡量。

由于人与猪的关系密切，所以猪有许多名称：公猪叫"豭"，母猪叫"豝"（音"巴"），一岁的小猪叫"豵"（音"宗"），三岁的大猪叫"豜"（音"肩"），野猪叫"豨"（音"希"），阉猪叫"豮"（音"坟"）……

就在“家”是会意的造字法颇为有理有据之际，又有人提出不同看法：古代并非人豕同居，而是人住屋内，豕养圂中。“圂（音‘混’），厕也。”颜师古注：“圂者，养豕之牢。”“厕，养豕圂也。”据此可知，“圂”既为厕所，又为猪圈，一舍两用。此说一出，“家”字的构造仿佛又要回到许慎的“豭省声”，即“豖”仅是“家”的读音（“豭”省去“叚”，但音仍是“豭”）；“家”是人居之所，而不是养猪的猪圈。

关于“家”的各家之说，笔者以为都是猜测，尽管各有各的依据，但统一也难。字圣仓颉如能重生，让他老人家说一说造“家”的理由，后人就再不用苦苦求索了。

衣，人之所依

甲骨文“衣”金文“衣”小篆“衣”

何为民生？衣食住行。容笔者依这四个字的顺序逐一道来。

“衣”乃蔽体之物，有广义、狭义之分：广义泛指服装，凡穿在身上者皆谓衣；狭义特指上装。

《说文》释“衣”曰：“依也。上曰衣，下曰裳。象覆二人之形。”许慎的这十四个字含三层意思：一是衣的作用，即人所依也；二是穿在上身的叫衣（狭义的“衣”）；三是说“衣”是个象形字。徐灏在《说文解字注笺》里称，金文“衣”字“上为曲领，左右象袂，中象交衽”。译成白话就是：上面像领口，两旁像袖筒，底下像两襟左右相覆，说的正是上衣的形状。

关于“衣”（这里指“衣服”）的功能，普遍认为有三：一曰御寒，二曰遮羞，三曰装扮。由此可见衣之重要。

也许有人会问，“衣食住行”四者对人来说须臾不可缺，为什么要把“衣”排第一位，而不把“食”放在第一位？这是因为，古人认为“衣”应是“仪”，即仪表。

据传，衣是黄帝时的一位叫胡曹的人发明的（见《世本》）。自此，“黄帝、尧、舜垂衣裳，而天下治。”（语出《易·系辞》）穿衣怎么会跟治天下相联系呢？傅玄作《衣铭》云：“衣服从其仪，君子德也。衣以饰外，德以饰内。”原来，穿衣事关道德教化，唯此为大。

但是，段玉裁不赞成“治世”之说，他在《说文解字注》里说：“何以云覆二人也？云覆二人则贵贱皆覆，上下有服而覆同也。”这就是说，人不分贵贱都要穿衣服。不过，还应该给段玉裁的话作一个补充：有衣饰华丽者，有衣衫褴褛者，此贵贱之别也。

“衣”还有诸多引申义：有指器物的外罩者，如剑衣、炮衣；有指涂层者，如糖衣、防护衣；有代称薄膜者，如花生衣；特指胎盘和胎膜为胞衣……

如此种种，不胜枚举，本文就不再一一赘述了。

“食”，有吃才能活

 甲骨文“食”  金文“食”  小篆“食”

“食”，作名词用，即为“食物”；作动词用就是“吃”。有道是“民以食为天”，人没饭吃没法活。

然而，“食”的字形很特别，它的造字法是什么呢？《说文》曰：“食，一米也。从皀亼声。”许慎的解释仅有八个字，既说了字义，又说了造字法，还注了读音。不过，难以理解之处有二：

第一，其义怎么会是“一米”？后经多方探讨，认定“一米”有误，当为“亼米”。段玉裁云：“亼，集也，集众米而成食也。引申之，人用供口腹亦谓之食。”

第二，“从皀亼声”是什么？许慎认为是形声字。说“食”音近“亼”，也许古代读音如此，今已无法考证，如以现在“食”和“集”的韵母同为“i”，那还是说得过去的。徐铉注曰：“皀，古文香。”段玉裁云：“皀者谷之馨香。”口食众米，其香无比。

“食”的造字法众说纷纭，难以定论。《文源》以甲骨文“食”进行分析，认为亼像倒口，覆在皀上。皀，盛食之器物。故，整体象形。周法高《金文诂林》以为，倒口“亼”表示吞物动作，下面“皀”是食具，因此“食”应是会意。

《释名》另有一解：“食，殖也，所以自生殖也。”噢，有食吃了，人类才能生存，才能生生不息。

此外，《古史考》对“食”的进化作了如下论述：“古者茹毛饮血，燧人钻火，而人始裹肉而燔之，曰炮。及神农时，人方食谷，加米于烧石之上而食之。及黄帝，始有釜甑，火食之道成矣。”由此可见，远古的神农、黄帝等领导人，对改善吃的问题是十分注重的，不仅要让民众吃得饱，而且要让大家吃得好，吃得香。

国人饮食文化发达，可以吃的“食”很多，但有一样不能“食”，那就是“言”不能食——切莫“食言”。笔者以为，“关注民生”不仅是各级政府的承诺，而且应作为一种责任，要切实做好，可不能食言啊！

附：“即”与“既”（打油诗）

甲骨文“即”

甲骨文“既”

音近形似既与即，稍不留神写别字。
送君一首顺口溜，区分方法听仔细：
精致食盒盛美食，面向食盒即将吃；
酒足饭饱背朝盒，用餐已成既往矣。

“住”，定居则安

小篆“住”

小篆“宅”

“卖炭得钱何所营？身上衣裳口中食。”这是白居易《卖炭翁》中的两句诗。由此可见，人之营生，最低端需求乃衣食而已。笔者连续写了《衣，人之所依》和《食，有吃才能活》两篇拙文，正为表达此意。

说了“衣”“食”，接下来就该说“住”了。

在“衣食住行”四个方面，我们以为说“住”的问题最复杂。你看，现在普通百姓要买套房子有多难。不过，我们这里讲的“说住难”，是因为“住”的本义是“止”、是“居（踞、蹲）”、是“停留”，而不是指住的房子。如《后汉书·蓟子训传》：“见者呼之曰：‘蓟先生小住’。”是请人家稍停片刻。再如李白《早发白帝城》诗句：“两岸猿声啼不住，轻舟已过万重山。”这里的“住”就是“停止”的意思。

人最初以“室”“宫室”表示“居所”。《易·系辞传》言：“上古穴居而野处，后世圣人易之以宫室。”《尔雅·释名》云：“室，实也，人物实满其中也。引申之则凡所居皆曰室。”后来，“宫室”一词成了皇族贵胄的专利，势必越来越富丽堂皇。对于一般民众来说，其居所称为“宅”，也许就是一间茅草屋，远不及今日之“普通住宅”。

《说文》曰：“宅，所託（简化为‘托’）也。”“托”是什么意思？段玉裁解释：“托者，寄也。引申之凡物所安皆曰宅。”原来，“宅”是人们的寄托之所，靠它来遮风挡雨避寒暑。于是乎，诗人杜甫发出“安得广厦千万间，大庇天下寒士俱欢颜，风雨不动安如山”的感叹。由此可见，杜甫真是宅心仁厚呀！

顺便说一下“宅心”一词。它有二解，一曰“居心”，即存于心中。语出《尚书·康诰》：“宅心知训。”孔颖达疏：“居之于心。”二曰“归心”，如陆机《汉高祖功臣颂》云：“万邦宅心，骏民效足。”

笔者以为，居住问题当属民众生活之保障，主政者如能真正地把民众的安居问题存于心中，切实加以解决，民众怎会不“归心”于你呢？

"行"，出门皆通衢

甲骨文"行" 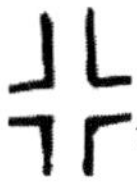金文"行" 小篆"行"

"行"是个多音字，一读xíng，二读háng；它又是个多义字。本文侧重谈谈"行（xíng）走""出行"之义。

古人行走靠双脚。《韵会》云："（行）从彳，左步；从亍，右步也。左右步俱举，而后为行者也。"先迈左步，再迈右步，一前一后，才能走路。故，许慎曰："行，人之步趋也。"但是，以上解释较为笼统，《尔雅·释宫》则对"行"作了细分："堂上谓之行；堂下谓之步；门外谓之趋；中庭谓之走；大路谓之奔。"

不过，从甲骨文和金文的"行"字看，"象四达之衢，人所行也"（语见《殷虚文字类编》），而《尔雅·释宫》又曰："行，道也，此行之本义也。"

笔者觉得，"行"既有"步趋"之义，又有"道路"之义，二者不可分——行走离不开左右脚；双脚走在道路上。鉴于此，我们就应该想到，要使人们出行得到改善，一是要发明制造现代化运载工具，以减轻疲劳，加快速度；二是修建道路，使之四通八达。现在，这两个方面都得到了飞速发展，交通工具水陆空俱全，道路建设更是突飞猛进。总之，人们出行已是大大地方便了。

可是，有一个问题一直在困扰着人们，每到"春运"头就晕。近30年来这种状况成了一个"中国特色"，每年春节前后总共约2亿农民工就像"候鸟"一般，来来往往"大迁徙"，这时，再多的运载工具都不够，再多的道路也拥挤。如果一味靠发展高铁以提高运能来满足“春运”的需要，依笔者看绝对是一个蹩脚的办法。试想，“春运”过后，那么多的高铁有谁来乘，岂不是要造成资源的巨大浪费？

前些日子，高层领导提出要加快中西部地区城镇化建设，笔者以为此乃良策，全国各地只有均衡发展，才能使农民工的迁徙潮渐渐消退，国人出行难的问题才能得到缓解。

什么叫“国计民生”，笔者认为，最大的国计就是解决民生问题。笔者连续谈了“衣食住行”四题，如最高领导层能切实抓好老百姓的“衣食住行”，那才叫“真行”！

“柴”，开门七事之首

小篆“柴”

诗云：“柴米油盐酱醋茶，七件一样不能落（là）。精打细算安排好，有条有理才是家。”

谈过“衣食住行”民生四字之后，再依次说一下“柴米油盐酱醋茶”开门七事。

许慎曰：“柴，小木散材。从木此声。”徐铉云：“师行野次，竖散木为区落，名曰柴篱。”段玉裁言：“《月令》：乃命四监，收秩薪柴，以供郊庙及百祀之薪燎。《注》云：大者可析谓之薪，小者合束谓之柴。薪施炊爨，柴以给燎。按燎，柴祭天也。”从以上所说得知，“柴”相对于“薪”而言，其本义是指捆束的细木，如枝条丫杈之属。至于炊爨的“薪”，就较为粗大，要拿刀斧劈开来使用。

也许有人会问，开门七件事，件件重要，为何把“柴”放在普遍认为最为重要的“米”的前面？笔者想，柴是用来生火的，谁家不盼着兴旺！再说，“柴”音近“财”，为获得心理安慰，开门第一事就是要“迎财”。

国人以柴生火作炊、取暖，由来已久，故森林植被日渐减少。宋代科学家沈括在《梦溪笔谈·石油》一文中指出，由于百姓长期烧柴，使各地出现了不少“童山”（即荒山），必须寻找替代木柴的能源。后来，他看到有的人家烧一种地下挖出来的黑乎乎的黏稠物，即给它取名为“石油”，并预言此物必将大兴于世。如今，他的话应验了。由此可见，沈括真是一位不可多得的有识之士啊！

“米”，食之所贵也

 甲骨文“米”  小篆“米”

“米”有广、狭二义：凡去皮脱壳之谷仁或坚果之实，统称“米”，是为广义；狭义特指稻米。由此可见，其义极为浅显，哪有什么趣事可谈？其实不然。你瞧这个字形，它是那么奇特，难道不值得一说！

“米”字的写法，甲骨文与小篆差别很大：甲骨文写作上三长点、中一横、下三长点；小篆写作上八、下八、中十。写法不同，则寓意不同。

许慎著《说文》之时，尚未见到甲骨文，所以他大都按小篆说字：“米，粟实也，象禾实之形。”咱先来个望文生义，“粟实”“禾实”，这个“实”与“十”同音，岂不是“十”在禾中之意？

对于许老先生的这番话，后代文字学家则各抒己见。徐铉云：“（米）穬（有芒的谷物，如稻麦），颗粒也。十，其稃（米粒的外壳）汇开而米见也。八八，米之形。”王筠《说文释例》言：“四点，米也，十则聊为界画耳。”段玉裁《说文解字注》讲：“四点者，聚米也；十其间者，四米之分也。篆当作四圆点以象形，今作长点。”然而，他认为许慎的“米，粟实”之说不当。他的理由是，《说文》释“粟”为“嘉谷实也”，则“粟实”即成了“嘉谷实实”，属架床叠屋，语意不通。故，他以为“实当作人”，“米则秠（一种黑黍，中有二米）中之人，如果实之有人也”。

笔者在这里得作一个补充说明：古无“谷仁”，皆写作“谷人”。段玉裁《说文解字注》云：“凡谷必中有人而后谓之秀。故，秀从禾人。”足见在古人的心目中，米与人的关系是何等密切。据考证，直至明代刻本，才尽改“人”为“仁”。

以上诸论述尽管很不一致，但都是依小篆“米”字训诂。自甲骨文出现，文字学家一改以往看法，给了“米”字一种全新的寓意：中间“一”为梗，“六点则米也”，或曰“象米粒琐碎纵横之状”。

“米”因其颗粒微小，也用来喻指极小之物，如“米雪”，即小雪珠，学名为“霰”。又因“米”呈长形，则用来比喻不圆，如“米珠”，是指形状不圆的珍珠。

诗曰：“锄禾日当午，汗滴禾下土。谁知盘中餐，粒粒皆辛苦。”米粒虽小，来之不易；一粥一饭，当忆农家之苦。然而，国人在粮食方面浪费尤其严重。据统计，我国每年从餐桌上倒掉的粮食相当于年总产量的40%，这多么令人痛心呀！

“油”，润泽菜肴之膏脂

小篆“油” 小篆“膏” 小篆“脂”

有米有柴，即可做饭；菜肴料理，需用油盐。于是，本文先来说说“油”。

“油”，《说文》的解释是：“水。出武陵孱陵西，东南入江。从水由声。”原来“油水”是一条河流的古代名称。它发源于今湖北宜都市西南，东流经松滋市，至公安北古油口入长江。（《三国志》记载：“刘备为荆州牧，立营油口”，即此。）今自松滋市以上名界溪河，下游改入松滋河，公安境内已埋塞。

那么，河水之名“油”，后来怎会成为动物的脂肪和从植物或矿物中提炼出来的脂质物的总称呢？章炳麟《小学问答》里有这样一段对话：“问曰：今以油为膏，本字云何？黄侃答曰：以双声借为腴。《说文》：‘腴，腹下肥也。’古谓膏为肥。《说文》：‘膏，肥也。’肥可称膏，故亦可称腴。”这就是说，古人不说油，而说膏。譬如，旧时释“灯”为“盛膏而燃火”，这里的“膏”即点灯用的油。据查证，以“油”取代“膏”的记载，最早见于晋代张华《博物志》：“积油满万石，则自然生火。”

然而，古文之中，“膏”和“脂”是有严格区别的（或说有所分工），大致为：

（1）人与物有别。人的脂肪称作“膏”，动物的脂肪称作“脂”。《左传·成公十年》：“疾不可为也，在肓之上，膏之下，攻之不可，达之不及，药不至焉，不可为也！”我国古代医学称心尖脂肪为“膏”，心脏与隔膜之间为“肓”。

（2）形态有别。《韵会》云：“凝者曰脂，泽者曰膏。”用现在的话说就是，冻起来的称“脂”，化开来的叫“膏”。

（3）物种有别。《韵会》又云：“戴角者脂，无角者膏。”《考工记》郑玄注：“脂者牛羊属（有角），膏者豕属（无角）。”段玉裁言：“戴角者无上齿，谓牛无上齿，触而不噬也；无角者膏而无前齿，谓豕属也，无前齿者，齿盛于后，不用前；有羽者脂而天后齿，羽当为角，谓羊属也。”

现代人讲话比较直白，“油”再不必去说成“膏脂”，更不会去分别什么“凝者曰脂，泽者曰膏”了。

这里顺便说一下“油水”的一个比喻义，即为利己的好处。现如今，人们都比较实惠，总想着能使自己的小日子过得越来越滋润，因此，凡获得正当的“利己的好处”，无可非议；若为捞点儿“油水”而损害国家、集体、他人的利益，则不足取。看看那些“油水”捞得盆满钵满的贪官，到头来哪个不是落得个头破血流、身败名裂的可耻下场？岂不悲乎！

“盐”，调味品之长

小篆“盐”

酸甜苦辣咸，菜肴五味全。调味盐为先，无盐则味淡。

国人以盐作为菜肴的调味品，起于何时，说法不一。《说文》在解释“盐”字时，特地交代了它的起源。许慎曰：“盐，咸也。从卤监声。古者，宿沙初作煮海盐。”那么，这位“宿沙”是什么时候的人，他又是怎样煮海盐的？许老先生未作具体介绍。

关于“宿沙”其人，大致有两种说法。一说是黄帝时人。徐锴曰：“夙沙（即‘宿沙’，古‘宿’‘夙’通用），黄帝臣也。”《困学纪闻》引鲁连子曰：“古善渔者，宿沙瞿子。又曰：宿沙瞿子善煮盐。”以上这些说法，请注意一个“古”字，这就是说，国人懂得用盐，早在传说时期，尚无文字可考。另一种说法是春秋时人。《世本》有注云：“宿沙，齐灵公臣。齐滨海，故得为鱼盐之利。”《左传》有“宿沙卫”，其注云：“宿沙卫在齐地。齐海滨，故多鱼盐之利。”《康熙字典》对此有较详细的叙述：“古宿沙初作，煮海为盐，河东盐池，袤五十一里，广七里，周百十六里。”此等国企盐场，规模不小啊！

其实，古人在用盐之前，已会用有咸味的“卤”来做菜。许慎亦云：“天生曰卤，人生曰盐。”这表明，“卤”是天然资源，后来经人加工成

“盐”。古人所用之盐，并非都是海盐。明朝张自烈《正字通》云：“盐种类非一，或出于卤地，或出于井，出于崖，或出于石，出于木。”我国西部地区，多地产有岩盐、井盐。据《地理志》记载：“卤县属安定郡，今甘肃平凉府固原州之地。”

“卤”繁体写作“鹵”，朱骏声《说文通训定声》一书云，“鹵”中的四点“象盐形”，由此可以想见，造“鹵”字之时，正是考虑到它晒后会呈盐粒状这个特点。

国人制盐、用盐时已久也。然而时至今日，却在该吃什么盐这一点上产生了问题，犯起了迷惑。首先是，吃的盐得安上个限制词——“食”，就有了“食盐”之名称，即可食之盐，可是有些黑良心的商人，为了降低成本多赚钱，却拿不可食的工业用盐冒充食盐，由此而害苦了多少平民百姓，有的吃瞎了眼睛，有的丧失了性命。

20世纪90年代初，我国竟作出这样一条规定，国人统一吃碘盐，一吃吃了20年。这一来吃出事来了，东部地区的民众本不缺碘，硬性规定吃碘盐后，吃得有些人甲状腺上长起钙化的小结结。如今知道过量吃碘盐的危害，人们纷纷改吃无碘盐，可是生产一时跟不上，弄得买无碘盐还得排队，缺货断档更是常有之事。唉，真没想到，国人吃盐吃了四五千年，现在竟吃出这么多烦恼。这正是：

家家户户把菜煮，不用盐巴菜没谱。

咸盐调味非小事，警惕食盐成喝卤！

“酱”，和之滋味美

小篆“酱”

“酱”，古今义不同。

古义：酱是醢、醯的总名。《周礼·天官·膳夫》云：“凡王之馈，酱用百有二十瓮。”郑玄注：“酱，谓醯、醢也。”

这里先得说一下“醢”“醯”是什么。醢，音hǎi，用肉、鱼等制成的酱。郑玄释曰：“醢者必先膊干其肉，乃后莝之，杂以粱曲及盐，渍以美酒，涂置瓶中，百日则成矣。”醯，音xī。《论语·公冶长》：“子曰：‘孰谓微生高直？或乞醯焉，乞诸其邻而与之！’”陆德明释：“醯，酢（醋）也。”[注]

今义：豆、麦等制成的糊状调味品。《正字通》对旧时制酱表述如下：“麦面米豆皆可腌黄，加盐曝之成酱。”我们以为，《正字通》说的是面酱、豆瓣酱之类。如今，“酱”的品种越来越多，鱼肉虾蟹、瓜果蔬菜皆可制成糊状的佐餐物，如蟹酱、虾酱、草莓酱、番茄酱等。

顺便说一下，现在书写的“酱”字，是“醬”的简体。其实，这个简化字正是恢复到最初的写法。《说文》曰：“酱，醢也。从肉、从酉，酒以和酱也；爿声。”也就是说，“酱”字是由“月（肉）”“酉”“爿”三部分组成（见小篆“酱”），现在不正是这样写吗？

我们在前文说了个“盐”，本篇又说了个“酱”，东拉西扯，也许让人有“盐缸里抓一把，酱缸里抓一把”之感。咱就这点水平，让各位见笑了。

[注]“醢”另有一义为古代的一种酷刑，即把人剁成肉酱。

醋·酢·醯

 小篆“醋” 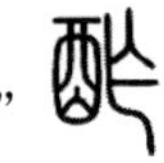 小篆“酢”  小篆“醯”

醋，吃在嘴里酸溜溜的。笔者以为，它不仅是重要的调味品，还是不可或缺的开胃剂。

说起“醋”这个字，那就比较复杂了。它有两个读音：一读cù，此为食用之酸醋；二读zuò，属古人应酬用语。《说文》曰：“醋，客酌主人也。”《玉篇》云：“醋，报也。进酒于客曰献，客答主人曰醋。”

凡古代经典著作，酱醋之“醋”多写作“酢（cù）”。《说文》曰：“酢，醶也。”又曰：“醶，酢浆也。”《辞海》云：“酢为古醋字。”《急就篇》有“酸咸酢淡辨浊清”之语，颜师古注：“大酸谓之酢。”

“酢”又称作“醯（xī）”。许慎释“醯”为“酸也”，颜师古注：“醯酢一物二名也。”

必须指出的是，“酢”“醋”二字在古文中是有分工的：“酢”为酸酢；“醋”为酬醋。可是，今义正好相反，酸酢成了酸醋；酬醋变为酬酢。古今义怎么会调换呢？徐锴云：“今人以为酬醋渍，反以醋为酒酢，时俗相承之变也。”段玉裁云：“诸经多以酢为醋，惟《礼》经尚仍其旧。后人醋酢互易，如穜種互易。”

“醋”“酢”“醯”都从“酉”，表明这种调味品与酒有关。《列仙传》里有这样一句话：“主人酒常酢败。”意思是酒败坏变酸即为酢。我们认为“败酒为酢”之说不妥，醋是用酒或酒糟发酵制成的酸味液体，绝不是坏酒，更不是“凡酸即醋（酢）”，譬如酸梅汁，它当然不是醋。

在“油盐酱醋”四项的序列上，醋居末位，这是因为并非人人都爱食醋。不过，醋真是个好东西。现代医学认为，食醋对治病养生有十大作用：（1）消除疲劳；（2）调节血液的酸碱平衡，维持人体内环境的相对稳定；（3）帮助消化，有利于食物中营养成分的吸收；（4）抗衰老，抑制和降低人体衰老过程中过氧化物的形成；（5）具有很强的杀菌能力，可以杀伤肠道中的葡萄球菌等；（6）增强肝脏机能，促进新陈代谢；（7）扩张血管，有利于降低血压，防止心血管疾病的发生；（8）增强肾脏功能，有利尿作用，并能降低尿糖含量；（9）可使体内过多的脂肪转变为体能消耗掉，并促进糖和蛋白质的代谢，可防治肥胖；（10）醋中还含有抗癌物质。

然而，食醋一要适量，多用就会伤身；切勿空腹食醋，免得刺激分泌过多胃酸，伤害胃壁。据专家研究，成年人每天食醋量应控制在20～40克，最多不超过100克。此外，患有胃溃疡、胆囊炎、肾炎、低血压、胆石症、骨损伤及慢性肾脏病等疾病者不宜食醋。

我们在前面一直说“食醋”，而不讲“吃醋”，这是因为“吃醋”有着特殊的含意。下面就来说说“吃醋”的故事：

唐初大臣、梁国公房玄龄（579—648年）是“一夫一妻制”的模范，从未娶过二房。李世民认为房玄龄是“惧内”的典型，于是动起了“关心下属”之念，决定挑选几位美女赐给他。谁知，房玄龄听后吓得面如土色，哪敢接受皇上的这一恩典。这一来，李世民竟较起真来，即令皇后娘娘去做房夫人的思想工作。可是，任凭皇后怎么开导，房夫人就是不买账，甚至放出狠话，宁死不从。“她不怕死？朕这就赐她一壶毒酒，再不答应纳妾，让她自行了断！”房夫人接旨后面不改色，仰起脖子将毒酒一饮而尽。可是，房夫人没死，只是觉得嘴里酸酸的。原来，李世民是想试试房夫人，只是送了一壶醋给她喝。从此，“吃醋”一词就成了形容女人醋性大作的专用词语。

荼·茶·茗

小篆“荼”

小篆“茗”

清明过后，新茶纷纷上市。笔者特爱喝新茶，于是就兴致勃勃地逛起街来，顺便买少许名茶尝新解馋。忽至一店，见招贴广告大书“××茗茶”，不禁喟叹。“茗”即“茶”，此广告岂不成了“××茶茶”。笔者心想，我国“茶文化”博大精深，把“名茶”写成“茗茶”，也许有一定的道理。幸好，笔者家藏《茶经》一部，还是回家重读一遍再说吧！

首先说明一下，《说文》无“茶”字，而有“荼”字。“荼”有二读，一读tú，许慎解释为“苦荼也”，指一种苦菜。《诗经》有“谁谓荼苦，堇荼如饴”之句。另一读chá，即古“茶”字。据《唐韵》记述：“荼字，自中唐起始变作茶。”

国人饮茶历史悠久，可考之记载逾3000年。人们常说，我国的“茶文化”可与“酒文化”比肩。笔者以为，“茶文化”应胜“酒文化”一筹。卖酒之人最雅之称呼莫过于“酒保”，而茶馆里的侍应则尊为“茶博士”［注］。《水浒传》第十八回：“宋江便道：‘茶博士，将两杯茶来！’”笔者到现在还没弄清楚，这些“茶博士”的博士文凭是谁颁发的。

再就是，茶的名称众多，有时很难搞清楚。茶圣陆羽在《茶经·茶之源》中言：“其名，一曰茶，二曰槚，三曰蔎，四曰茗，五曰荈。”周公云：“槚，苦荼。”杨执戟云：“蜀西南人谓茶曰蔎。”郭弘农云：“早取为茶，晚取为茗，或曰荈（chuǎn）耳。”闹了半天，荼、茶、槚、蔎、茗、荈，乃一物也，只不过异地别称或采摘早晚而已。

古往今来，论茶之专著不少，咏茶之诗词更多。笔者以为，专著当读唐代陆羽《茶经》、清人陆廷灿《续茶经》即可；茶诗唯唐人卢仝《茶歌》（全称《走笔谢孟谏议寄新茶》）为最。

卢仝以为，茶再好也不能多喝，六碗则可通仙境，若喝到七碗就觉得两腋习习生风了。对此，苏轼不以为然。有一次，他在杭州一寺庙连喝七碗浓茶，顿时诗兴大作，写道："示病维摩原不病，在家灵运已忘家。何须魏帝一丸药，且尽卢仝七碗茶。"

［注］"酒博士"的称呼其实也是有的。在宋代，茶、酒坊侍应皆称博士。《东京梦华录》言："凡店内卖下酒厨子，谓之茶、饭、量酒博士。"

附：宝塔诗《茶》

元稹自序：以题为韵，同王起诸公送白居易分司东郡作。

茶。

香叶，嫩芽。

慕诗客，爱僧家。

碾雕白玉，罗织红纱。

铫煎黄蕊色，碗转麹尘花。

夜后邀陪明月，晨前命对朝霞。

洗尽古今人不倦，将知醉后岂堪夸。

（载于《全唐诗》第12册，第4652页）

或·域·国

小篆“或” 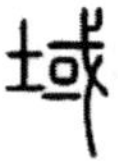小篆“域” 小篆“国”

“或（yú）”，本是“國（国）”。许慎曰：“或，邦也。从囗（读作‘围’）从戈，以守一。一，地也。”从这个字的组成构件看，是以武装力量（戈）来守土保民，其义显然。

“域”，即“或”。段玉裁云：“（域）从或从土。既从囗从一矣，又从土，是为后起之俗字。”为什么要给“或”造个后起字“域”呢？徐铉注云：“或”后作“以为疑或不定之意”，则加“土”为“域”以代“或”。现在，“疑或（huò）”当作“疑惑”，此乃心理活动，从心、或（yú）音是也；“或（huò）”已多作“或者”“也许”等虚词用。

“域”，则有疆界。从阅读中国历史地图册得知，周代以前，华夏之域也就是现今之中原腹地，名曰“九州”。《周礼·地官·大司徒》记载：“以天下土地之图，周知九州之地域广轮之数。”此宇内称为“域中”；凡其外皆称“绝域”，即异邦。据传，“九州”系禹治水后所划分，一般认为是：冀、兖、青、徐、扬、荆、豫、梁、雍（见《尚书·禹贡》）。

“域”既然是“邦”，为什么再造个“国”字？这个问题众说纷纭，比较复杂，笔者只能择其要者略表一二。段玉裁释“国”如是说：“邦也。‘邑’部曰：邦，国也。按，邦国互训，浑言之也。《周礼》注曰：大曰邦，小曰国。邦之所居亦曰国，析言之也。从囗、从或。‘戈’部曰：或，邦也。古或、国同用；邦、封同用。”段老先生又说：“盖‘或’、‘国’在周时为古今字。古文只有‘或’字，既乃复制‘国’字。以凡人各有所守，皆得谓之‘或’。各守其守，不能不相疑。故，孔子曰：‘或之者，疑之也，而封建日广。’以为凡人所守之‘或’字未足尽之，乃又加‘囗’而为国。”

我们对“大曰邦，小曰国”的理解是：此乃“封建”之始，“国”即诸侯国。古代帝王把爵位、土地分赐亲戚或功臣，使之在各自的区域内建国。相传，黄帝为封建之始，至周封建制度开始完备。《礼记·王制篇》言：“王者之制禄爵，公、侯、伯、子、男凡五等……天子之田方千里，公、侯田方百里，伯七十里，子、男五十里。”《左传·僖公二十四年》曰：“昔周公吊二叔之不咸，故封建亲戚，以蕃屏周。”孔颖达疏：“封立亲戚为诸侯之君，以为蕃篱，屏蔽周室。”

秦王嬴政并吞六国，废封建，立郡县，建立大一统之帝国。“始皇帝”者，则诸侯国除，专制集权制始也。

“秦”是嬴政造的吗

小篆“秦”

公元前221年，我国历史上第一个中央集权制的政权——秦帝国建立了，秦王嬴政这个最高的专制独裁者就称为“始皇帝”。

始皇帝的是非功过，两千多年来任人评说；然而，在统一文字（书同文）这个问题上是功不可没的。丞相李斯依据籀文、古文定文字，笔画力求简省划一，称为之秦篆，或称作小篆，使文字书写从此得以规范。

文字书写规范统一并非造字，可是，有一位先生说嬴政造过字，造了个“秦”字。这事我们还是第一次听说。那么，嬴政是怎样造“秦”的呢？某先生“考证”如下：

“秦”这个字，在远古时写作“琹”，直到战国结束前还是这么写的。嬴政灭六国之后，某日闲来无事，忽然想到国号“琹”字有问题：一把木凳上居然并肩坐着两个王，天下岂能与他人平分？必须造出一个同音字来替代“琹”字。于是，他问史官：“从盘古开天辟地以来，谁最劳苦功高？”史官小心翼翼地回答：“三皇五帝，开天辟地；唐尧虞舜夏商周，是非功过见《春秋》。”始皇帝顿时面露笑容：“朕乃千古第一始皇帝，占他一半《春秋》不为过，就用一半春秋造字作为国号吧！”说罢，提起笔来“唰唰唰”，一连写了几个“秦”字，然后眉飞色舞地对群臣说：“朕各取春秋二字的一半，合二为一成为‘秦’，用以取代‘琹’，众爱卿以为如何？”皇上金口玉言，谁敢说个不字，从此就以“秦”字号令天下。

某先生的故事编得煞有介事。不过，他知不知孔子选编的三百零五首《诗》里就有《秦风》十首，且《诗·秦风·车邻》有注云：“秦，陇西谷名，在雍州鸟鼠山之东北。”作为诸侯国的“秦”更是由来已久。《说文》曰：“秦，伯益之后所封国。地宜禾。从禾，舂省（声）。”

关于秦国始末，段玉裁在《说文解字注》里叙述较详细：“伯益之后所封国，郑诗注曰：秦者，陇西谷名，于禹贡近雍州鸟鼠之山。尧时有伯翳者，实皋陶之子，佐禹治水。水土既平，舜命作虞官，掌上下草木鸟兽，赐姓曰嬴。历夏、商兴衰，亦世有人焉。周孝王使其末孙非子养马于汧、渭之间。孝王封非子为附庸，邑之于秦谷。至曾孙秦仲，宣王又命作大夫，始有车马、礼乐、侍御之好，国人美之，秦之变风始作。”（笔者注：伯益、伯翳实一人，皋陶之子也。今甘肃秦州清水县有故秦城。）又云：“地宜禾者，说字形所以从禾从舂也。职方氏曰：雍州谷宜黍稷。一曰：秦，禾名。”这就是说，“秦”还是作物的名称。

请注意，小篆“秦”不是“春”字头（古文“春”字的上部也不是三横一人，详见《“春”回大地万象新》一文），而是像“杵”一样的农具。徐中舒、于省吾二位均以为“秦象抱杵舂禾之形”（见《甲骨文字诂林》），如今这样的字形乃“隶变”所致也。

哈哈，某先生的嬴政造“秦”故事，实乃戏说也，诸位如在用餐，当心喷饭。

“汉”原是河流名称

小篆“汉”

嬴政于公元前221年建立的秦帝国是个短命王朝，仅历时15年即被刘邦所灭。此后，刘、项混战了好一阵子，至公元前202年，刘邦称帝，都长安，国号“汉”。汉王朝又分前汉、后汉（亦称西汉、东汉），历时计400余年。有趣的是，两汉的时间跨度在公元前后各约200年，始于前202年，终于后220年。

由于我国古代有了这个汉王朝，至今还有许多名称与“汉”紧密相关。择其要者，简介如下：

（1）汉人。自汉朝起，域外之人皆唤我华夏之人为汉人，今亦称“华人”。

（2）汉族是我国的主体民族，当今达12亿之多。

（3）汉语。汉族通行的语言，现为中国各族的族际语言，也是新加坡的官方语言。

（4）汉字。记录汉语的文字，其显著特点是由笔画组成的方块字，表形、表声、表义于一体，数量庞大，《汉语大字典》收录有5.6万多个，而且已有五六千年历史，是世界上最古老的文字之一。

汉字有一种字体叫“汉隶”（亦称“隶书”），它是把“秦篆”（亦称“小篆”）圆转的笔画变成方折，从而便于书写，史称“隶变”。其实，隶书始于秦而普遍使用于汉。西晋卫恒《四体书势》云："秦既用篆，奏事繁多，篆字难成，即令隶人（指胥吏）佐书，曰隶字。"时有书法家程邈，将胥吏所书简化演变字体加以搜集整理，予以规范，故后世有程邈创隶书之说。

说了半天与"汉"字相关的事，却没有半句切题，就此打住，接下来说说"汉"是一条河流的事。

"汉"，繁体写作"漢"。《说文》曰："漢，水也，上流曰漾，东为沧浪水。从水，難省声。"汉水又名汉江，发源于陕西宁强县（上游称玉带河），至湖北武汉汇入长江，全长1532公里，是长江最长的支流。

天空之中也有一条"汉水"，那就是牛郎织女一年一度鹊桥相会的天河。《尔雅·释天》云："箕斗之间，汉津也。"只是不知道这条横在牛郎织女间的云汉究竟有多长呀！

“唐”本义竟是大言

小篆“唐”

唐王朝是我国古代于汉朝之后的又一鼎盛时期。公元617年，隋太原留守李渊起兵，次年隋亡，李渊在关中称帝，国号唐，都长安。公元907年，不可一世的大唐帝国为后梁朱温所灭。

《说文》曰：“唐，大言也。从口，庚声。”何为“大言”？即“荒唐之言”（语出《庄子·天下篇》），如同今人所说“真理向前半步即成谬误”之义。

在许慎著《说文》时，没有“塘”字，《论衡》云：“凡陂塘字古皆作唐，取虚而多受之意。”许慎亦云：“隄（今写作‘堤’），唐也。”《康熙字典》言：“《周语》陂（bēi）唐污庳，以钟其美。《注》唐，俗本作塘。”

说到这里，笔者想起修筑钱塘大堤的传说。《水经注》曰：“三国吴募筑塘御海潮，致一斛土，与钱一千，因名钱塘。”古制，一斛为十斗。挑十斗土到工地就能换到一千钱，有这等好事，谁不想干。那么，送土去的人拿没拿到钱呢?《钱塘志》的说法是：“曹华信立防海塘，募致土石一斛与钱一千，来者如云。乃曰：‘不复需土’，皆弃而去。塘成，因名钱塘。”由此可见，“大言”多为谎言，切莫轻信!

既然“唐”作“大言”解，李渊为什么还要拿它来作为国号呢?笔者认为，除了他曾承袭祖父李虎唐国公爵，且起兵时自称唐王这些原因外，更重要的理由是，“唐”还有一解为“大”。《玉篇》曰：“尧称唐者荡荡，道德至大之貌。”有道是“君子坦荡荡”，乃胸襟宽广之义。

如此说来，李氏以“唐”为国号那可是大大的好啊！不过，大唐王朝早期有十来年（690—704年）国号竟改为“周”，皇帝是女性，姓武名则天（这个女人就是天）。她还让人给造了个“曌”字（音“照”），取日月当空之义，作为自己的大名。

附一：唐，古国名，有三：（1）相传为祁姓，尧的后裔。在今山西冀城西，为周成王所灭，后为其弟叔虞德封地。（2）姬姓，在今湖北随州西北唐县镇，公元前505年灭于楚。（3）西周时北方部族所建。在今山西太原西南，即北唐。

附二：《资治通鉴·唐纪一》胡省三注：“李唐之先，李虎与李弼等八人佐周伐魏有功，皆为柱国，号八国家。周闵帝受魏禅，虎已卒，乃追录其功，封唐国公，生子昞，袭封。昞生渊，袭封，起兵克长安，进封唐王，遂受隋禅，国因号曰唐。”

附三：武则天永昌元年（689年）十一月，“凤阁侍郎河东宗秦客，改造‘天’‘地’等十二字以献”，其中将“照”改为“曌”。

“李”，木之多子者

甲骨文“李”

小篆“李”

据2014年统计，我国姓李的最多，约为9530万人，占全国总人口的7.94%。姓李的为什么会如此之多？笔者答：“李”，本来就是结子特别多的果树。

《说文》曰：“李，果也。从木子声。”它是什么样的果木呢？《尔雅》解释为：“李，木之多子者。”《埤雅》云：“李性难老，虽枝枯，子亦不细，其品处桃上。”

《诗·大雅·抑》云：“投我以桃，报之以李。”这里的“李”，指的是李树结的果子。李子成熟时呈黄色或紫红色，可食，味略酸，多用于制作蜜饯。有一则成语叫“李下瓜田”（亦作“瓜田李下”），源出古乐府《君子行》：“君子防未然，不处嫌疑间。瓜田不纳履，李下不整冠。”以此告诫人们，要避免偷瓜、摘李子的嫌疑。

“李”也指春日李树上绽放的白色花朵。《诗·召南·何彼襛矣》有“华如桃李”之句，用以形容洁白的李花与粉红色的桃花相映成趣。

说到李花之白，笔者不由得想起文坛的两件趣事。

相传，诗仙李白的名字是因六岁时他自己作的一句诗而得。那年春天某日，李白跟父母到野外踏青。三人来到风景绝佳之处，满目山青、石奇、林翠、花艳，李父心血来潮，随口吟出：“春风送暖蓓蕾开，迎新绽金它先来。”李母刚接了一句“火烧杏林红霞落”，李白立即续上“李花怒放一树白”。李父再三吟哦，觉得儿子的结句清雅自然，意境超过前三句，不仅头一字是自家的姓，而且末尾一字堪称画龙点睛——这个“白”字，既体现李花洁白如雪，又预兆李树果实丰收。于是，夫妻二人一合计，便给儿子取名“李白，字太白”。

另一则文坛佳话是由韩愈赞美李花的诗句引起。唐宪宗元和元年（806年），春二月末某晚，韩愈（字退之）去江陵城西观赏李花，好友张署患病未能同往。归来后，韩愈即作《李花赠张十一署》（见《全唐诗》第10册，第3791页）。该诗开头云“江陵城西二月尾，花不见桃惟见李”，此二句后世论者多有不解。南宋诗人杨万里作《读退之李花诗》云：“近红暮看失燕支，远白宵明雪色奇。花不见桃惟见李，一生不晓退之诗。”诗题下并有小序：“桃李岁岁同时并开，而退之有‘花不见桃惟见李’之句，殊不可解。因晚登碧落堂，望隔江桃李，桃皆暗而李独明，乃悟其妙。盖‘炫昼缟夜’云。”由此可见，“花不见桃惟见李”七字，乃着力于桃李之花在夜幕中反光的差异，遣词造句何等奇妙！

本义为李树、李花、李子的“李”字，怎么会成为姓氏呢？此事说来话长。

段玉裁《说文解字注》云：“古，李理同音通用。故，行李与行理并见，大李与大理不分。”首先要弄清这里所说的“理”是什么。《辞源》释“李”：“与理通，理亦治也。刑官曰司理，亦称司李。”《辞海》释“李”：“通‘理’。古称指法官。《管子·法法》：‘皋陶为李。’尹知章注：‘古治狱之官。’亦泛指官吏。”这表明，理（李）是古代司刑的法官。

众所周知，汉民族中有许多姓氏是依官职而确立的，如司马、司徒等。同理，既然有司理这一官职，会不会李姓也是因官职而来呢？从李姓溯源看，还真是这么回事。经考证，李氏出自嬴姓，颛顼的后代皋陶，在尧舜时担任掌管刑狱的理官，他的子孙先后三代世袭了“大理”职务，并以官为姓，称为“理氏”。理氏改为李氏的说法有两种。一种说法是：商纣时，皋陶后裔理徵，因直谏得罪了纣王，而被处死，其妻契和氏带着儿子利贞逃难时，因食李子充饥，才得以活命，故不敢称理，便改姓“木子李”。另一种说法是：据《姓氏考略》所述，周代之前未见有李氏。春秋后期的老子，为利贞的后裔，因祖上世代为理官，理、李两字古音相通，老子便以李为氏，名耳，是正史中第一位立传的李姓人物。自公元618年李渊建立大唐帝国之后，便以李耳为李氏家族先祖。唐高宗乾封元年（666年）追封李耳为太上玄元皇帝；唐玄宗天宝二年（743年）追封庙号大圣祖，谥号玄元皇帝；天宝八年（749年）册封为圣祖大道玄元皇帝；天宝十三年（754年）上尊号为大圣祖高上大广道金阙玄元天皇大帝。

李姓人口众多的原因除了历史悠久、源远流长外，还有一个极为重要的原因就是唐朝大规模赐姓。受唐朝赐姓者，见诸史籍之人颇多。据《路史》及《唐书·宰相世系表》所载：徐氏、邴氏、安氏、杜氏、胡氏、弘氏、郭氏、麻氏、鲜于氏、张氏、阿布氏、阿跌氏、舍利氏、董氏、罗氏、朱邪氏，皆因立功被赐国姓李氏。例如，唐初大将李绩（594—669年），本姓徐，名世绩，字懋功，因功勋卓著，封曹国公，赐姓李，为避李世民讳，改单名绩。再如晚唐的李克用（856—908年），本是沙陀部首领朱邪赤心之子，也因有功于唐王朝而赐姓李，还封为晋王。923年，李克用之子李存勗建立后唐，他被尊为太祖武皇帝。

相关资料显示，当今李姓遍布世界各地，有朝鲜李氏、越南李氏、日本李氏、新加坡李氏、南洋李氏、欧美李氏、澳洲李氏、非洲李氏等，人数亦相当可观。据不完全统计，目前全球李姓之人已超过1亿。

“王”，盛也，旺也

 甲骨文“王”  金文“王”  小篆“王”

在我国，王姓是仅次于李姓的第二大姓，据2014年统计，约有8890万人，占全国总人口的7.41%。能不能从“王”这个字本身说出点王姓人口众多的道理来？不瞒你说，本文以《“王”，盛也，旺也》为题，正是要按这样的思路说下去的。

人们通常把“王”字说成“三横王”。笔者以为，这种说法在很大程度上是受了许慎的影响。《说文》曰：“王，天下所归往也。董仲舒曰：古之造文者，三画而连其中，谓之王。三者，天地人也，而参通之者，王也。孔子曰：一贯三为王。”

众所周知，许慎编撰《说文》之时尚未发现甲骨文字，所以他是按小篆字形来解说“王”字的。他先引用董仲舒《春秋繁露·王道通三》中有关“王”字的造字法的论述作为佐证，紧接着又拿孔子的“一贯三为王”这句话为依据，从而给“王”下了“能参通天地人者，天下所归往也”的定义。

然而，往后的文字学家对许慎之说多有异议，归结起来有如下几点：

其一，孔子的“一贯三为王”之语“未详所出，然似非孔子之言”（王应麟之语）。孔子这句话无从考证。

其二，“王”的本义是“君也，主也（指权力至高无上的统治者）”。《诗·小雅·北土》：“溥天之下，莫非王土。”《六书故》云：“有天下曰王。帝与王一也。周衰，列国皆僭号自王。秦有天下，遂自尊为皇帝。汉有天下，因秦制称帝，封同姓为王。”

其三，从金文“王”字看，它像斧钺之形。《金文诂林》引用浙江海宁人著名文史学家吴其昌（1904—1944年）之说：“王之本义为斧，用以征服天下，故引申为王。”

其四，甲骨文“王”的字形从二从火（或从“一”，或从“三”）。这一来，人们对“王”的解释发生了重大转折。古文字学家顾实（1878—1956年）《释王皇》云：龟甲文王字作，“指火之炎（焰）上而大放光明也。故曰王者皇也；皇者光也；煌者，盛德煌煌无所不照也”。朱芳圃云：“初民祀火，以火为神，后乃移尊其首领曰王。”商承祚云：“王乃旺之本字。”《说文古籀补》曰：“王，大也，盛也……地中有火，其气盛也。火盛曰王，德盛亦曰王。”

《辞源》释“王”之第五义项：“姓。《通志》称：‘京兆河间之王，出于周文王第十五子毕公高，此姬姓之王；出丁北海陈留者，舜之后，此妫姓之王；出于汲郡者，王子比干之后，此子姓之王。’大抵子孙以王者之后，号曰王氏。广韵所载，有二十一望，太原琅琊尤著。其余又有虏姓及赐姓冒姓者，族系甚繁，各地皆有之。”

对于《辞源》的这一注释，笔者觉得很有必要再作一番详细解说。

（1）《通志·氏族略》言，王氏之源有三大系。其一，妫姓，舜之后。其二，子姓，以殷商王子比干为源起。其三，姬姓，后裔有五支：一是周灵王太子晋的后裔。太子晋，字子乔，山西太原的“子乔祠”就是对王姓始祖子乔的纪念。二是周文王第十五子毕公高的后裔。三是春秋时期齐国大夫王子成父的后裔。四是周平王太孙赤的后裔。五是战国末年西周桓公揭的后裔。

（2）何谓“二十一望”？“望”指的是门族，即王氏有二十一郡望（世居于某郡的名门望族），分别为：太原郡、京兆郡、天水郡、中山郡、陈留郡、河东郡、河南郡、瑯琊郡、北海郡、东海郡、高平郡、东平郡、新蔡郡、新野郡、山阳郡、章武郡、东莱郡、金城郡、长沙郡、堂邑郡等。

（3）“虏姓及赐姓”云云。史载：公元8年，王莽代汉，建立新朝。刘汉贵族中，明德侯刘龚、率礼侯刘嘉等纷纷投靠王莽，而安众侯刘崇、徐乡侯刘快、陵乡侯刘曾、扶恩侯刘贵等反抗势力遭镇压。王莽始建国二年（公元10年），新皇下诏：“明德侯刘龚、率礼侯刘嘉等凡三十二人，皆知天命，或献天符，或贡昌言，或捕告反虏，厥功茂焉。诸刘与三十二人同宗共祖者，勿罢，赐姓曰王。”

此外，历史上曾出现过的王狄、王父、王官、王史、王叔、王孙、王周、王子、小王等15个复姓，后简化为单姓王，也是王姓人数增加的一个重要因素（“冒姓”等从略）。

鉴于以上种种原因，王姓怎能不成为大姓，王氏门族怎能不昌盛，王家人丁怎能不兴旺啊！

“张”，扩而大之

 甲骨文“弓”  小篆“张”

王安石《拟寒山拾得》诗曰：“张三裤口窄，李四帽檐长。”从此，凡泛指某人或某些人，开口则“张三李四”云云。说来有趣，张姓恰恰在我国姓氏排位中名列第三，据最新统计，多达8480万人，占全国总人口的7.07%。

“张”，俗称“弓长张”。要说“张”，就得先说“弓”，才能顺理成章。

考古发现，在距今三万年前的山西朔县峙峪文化遗址中有石镞，这表明我之先民早已发明、使用弓了。不过，那时的弓极其原始，就像现在小孩玩的那样，用绳子系在竹片两端，弯成弧形而已，射出去的箭既无力，射程又不会太远。直到“黄帝子少昊青阳氏第五子挥为弓正，始制弓矢”（见《新唐书·宰相世系表》）。笔者以为，经黄帝的孙子挥改良的，才是真正意义上的弓矢。

那么，挥“始制”的弓是什么样子呢？一看甲骨文的“弓”字便可知道，弓背当中多了一道弯。别小看这一改良，用现代工程术语来说，这叫“加预应力”，使弓的承受力增大，可以达到“良弓难张，然可以及高入深”（语出《墨子·亲士》）的效果。可是，制作良弓的工艺是相当复杂的。据成书于战国初期的《考工记》记载，首先要“为弓取六材”：干（柘、桑、橘、木瓜、荆、竹等），角（牛角），筋，胶（鹿、马、牛、鼠、鱼、犀），丝和漆。然后要经过长期的精心加工（据说连头带尾长达三年）：冬天做弓干，春天浸治角，夏天治筋，秋天把三者用丝、胶、漆合起来，做成弓体，入冬后把弓体放置于弓匣之内以定其形，来年春天再装上弓弦检验……

常言道："挽弓当挽强。"杀伤力强的弓，当是长弓。有一种威力特别强大的长弓叫"弩"。颜师古曰："今之弩，以手张者曰擘张，以足张者曰蹶张。"

介绍过"弓"之后，再来说"张"就简便得多。《说文》曰："张，施弓弦也。从弓，长声。"《诗·小雅·吉日》有"既张我弓，既挟我矢"之句，意思是说，"我（周宣王）已把弓拉满弦，我已把箭握在手"，正所谓"张弓搭箭"是也。

其实，射箭这个动作本是张与弛的组合，即先张后弛。《礼记》曰："张而不弛，文武弗能也。弛而不张，文武弗为也。一张一弛，文武之道也。"

"张"是个多义字，本文不能一一细说。接下来再说一下张姓。

《辞源》曰："（张）姓。风俗通云：张王李赵，黄帝赐姓也。唐书世系表云，黄帝子少昊青阳氏第五子挥为弓正，赐姓张，此为得姓之始，其族最繁。广韵云十四望（即：清河、南阳、吴郡、安定、燉煌、武威、范阳、犍为、沛国、梁国、中山、汲郡、河内、高平十四望）；张氏图谱言有四十三望。"

《广韵》说张氏"十四望"，《张氏图谱》却说张氏多达"四十三望"，一下子多出来二十九望，怎么说总觉得扩张得厉害。不过，人家这样说是合乎情理的。《辞源》释"张"，还有一义为："凡扩而大之曰张。"怪不得天下姓张的队伍如此之庞大！

说“刘”

小篆“刘”

“卯金刀劉”是我国第四大姓，据2014年统计，约为6460万人，占全国总人口的5.38%。

谈起“劉”字，不得不说一件陈年故事。东汉时期的著名文字学家许慎（约58—约147年），在他编写的我国第一部字典《说文解字》里，竟然未收国姓“劉”，这是什么缘故呢？也许有人会说，可能是为了避讳。确实，许慎是位十分谨慎的人，他深谙避讳之道。通观《说文》，禾部的“秀”（光武帝名秀）、艸部的“莊”（明帝名莊）、火部的“炟”（章帝名炟）、戈部的“肇”（和帝名肇）、示部的“祜”（安帝名祜），此五字一律不作解释，皆称之为“上讳”。不过，避讳是讳名不讳姓的，如果讳姓，岂不是两汉之人都不得姓“劉”了。

那么，“劉”字有什么不便说的地方呢？说起来有点吓人，它的本义是“杀”！

“劉”，从金，从刀，丣（yǒu）声，甲骨文把它写成左边既有点像大鸟的动物，又有点像被捆绑的人，右边伸出一把刀，意思是用刀刺杀动物或人。《诗·周颂·有客》：“嗣武受之，胜殷遏劉，耆定尔功。”《毛诗故训传》注：“劉，杀。”《逸周书·世俘》：“则咸劉商王纣，执矢恶臣百人。”孔晁注：“劉，克也。”《书·盘庚》：“重我民，无尽劉。”意为：要重视平民百姓的生命，别把他们都杀了。扬雄（前53—后18年）《方言》云：“秦晋宋卫之间谓杀曰劉，晋之北鄙亦曰劉。”此外，“劉”又作斧钺一类的兵器解；还作“剥落”“凋残”解。总之，不是刀光剑影、血肉模糊，就是秋风落叶、残败凋零，你想想，如果《说文》里都作这般解释，许慎及其家人还能活命吗？

明明有“劉”，又不能说，许慎怎么办？人家自有办法，于是弄个“镏”来替代：“镏，杀也。”他有什么依据呢？《玉篇》曰：“镏，古劉字。”《毛诗》云：“徐锴以为镏即劉，当是也。”不过，以“镏”当“劉”之论未必是许慎之意。当代文字学家蒋人傑先生在他所著的《说文解字集注》里指出：“《说文》有藰浏，自必有劉。劉，国姓也，不可以说杀之。伪孔传曰劉，钺属。然则劉以器名为古义，劉篆既佚，后人皆以镏当之，失许君意。”

现在，“卯金刀劉”已简化为“文刀刘”，看上去文明了许多。可是，这个“文武兼备”的“刘”并非现代人的创意，这样的写法早在东汉时期就已出现。经查阅上海书店1979年10月出版的《汉印分韵合编》，该书第176页载有92款“刘”字篆刻印章，其中第2行第3枚即为左“文”右“刀”之“刘”（以下皆用简化的“刘”）。

刘姓是一个多源的姓氏，目前比较公认的源头有以下三支：一是源于祁姓的刘氏；二是源于姬姓的刘氏；三是后起刘氏。

源于祁姓的刘氏，“史记索引及唐书并谓陶唐氏后”（语出《辞源》）。传说中的远古部落陶唐氏的领袖尧为祁姓，其后裔中有一男孩生下来双手手掌上分别有“刘”“累”二字，故起名叫刘累。据文献记载，夏朝第十四代国君孔甲曾聘请刘累担任王室的驯龙官，因驯龙有方，孔甲赐刘累姓“御龙氏”，并将豕韦（今河南省滑县西南韦乡）赐给他作封邑。“御龙氏”三个字可了不得，他给刘氏家族带来了无限辉煌。在中国历史上，刘姓称帝者六十六人，先后建立的政权有：西汉、东汉、蜀汉、前赵、南朝宋、南汉、后汉、北汉、大齐等，累计历时650多年。

姬姓的刘氏出了一位极具影响的人物——刘邦。战国后期，姬姓刘氏中有位名叫刘清的成为魏国的大夫。公元前231年秦灭魏，便强迫大梁居民迁往泗水郡沛县丰邑（今江苏省丰县），刘清只得率领刘氏家族来到丰邑中阳里力村疃（今江苏省丰县赵庄金刘砦一带）定居下来。刘清生刘仁；刘仁生刘煓（或作“湍”）；刘煓第三子刘季，就是后来汉朝的开国皇帝刘邦。

后起刘氏支流众多：

赐姓之刘，如戍卒娄敬因建议定都长安而嘉奖其姓刘；又如项羽的叔父项伯，在鸿门宴上救助刘邦有功，刘邦也赐其家族姓刘。

匈奴族刘姓。汉初，对匈奴采取和亲政策，把皇室之女嫁给冒顿单于为妻。匈奴习俗，子女皆随母姓，其子孙便都姓刘。

河南刘氏。魏晋时期，匈奴族的一支自称是汉朝公主与匈奴单于的后裔，一直使用刘姓，先后在山西、陕西、内蒙古等地区建立了汉、前赵和夏三个政权，后来定居河南。

改姓刘氏。公元494年，北魏孝文帝迁都洛阳，实行汉化政策，鲜卑族改为汉姓，其中“勋臣八姓”之一的独孤氏改为刘姓。

沙陀刘氏。唐末五代时期，突厥沙陀族的一支自称是刘邦的后裔，他们建立了五代十国中的后汉和北汉政权。

尽管刘姓其源甚多，但一致公认，刘累就是刘姓的得姓始祖。刘累，刘累，刘氏怎不硕果累累？

说"陈"

小篆"陈"

中华五大姓，李王张刘陈。据统计，目前我国姓陈者逾5440万人，占全国总人口的4.53%。

"陈"的繁体字"陳"，许慎说它是"从阜从木申声"，义为："宛丘，舜后妫（guī）满之所封。"也就是说，"陈"是周代的一个侯国，都城在宛丘之侧（今河南省淮阳县）。

"陈"是个多义字，《辞源》列举义项有十：（1）布也。《诗·小雅》："陈馈八簋。"（2）故也。《诗·小雅》："我取其陈，食我农人。"（3）张也，犹俗言张扬。《礼记·表记》："事君欲谏不欲陈。"谓不欲显其过于外也。（4）列也。《史记·李斯传》："所以饰后宫，充下陈。"下陈，谓后列也。（5）述也。《古诗》："欢乐难具陈。"（6）堂途谓之陈。言宾主相迎陈列之处也。《诗·小雅》："彼何人斯，胡逝我陈。"《传》云："陈者北当阶，其南接门内溜。"（7）国名。（8）朝代名。（9）姓。（10）与阵同，军旅行列也。《论语》："卫灵公问陈于孔子。"（7～9本文后面详谈。）

《辞海》解释"陈"，列出八个义项，释文与《辞源》基本相同，只是用语白话化，表述较《辞源》更为通俗，如"布也"说成"陈列；布置"；"故也"说成"陈旧"；"张也"说成"宣扬"等。

笔者以为，《辞源》《辞海》释"陈"之义抑或有所遗漏。《荀子·富国》曰："年谷复熟而陈积有余。"意思是说：粮食丰收，吃之有余，年复一年，仓库积满。故，"陈"有"积余"之义。成语"陈陈相因"，语出《史记·平准书》："太仓之粟，陈陈相因。"正是由于仓库里的粮食陈积有余且逐年累加，久而不食则变为陈粮。（至于将"陈陈相因"说成"因循守旧"，那是用的比喻义。）

"陈"作"旧"解，又可以引申为"久"。《汉典》云："又久也。《书·盘庚》失于政，陈于兹。《传》今既失政，而陈久于此而不徙。《疏》释诂云：尘，久也。孙炎曰：陈居之久，久则生尘矣。古者陈尘同也。故陈为久之义。"

"陈"是春秋时期的陈国和南北朝的陈朝君主的姓氏。据文献记载：周初，有位名叫虞阏父的陶正（官名），乃舜帝之苗裔，因陶器制作精良而得到武王器重。后来，武王为祭祀舜帝，封虞阏父之子妫满于陈，都于宛丘之侧，并把长女太姬下嫁于他。"陈"封地方圆百里，在当时的十二侯国中，国势较为强盛，且文化比较发达，故，孔子所编《诗经》计收录305首，而《国风·陈风》则有《宛丘》《东门之枌》《衡门》《东门之池》《东门之杨》《墓门》《防有鹊巢》《月出》《株林》《泽陂》10首。

妫满是位长寿的君主，逝世后谥号陈胡公（《逸周书·谥法解》："保民耆艾曰胡，弥年寿考曰胡"）。此后，胡公的子孙即以国为氏，就此姓陈。自胡公始，至公元前479年湣公亡于楚，共传20世、26代君主，历时588年，陈家当然是枝枝蔓蔓，繁衍之甚呀！

公元557年，南朝梁敬帝（萧方智）将帝位"禅让"给陈霸先，国号为陈，是为陈武帝。589年，陈后主叔宝被隋所灭。从霸先到后主，陈朝仅仅维持了33年，却先后换了五个皇帝。不过，由于皇室子孙众多，其中不少人被封为王，因而使陈氏子孙遍布长江与粤江之间。

行文至此，笔者突然想起《广韵》释"陈"，有一义项为"众也"。可惜，此义未举例证，不知有何依据，故笔者只是附带说一下。倘若，"陈，众也"这一义成立，岂不是对"陈姓人口众多"的最好注释吗？

“官”与“吏”

小篆“官”

小篆“吏”

“官吏”这个名词作为官员的通称，不知起于何时。《辞海》所列书证为《史记·秦始皇本纪》：“（秦二世）乃阴与赵高谋曰：‘大臣不服，官吏尚强，及诸公子必与我争，为之奈何？’”也就是说，“官吏”这个专用名词至迟在秦二世时已经出现。

不过，从造字法及其本义看，“官”“吏”当有较大区别。于是，笔者就来它个先“官”后“吏”，分别说说。

“官”，原是“馆”字的古文，最早是指用作教学的屋子，即“馆舍”。《汉书·贾谊传》云：“太子少长，则入于学。学者，所学之官也。”孟子讲“庶人在官者”，即是庶人在馆者。又作官员办公场所，《礼记·王藻》曰：“官，谓朝廷治事之处也。”《字汇》言：“官舍曰官。”这里的“官”都是指“官署”。由于“在官言官，在府言府”（《礼记·曲礼》），这才有了“官，吏事君也”之意（请注意，许慎所说“吏事君也”应视为“使事君也”）。

作为官员之“官”，本指公卿大夫。《周礼·天官疏》记载：“六官之号见于唐虞，尧育重黎之后，羲氏和氏之子，使掌旧职天地之官。其时官名，盖曰稷曰司徒，是天官稷也，地官司徒也。又分命仲叔，使掌四时之官，春为秩宗，夏为司马，秋为士，冬为共工。共工，冬官也。合稷与司徒，是六官之名见也。”

古代官员人数很少，据统计：“夏之官百有二十，殷之官二百四十，至周三百六十而大备，故曰设官分职，以为民极。”《增韵》注：职也，使也，公也。《疏》曰：“官犹事也，谓各得其事也。”

“吏”，从一，从史。“史”，以又（手）持中。有人认为，“中”就是“笔”，以手持笔，原意大概是指书记员。我们觉得，“吏员”“胥吏”就是官衙里一般的办事人员。有《汉书·百官公卿表》为依据：“秩四百石至二百石，是为长吏。百石以下，有斗食佐史之秩，是为少吏。”颜师古注：“吏，理也，主理其县内也。”（“吏”“事”“使”古同字）为什么“吏”字写成“史”上加“一”呢？徐灏解释说：“吏之言理也，奉法为治，故从史。史者，法令掌故之书也。法令必一乃可施行，故从一。”我们以为，凡“吏”者，应当以“法令必一”作座右铭，时刻警醒之。

简而言之，“官”是各级衙门的“把手”（头头），“吏”是受“官”驱使的办事员。现在，作为“把手”即官员，谦称为“公仆”；编制内的办事人员则叫“公务员”。我们以为，这就是“官”与“吏”之别。

当今，百姓对官员中的贪腐现象深恶痛绝，希望加大反腐力度，从严惩腐。可是，近日有人要混淆“官”和“吏”的概念，说什么“搞垮公务员倒霉的是百姓。公务员是社会的管理者，他们全部被搞垮了……倒霉的是百姓”。我们仿佛从未听说有要“搞垮公务员”，即全体办事人员的呼声，这也太危言耸听了吧！

“儒”，学者也

小篆“儒”

一提到“儒”，人们往往想到孔子开创的“儒学”，信奉孔孟学说的“儒家”，与“道教”“释教”鼎足而立的“儒教”。其实，这些都是后起之义，“儒”的本义是“学者之称”（据《康熙字典》）。

《周礼·天官》有“儒，以道得民”一语。《礼记·儒行》曰：“儒之言优也、和也，言能安人、能服人也。”许慎曰：“儒，柔也。术士之称。”据考证，“儒士”是春秋时从巫、史、祝、卜中分化出来的、熟悉诗书礼乐而为贵族服务的人。段玉裁注：“儒者，濡也。以先王之道能濡其身……有六艺以教民。按：六艺者，礼乐射御书数也。”由此可见，孔仲尼老先生正是一位精通六艺，于“乡里教以道艺”的大学者。

许慎认为，“儒”是个形声字，它从人，需声。笔者觉得，从造字的意图分析，这个字应是形声兼会意。所谓“六艺”，皆属知识技能范畴，都为人之需要。故，“儒”从人，从需。诚然，似孔子这等精通六艺的大儒肯定是凤毛麟角，在通常情况下，则“能说一经者为儒生”（语出《论衡·超奇篇》）。刘禹锡《陋室铭》云：“谈笑有鸿儒，往来无白丁。”这里的“鸿儒”也就是些舞文弄墨的学者，切不可以“全局之才”视之，这只是应酬之语而已。

也许有人会问，许慎释“儒”为“柔也”，难道儒生的性格生来柔弱不成？笔者以为，这里说的“柔”当以温文尔雅的风貌来理解，凡待人处世则以理服人，以柔克刚，毫无骄躁之态。清代曾钊（1793—1854年）著有《释儒》一文，其中说道："凡人躁则急不能待，柔则从容自持。（儒）从需声，殆以声载义者也。"

按理说，有知识的学者应当受到世人的尊重、社会的重用。然而在我国，长期以来知识阶层处境尴尬。在漫长的专制独裁社会里，知识分子有的被统治者收买，成了御用工具，而大多数慑于"文字狱"的威吓，只得逆来顺受，傲骨荡然无存。最为令人心寒的当属元朝之时，竟有"九儒十丐"之谓。

"九儒十丐"，又作"九儒十匄"。元代统治者把人分为十等，读书人被列为第九等，连娼妓都不如，仅位居乞丐之上。元代谢枋得《送方伯载归三山序》云："七匠、八娼、九儒、十匄。后之者，贱之也，贱之者，谓无益于国也。"清代赵翼《陔馀丛考·九儒十丐》："元制：一官、二吏、三僧、四道、五医、六工、七猎、八民、九儒、十丐。"

说到这里，让笔者突然想到，"文革"中为何称知识分子为"臭老九"，原来，这"臭老九"之次序是在元朝早已排定了的。

“道”，众妙也

小篆“道”

老子曰：“道可道，非常道。”他的徒子徒孙却鼓吹“非常道，不可道”。这么一来，“道学”就成了“玄之又玄”的“玄学”。

身为国家图书馆馆长的李耳，他老先生本是做学问之人。在他看来，外部世界是可以逐步认识的，只是要找到正确的路径，用现在的话说就是要探索客观规律。笔者一直以为，李耳非但是位睿智的哲学家，而且是位了不起的天体物理学家。仅以《老子》第五章所言为例：“天地之间，其犹橐籥乎？”打这个比方，说明他已认识到空间就如同冶炼金属时用的鼓风器具，能产生气流。汉初河上公释曰：“天地之间空虚，和气流行，故百物生。”在2600年前，李耳已有这样的认识，这是多么难能可贵啊！

其实，“道”的本义是指道路，而规律、道理等只是它的引申义。许慎曰：“道，所行道也。从辵（chuò）从首。一达谓之道（路）。”从“道”字的构造不难看出，它表示的是人边走路边用脑子思考这个意思。之后，“道之引申为道理。亦为引道”（段玉裁语）。这样一来，“道”的概念随之不断拓展。例如：“立天之道，曰阴与阳。立地之道，曰柔与刚。立人之道，曰仁与义。”（《易·系辞》）又如：“道民之门，在上之所先。”（《管子·牧民》）再如：“道者所繇适于治之路也。”（《汉书·董仲舒传》）

笔者觉得，《广韵》对“道”引申为“理”，有极其精到的解释：

“（道）理也，众妙皆道也，合三才万物共由者也。”凡能创立一种学说，确立一门学派，都有它精妙的道理，但是，任何学说有其长必有其短。至高至上之“道”则应是集各门各派之长，即“众妙”，才称得上是“万物共由”之“道”！

古有“四达谓之衢”“九达谓之馗”之语。与之相比较，“一达谓之道（路）”就显得单一些了。如今，我们的高层正在探求一条振兴中华的康庄大道，于是笔者想，我们如能博采众道之妙，那必将是无往而不胜之大道呀！

“道”也作“说”解。这里讲一个为避讳而将“道”改作“说”的趣事。故事发生在五代时期，主人翁姓冯名道字可道（882—954年），自号“长乐老”，历任后唐宰相、后晋首相、契丹太傅、后汉太师、后周中书令。显德元年（954年）因反对周世宗柴荣亲征北汉，罢为奉陵使，旋卒。

当时特别注重“为贤者讳”，因冯老先生名“道”，字“可道”（取《道德经》起首三字），这一来竟闹出个大笑话。某日，冯老先生心血来潮，组织了一场学术研讨会，请某学究作老子《道德经》的辅导报告。某学究指着《道德经》首页起首的“道可道，非常道”六字，正要开口宣讲，突然意识到冯老大人亲自在场主持，不由得吓出一身冷汗，六个字里竟有三处“敏感词”，这让我如何讲才好？常言说得好：“没有金刚钻，不揽瓷器活。”某学究眼珠子一转，计上心来，于是大声朗道：“老子曰：不敢说，可不敢说，非常不敢说。”这话怎讲？原来，他把“道”字改作“不敢说”，这一来就成“（道）不敢说，可（道）不敢说，非常（道）不敢说”了。

高“山”流“水”盼知音

小篆“山”

小篆“水”

从字的形体上看，“山”是如此稳固，“水”是那样灵动。它俩是典型的象形字，观其形，则其义显现。

然而，“山”“水”二字的释义，古今有着很大的差异。

先说“山”。《现代汉语词典》（第6版）：地面上由土、石形成的高耸的部分。《辞海》（第6版）：陆地表面高度较大、坡度较陡的隆起地貌，海拔一般在500米以上。从这两部权威辞书的注释看，山是高出地表的、通常是带尖儿（峰）的、有的上面有石块的地貌。

古代的文字学家是怎样说的？这里选用几例。许慎《说文》：“山，宣也，宣气散生万物，有石而高。”（有人认为“气散”应为“散气”）东汉刘熙《释名》：“山，产也，产生物也。”三国时人韦昭《国语》注：“山河所以宣地气而出财用。”

古人释“山”，那可是看到了“山”的实质——“散气”“产物”。汉初编著的《尔雅》，有这样一段文字：“凡天下名山五千二百七十，出铜之山四百六十七，出铁之山三千六百有九。”你瞧，矿藏家记载得一清二楚。

再说“水”。《现代汉语词典》有六个义项，《辞海》多达十个义项，不可谓不详，但它们的第一义项都是自然科学概念：最简单的氢氧化合物，化学式H_2O，无色、无味、无臭的液体。然后才解说到“河流”“江湖河海洋的总称”等。

古人释“水”尽管没那么“科学”，但充满了人文气息，闪耀着智慧之光。许慎曰：“水，准也。北方之行。象众水并流，中有微阳之气也。”《释名》曰：“水，准也。准，平也。天下莫平于水，故匠人建国必水也。”《部首订》云：“篆水象众川并流。中象深处波涛平易，浑然流行之形。两旁象浅处，波涛汹涌，时断时连之形。”务请注意，“建国必水也”即唯有活水之地，才是人群宜居之处，此语至关重要啊！

上述释“山”、释“水”，两相对照，古今差异之大令笔者感触颇多。笔者以为，今释纯粹从自然科学的角度出发，其不足之处在于撇开了人与自然的关系。

有好山好水才会形成大气走廊，才能造就适合万物生长的良性环境。故，老子曰：“上善若水。”孔子曰：“知者乐水，仁者乐山。”

可是，今人不识“金镶玉”，竟将天赐之宝山善水胡乱糟蹋，怎不令人扼腕叹息！故，本文以《高“山”流“水”盼知音》为题，呼吁全社会的“知音之士”行动起来，为使“天更蓝、山更青、水更绿”而尽一份心，出一份力！

文末，作“打油诗”一首：

今人不识水和山，乱砍乱伐乱污染。

资源利用须有度，竭泽焚薮毁家园。

“风”从八方来

小篆“风”

有首歌的歌名叫《风从哪里来》，笔者听了好几回，也没听清楚风究竟是从哪里来的。

“风”字原本写作“風”。（为叙述方便，拙文以下皆用繁体“風”）《河图》云：“風者，天地之使。”也就是说，風是从天地间生出来的。《元命包》云：“阴阳怒而为風。”实际上是冷热空气碰撞而形成，其威力之大“以动万物也”。庄子很浪漫，在《齐物论》里发出感叹：“大块噫气，其名为風！”不过，笔者的《“風”从八方来》仅是小品文，决非“大块文章”。

笔者发现，“風”跟“八”特有关联。

先说“八方”：成语有“八面威風”，但八方之風并不都是威风凛凛，有的很温暖，有的很柔和。许慎说“八風”：“东方曰明庶風，东南曰清明風，南方曰景風，西南曰凉風，西方曰阊阖風，西北曰不周風，北方曰广莫風，东北曰融風。”（“融風”亦称“条風”）按段玉裁的话说，“八風”就是“八卦之風也”。

再说“八音”：“風”有声响，于是又有了“八音”之说。《左传》有注云：“乾音石，其風不周；坎音革，其風广莫；艮音匏，其風融；震音竹，其風明庶；巽音木，其風清明；离音丝，其風景；坤音土，其風凉；兑音金，其風阊阖。”不同的風声就如同用不同材质制成的乐器奏出之音，奇异无比。宋代大文豪欧阳修的《秋声赋》，堪称用文字模拟風声的绝世佳作。

八个方向刮来的風，又与八个时令紧扣，即什么时令刮什么風。《史记·律书》记载：“东北方条風，立春至。东方明庶風，春分至。东南方清明風，立夏至。南方景風，夏至至。西南方凉風，立秋至。西方阊阖風，秋分至。西北方不周風，立冬至。北方广莫風，冬至至。”

八个时令的風，各自的作用不同。《白虎通》有言：“条者，生也；明庶者，迎众也；清明者，芒也；景者，大也，言阳气长养也；凉，寒也，阴气行也；阊阖者，咸收藏也；不周者，不交也，言阴阳未合化矣；广莫者，大莫也；开阳气也。”

这个“風”字怎么写？许慎曰：“从虫，凡声。”

“風”为什么会从“虫”？它既具体，又无形，象形造不出，指事也难成，要造此字，真伤脑筋。先人发现，条風主生，东北風立春而至后八日，昆虫则纷纷化出。《大戴礼》云：“八主風，風主虫，故虫八日化也。谓風之大数尽于八。故風之字从虫。”

如今，“風”的写法已不是“凡虫”，它简化成了“几乂”，这样一来，大概没啥趣事可谈了。不过，笔者突然想起一件事，还是蛮有趣的。

泰山石刻有一个怪字，是繁体的“風”字去掉外边的框框“几”。据传，此字无人识得，于是请教郭沫若。郭老来到现场，四下一张望，说它是“風光无限”。

（右图为苏州东山启园“御码头”碑亭匾额上的康熙“御题”，意思是“风月无边”。柯孝音摄。）

“雨”自天上降

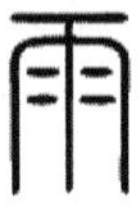

小篆“雨”

“雨”有二读：一读yǔ，二读yù。《韵会》云：“风雨之雨上声，雨下之雨去声。”

《说文》曰：“雨（yǔ），水从云下也。一象天，冂象云，水霝其间也。”“霝”同“零”，降雨也。

先将“一象天，冂象云”这句话解释一下。“一”是个指事符号，代表“天”；“冂”读音jiōng，许慎在《说文解字·冂部》中说：“邑外谓之郊，郊外谓之野，野外谓之林，林外谓之冂。象远界也。”可是在释“雨”时，他却说成“冂象云”。段玉裁认为：“冂者，水字也。”这就是说，雨是天上降下来的水；“冂”中之点表示雨水飘零。

我们常说“行云布雨”，有云才有雨。许慎释“云”曰：“山川气也。从雨，云象云回转形。”顺便说一下，我们现在写的“云”呈倒回转状，其实是个古字。徐灏说：“云借为语词，故小篆增雨。”换句话说，“雲”是“云”的累增字。

关于“雨”的形成，古人早已有了较为深刻的认识。《大戴礼》云：“天地之气和则雨。”孔子有言：“天降时雨，（是由于）山川出云。”（语出《礼记·孔子闲居》）至于“雨”的作用，古人讲得再透彻不过，如《释名》言道：“雨者，辅也。言辅时生养。”再如《易·乾卦》所言：“云行雨施，品物流行。”世间万物生长，无不依赖雨水滋润。

自农耕社会形成以来，人们都希望“风调雨顺”。何为“风调雨顺”？和风徐来则调，细雨适时即顺，久旱之时总是期盼老天爷痛痛快快地下一场“甘霖”。须知，这时的雨最好是悠着点，下小点，细雨则为喜，暴雨则为忧。

汉语中有“甘霖”一词。其实，“霖”并不都是“甘”的，徐锴云“霖”的本义是“雨三日以上”。《尔雅·释天》云：“小雨谓之霢霂，久雨谓之淫。”所以说，雨要下得恰到好处；一旦雨量过大，过于迅猛，又应该预防暴雨酿成灾害。

附：解“需”

《说文解字·雨部》有个“需”字。笔者“望文生义”，作“打油诗”一首，题曰“解‘需’”。

小篆“需”

雨部有个需，此字造得奇。

雨乃天之赐，喜雨谓及时。

久旱逢甘霖，以解急时需。

需求本有度，雨雨适可止。

切莫被“霾”埋

甲骨文“霾” 小篆“霾”

本文以《切莫被“霾”埋》为题，别以为这是在吓唬人，网易新闻就曾有题为《十面“霾”伏》的报道，正是把“霾”与“埋”等而视之了。

先说说“霾”字的构造。它是个形声字，从雨，貍声。顺便说一下“貍”。“貍”有二读，一读lí，同“狸”。我们看甲骨文“霾”，下面那部分像个野兽，它就是“狸”。二读mái，通“埋”。有个词叫“貍沈”，谓祭祀山川，将牲币祭品埋于山林或沉于川泽。《周礼·春官·大宗伯》：“以貍沈祭山川林泽。”郑玄注：“祭山林曰埋，川泽曰沈。”贾公彦疏：“以其山林无水，故埋之。川泽有水，故沈之。”

接下来谈谈“霾”的字义。近年来，“霾”字充斥新旧媒体，原来是我国东部各大城市长期被雾霾笼罩之故。“霾”现在作名词用，指大气中的微小悬浮物，乃极微小的烟粒、尘粒、盐粒相混合的污染物，当这些颗粒在空气中的浓度大到一定的程度时，天灰蒙蒙的，不仅能见度低，而且对人的呼吸系统有很大危害。有统计表明，2012年，北京、上海、广州、西安因为PM2.5引发多种疾病造成过早死的人数有8500多人！

“霾”原本是个动词。许慎曰：“霾，风雨土也。”《尔雅·释天》云：“风而雨土为霾。”孙炎注：“大风扬尘，土从上下也。”此外，上文已提到，在古文中“霾”通“埋”，表示掩埋、盖住、陷在地里的意思。如屈原《九歌·国殇》：“霾两轮兮絷四马。”按照这层意思，把“十面埋伏”写成“十面霾伏”，也无尚不可。

据报道，2013年1月12日夜11时，北京西直门北污染环境监控点测得PM2.5浓度为993微克/立方米。经专家分析，北京地区PM2.5污染物的构成中，机动车直接和间接的排放占22%，煤炭污染占16.7%，工业喷涂占16.3%，城市扬尘污染占16%，农村秸秆焚烧等占4.5%，还有24.5%来自北京周边地区。

2014年10月22日，第21届APEC会议在北京举行。由于北京市及周边省市同心协力，在会议期间出现了令人欣慰的“APEC蓝”。由此可见，只要措施得力，雾霾完全是可以治理的。

笔者大声疾呼：为使我国的首都不再被霾埋，让“APEC蓝”成为常态，哪怕付出再大的代价，我们也要打一场全面治霾的保卫战！

“神”是这样来的

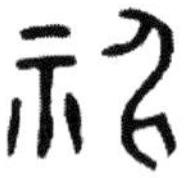金文“神” 小篆“神” 甲骨文“申”

《说文》曰：“神，天神，引出万物者也。”徐锴注：“天主降气，以感万物，故言引出万物也。”其意是说，万物乃天之气所感化。“小徐”之论仿佛比许慎进步了许多。

那么，“天空之气”怎会成了“神”？《说苑·修文篇》里讲：“神灵者，天地之本，而万物之始也；申，電（电）也，電变化莫测，故称之曰神；電字周以前无雨旁，神字周以前无示旁。”这段话有三层意思：

其一，周以前，“神”字无“示”旁，就是“申”字；“電”字没有“雨”字头，就是现在的简化字“电”。

其二，“申”字即“电”字，闪电的尾巴捉摸不定，所以“申”字的一竖到尾部就甩出去了（《金文诂林》也说，申字“原象云中有闪电之形”）。

其三，因为“電变化莫测”，十分神奇，这才称它为“神”，所以，起初的“神”指的仅仅是“電”。

关于“電”，《说文》讲它的成因是“阴阳激耀”，用现在的话说则是，电乃冷热气流激烈碰撞所致。段玉裁引用《穀梁传》里的一段话：“電，霆也。古义霆電不别，许意则统言之雷，自其震物言之谓之震，自其余声言之谓之霆，自其光耀言之谓之電。”由此可知，雷電、雷震、雷霆，还是各有讲究的。

笔者以为，自然界异象多多，人们的认识则有很大的局限性。于是乎，“神”由雷电而风雨，而日月星辰，而山川水火……直至造出“众神之神”——玉皇大帝，形成了一个“天国”。不过，造神也是很费劲的活计，姜子牙大搞“造神运动”时，为封神也是煞费苦心，由于该封者众，连灶台、扫把、厕所都封了神灵，结果还不够用，弄得他老人家自己竟没了名号，只落得个“姜太公在此，百无禁忌”。

“神”就是这样造出来的。无论我千年华夏，还是“域外蛮夷”，都有那么多人信奉神灵，真可谓神乎其神啊！

笔者虽不信神，但敬神。你道为何？时时想着头顶上有神，就不敢无法无天，胡作非为。孔子是不信神鬼的，他曾说过“七十而随心所欲”，但紧接着还有三个字：“不逾矩。”要知道，凡“逾矩”者，定然引起“人神共愤”，必遭天谴！

天上原本没有神，神仙都是人造成。

举头三尺有神灵，劝人做事莫亏心。

五“光”十“色”

南朝·梁·江淹《丽色赋》云：“五光徘徊，十色陆离。”就此产生了“五光十色”这则成语，用以形容色彩鲜艳、纷繁或式样繁多。可是，“五光”是哪五种光，“十色”是哪十种色？历来众说纷纭，莫衷一是。笔者也想来凑凑热闹，试说五“光”、十“色”。

（一）光有其源

甲骨文“光”

金文“光”

小篆“光”

“光”的本来字形是“炗”。《说文》曰：“光，明也。从火在人上，光明意也。”段玉裁对“从火在人上”一语作注：“（此）说会意。目在儿上则为见，气在儿上则为欠，口在儿上则为兄，皆同意。”这里说的“儿”即是“人”在字的下部的特殊写法，不是今天“儿女”的“儿”。笔者以为，许慎、段玉裁的这些话都是从造字法的角度说的，其实并未交代“光”为什么“从火在人上”的问题。

徐灏在《说文解字注笺》中引用《广雅》之语，对此作了回答：“光，照也。光从人持火，盖本义谓以火烛物，因之为光明之称。”据考证，远古之人群居洞穴，每到晚间，即由氏族中最年长者手举火把，给众人照明。此论依据何在？《诗·小雅·庭燎》有“夜未央，庭燎之光”句，足以为凭。

段玉裁又云：“光，远而自他有耀者也。”这就是说，火（有耀者）为光之源。笔者以为，光之源有五：日光、月光、星光、电光、火光，是为“五光”。《释名·释天》曰：“光，晃也，晃晃然也。亦言广也，所照广远也。”由此可以想见，“晃”者，乃日光也。《淮南子·本经》云：“日月淑清而扬光。”依笔者看来，月光皎洁，无论如何总是到不了明晃晃的程度，而人头上点的火，虽可烛物，但于“五光”之中实在微不足道。

(二)分光为色

小篆“色”

从小篆“色”字看，它“从人从卪”，并非“色字头上一把刀”。至于“情色”“好色”之义，那是由眉目之间的“颜气”这个引申义再次引申而来的。那么，“色”的本义是什么呢？指的是色彩。

《老子》曰：“五色令人目盲。”《书·皋陶谟》云：“以五彩彰施于五色。”《左传·桓公二年》云：“五色比象，昭其物也。”颜师古注：“五色，青黄赤白黑也。”

然而，色彩何止五种，雨后彩虹就有七色：红、橙、黄、绿、蓝、靛、紫。彩虹的七色是怎么来的？由于阳光通过云气这个“棱镜”的色散系统分光后，折射到人的视觉系统而产生的印象。所谓“七色”，是不同波长的可见光引起人目不同的颜色感觉。波长大致划分为：

红7700−6220A，橙6220−5970A，黄5970−5770A，绿5770−4920A，蓝−靛4920−4550A，紫4550−3900A。［注］

光波长于红色的叫红外线，短于紫色的叫紫外线，红外线、紫外线都是人们肉眼不可见的。

既然称之为“十色”，七色之外还有哪三色？按习惯说，是白、灰、黑。从光学原理看，光不经过分析，七种颜色混在一起的复合色就是白色；没有光就没有色，夜晚漆黑一团，就没有颜色；介于黑色和白色之间，不黑不白的颜色叫灰色。

这里必须指出，十色的“十”不是实数，而是约数，表明色彩众多。如将颜色细分，红色系列当中就有深红、大红、土红、西洋红、桃红、淡红、玫瑰红……将橙、黄、绿、蓝、靛、紫也作细分的话，叫得出名堂的颜色说不定有数百种之多呢！

［注］A即“埃”，微小的长度单位。为纪念瑞典光谱学家埃斯特朗。A常用以表示光波的波长。

（三）“红”是桃花色

小篆“红”

“红”色，当代最吃香，有种叫“中国红”的颜色，此色正当红。

其实，我们现在所认定的“红”，是“纯朱曰红”（见徐灏《说文解字注笺》），并非原来意义上的红。那么，“红”究竟是什么颜色？《说文》曰：“红，帛赤白色。”许慎之说有何依据？东汉文学家王逸对《楚辞·招魂》“红壁沙版，玄玉梁些”作注曰：“红，赤白色也。”抑或许慎是以此注语作为依据的。“赤白色”又是怎样的颜色呢？段玉裁讲得再明白不过：“（红）按此今人所谓粉红、桃红也。”

“红”本是粉红色、桃红色，今人为什么以纯朱为红？这是因为，随着历史进程的推移，人们渐渐地把火的颜色说成“火红”，血的颜色说成“血红”，再往后“桃红”就属于浅红色了。

（四）“绿”在黄蓝间

小篆“绿”

按许慎的解释，“绿，帛青黄色也”。什么是“青黄色”？用现代人的话说就是处于黄色与蓝色之间。

别看许慎是1800多年前的东汉人，他对“绿”下的定义还挺科学的。光谱分析得知，黄的波长是5970－5770A，蓝是4920－4550A，绿是5770－4920A，正是处于黄和蓝之间。

在我国的古代文学史上，“绿”有着一抹重彩。先讲个古老的“绿衣”公案。《诗·邶风·绿衣》是卫庄公夫人庄姜伤己所作，其起首二句“绿兮衣兮，绿衣黄裹”，则是庄姜怨恨庄公惑于小妾的喻指。《诗集传》对此句的解释是：“绿，苍胜黄之间色。黄，中央土之正色。间色贱而以为衣，正色贵而以为裹，言皆失其所。”比喻以妾为正而嫡反为侧。

还有一则特别有名的王安石“炼字”故事。“春风又绿江南岸”之句，先前用过“到”“过”“入”“满”，作者都不满意，最后选中“绿”字，一下子异峰突起，美不胜收。

（五）“黄”字很纠结

甲骨文“黄”

小篆“黄”

我们大中国，黄河贯东西；咱是黄种人，热爱黄土地。

这个“黄”字，原本跟颜色无关，它指的是原始社会的炎黄先民。不过，他们鼓着个大肚子，从体态上就可以看出健康状况欠佳。这是怎么回事呢？

社会学家认为：咱们的老祖宗生活环境不好，卫生条件很差，常吃不洁食品，容易染上疾病，诸如蛔虫、血吸虫等寄生在腹中，大都肚子胀胀的。当然，一旦患上鼓胀病，脸色肯定是黄黄的。于是，你看甲骨文“黄”，当中的“田”就是个大肚子，而“田”上还有个朝天哀叫的“口”，“田”下面就像晃晃悠悠的脚，一看这字的形状，就会感到咱们的祖先经受了多少磨难啊！

世上的万事万物总是向好的方向发展的。随着社会的进步，医术也有所提高，民众的鼓胀病少了，健康状况好了，可还是落下了黄黄的肤色。汉字也与时俱进，渐渐地，小篆的“黄”字就变得堂堂正正，壮实多了。

“黄”字好看了，却成了皇家的专利——“黄”“皇”同音——这个“黄”字朕就独自享用了，什么“黄绫”“黄缎”“黄圣旨”“黄袍”“黄盖”“黄马褂”……被皇家专用了2000多年。

随着皇权被推翻，“黄”字解放了。可是，它又被意识低下者盯上了，成了黄色歌曲、黄色录像带等淫秽物品的色标，刹那间黄烟四起、黄水横溢、黄毒泛滥，于是，四下里都得“扫黄”。

（六）“黑”，参加化装舞会的人

甲骨文“黑”

金文“黑”

小篆“黑”

“黑”，本来也不是颜色。既然，没有光为“黑”，黑暗之处就看不到色。

“黑”字的本义是指戴着面具跳舞的人。此论有何根据？这还得从考古的发现谈起。清光绪初年，在山东桓台出土了一件周代早期的“宝簠”（fǔ，古代祭祀时盛谷物的器皿），上有铭文“铸子叔黑臣簠”（意为铸国公子叔黑自作宝簠），其中的“黑”是个典型的象形字：此字由两部分组成，上面像戴着的面罩，还露出两个大眼珠；下面画成挥动胳膊跳着舞步大汗淋漓的形象。可以想见，我国早在周代就有化装舞会，舞者无不尽情尽性，其乐无穷。

也许后来的汉人较“儒雅”，不太喜欢狂放，这个字就渐渐地变得“稳重”多了，除保留有两颗黑眼珠的脑袋外，舞的胳膊成了“土”，蹈的双腿成了“火”（现为“灬”）。这时的“黑”，三部分的组合再不是原来的意思，它表示土里挖出来的什么东西（可能是煤炭）被火烧后冒出黑烟。说到这里，您大概会由衷地发出感叹：古人的“黑”字竟然被后人“黑”掉了！

（七）“白”，初生微光也

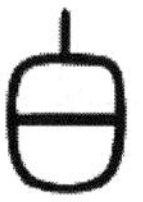

小篆“白”

按《说文》的解释，白是一种颜色。“白，西方色也，阴用事，物色白。从入合二，二，阴数。”《段注》：“出者阳也，入者阴也，故从入。”他们是把“白”的写法说成“入合二”（上面的“入”覆盖住“二”）。

笔者觉得此论缺乏说服力。我们倾向于《说文通训定声》的解释：“（白）字从日，上（短竖）象日未出初生微光。按日未出地平时，先露其光恒白，今苏俗语昧，曰东方发白是也。”这就是我们现在说的“东方既白”，还有个雅称“鱼肚白”。

白与黑是相对的。现代光学原理告诉我们，没光就是黑，有光而不分析就是白。

有个成语叫“不白之冤”，指的是明明是白的，却不明不白地被人家“黑”了，你说有多冤！

水·火·木·金·土

小篆“水” 小篆“火” 小篆“木”

小篆“金” 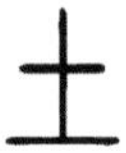小篆“土”

中国古代思想家认为，“水、火、木、金、土”这五种物质是构成世间万物的基本元素。春秋时期，阴阳学家将此五种物质演化成相生相克的“五行”说：木生火、火生土、土生金、金生水、水生木，此乃“相生”，意味着相互促进；水克火、火克金、金克木、木克土、土克水，是为“相克”，意味着互相排斥。

笔者不是阴阳学家，不想探究“五行”理论的玄机；笔者也不是军事学家，说不清楚“五行无常胜”的战争规律；笔者更不是医学家，基本不懂“辨证施治”的医学常识……但笔者对“水、火、木、金、土”这五个字特别感兴趣，而且发现这五个字里有两点奥妙：

（1）它们都是轴对称的字形。

（2）它们都有“叠体字”。

二叠：

二“水”相并为“沝”，读zhuǐ，闽方言，义同“水”。

二“火”相垒为“炎”。

二“木”相并为“林”。

二“金”相并为“鍂”，读piān，实际上就是“片”的儿化韵。

二“土”相垒为“圭”，它是古代贵族所用玉制礼器，故“圭”音似

“贵”。

三叠（呈“品字形”）：

三“水”为“淼”，同“渺”，多用于人名。

三“火”为“焱”，音义同“焰”。

三“木”为“森”，意为林木成片。

三“金”为“鑫”，财宝之多，堆积如山，用作店名、人名，谁不喜欢！

三“土”为“垚”，其义为高。

有朋友会说，这五个字都是轴对称字形，可能是一种偶然现象；它们都可以组成“叠体字”，也许纯属巧合。笔者以为不然。试以“五方”相对照，“東、西、南、北、中”五字，个个同样是轴对称字形，这难道也是偶然？可是它们有哪一个可以通过相叠而造出新字来？唯一之例，古文曾有二“東”相并之字，许慎曰：“二東，曹从此。”后来的文字学家则认为，此字即“曹”，今已废。

笔者反复猜想：“五行”为什么可叠，而“五方”都无重文？答案如下：

“水、火、木、金、土”皆为物质，物质当然是越多越丰富越好；“东、西、南、北”属于方向，这些字一叠，路就远上加远了，还是不叠为好（“中”更加没有相叠的道理）。

各位读者，您觉得笔者的两点发现还是有点意思的吧！

“春”，大地万象新

 甲骨文“春”  小篆“春”

一年分四季，首季即为春。

饱受隆冬严寒磨难之苦，人们对和煦的春风特别亲切。在笔者的眼里，这个“春”字确实含有与磨难抗争而喜获胜利的意思。

“春”是个很有趣的字，古往今来它有诸多写法、有几种解释，甚至部首归属都有不同。

先说说“春”属什么部首。《现代汉语词典》《辞海》将它划入“日”部；可是《说文》把它归为“艸”部；而在许慎之前，有人说它是“叒（ruò）字头”，写法为上“叒”下“日”，其义为“日在桑下”“谓桑抽条之日”；在民间，直到现在还有人说“春”字是“秦字头”呢！

许慎以小篆说字，写作“萅”，解释为：“推也。从艸，从日，艸萅时生也；屯声。”他把当中的“屯”作为声符。“屯”在“萅”里仅仅表声吗？徐锴以为：“屯，草生之难也，故云亦声。”他觉得“屯”在这里既会意又兼声。

我们不妨再看看许慎是怎样说“屯”的。“屯，难也。象艸木之初生，屯然而难。从屮（音chè）贯一，一，地也，尾曲。”王筠《说文释例》如是说：“凡艸木之生，其根必直下，若根先曲，则生意不遂。惟其芽有所碍，始有曲耳。而屯字曲其尾者，字本取难意。”《金文诂林》里讲得更清楚：“屯象草木初生根芽而孚甲未脱之形，故托以寄难生之难。”综上所述，“艸”之初生即历经重重磨难，“萅”确实来之不易啊！

《说文》把“萅”解释为“推”；而很多文字家解释为“出”。《释名》曰：“出，推也。”原来，“推”就是“出”，难怪今人动不动就说“隆重推出”，那就是说要给人们送去浓浓春意哦！《尚书大传》云：“何以谓之萅？萅，出也，物之出也。本书出，象草木益上出达也。”

也许有的解释会让您大吃一惊，竟说“萅”的意思是“蠢”！《玉篇》：“萅，蠢也，万物蠢动而出也。”不过，仔细想想也对，草木萌发之时，也是各种昆虫蠢蠢欲动之日。

把“萅”写成“春”是从隶书开始，它的特点是把笔画拉直了，便于书写了。不过，直到现在还保留了“萅”这样的写法，照此说来，我们也不能忘却“萅”来之不易，要倍加珍惜呀！

春天来了。春光是无限美好的，是极其富有诗意的。尊敬的文学家、诗人们，在这万象更新的时日，请舞动你们的如椽之笔，尽情地讴歌美丽的春天吧！

“夏”，堂堂中国人

金文“夏” 小篆“夏”

说了“春”字，接着说“夏”。

一般说来，“夏”就是指夏季，但这个字的本义你也许根本想不到，它原本指的是中国人。

《说文》曰：“夏，中国之人也。从夊（suī）从頁从臼（jú，‘臼’的底部一横当中断开）。臼，两手；夊，两足也。”许慎说的是小篆字形。甲骨文“夏”的写法，完全像人的形状：头、发、眼、躯体、双手、双脚，一应俱全，呈刚毅坚强之貌。我们今天写的正楷，“夏”字依然保留了颜面（“頁”的上部）和双脚（“夊”的全部）。

“夏”也是中国的代称，即“华夏”。诚然，古之“中国”并没有今天如此辽阔的版图，而是指河套一带，或指中原腹地。朱骏声云：“就全地言之，中国在西北一小隅。故陈公子少西字夏，郑公孙夏字西。”［注］这句话的意思是，“夏”当属“西部地区”，千万不要理解成“西夏”政权。

徐灏《说文解字注笺》诠释“夏”字甚详，归结起来有三点：

其一，“夏”字“明乎人身手足头貌之义”。所以说，“夏”的本义表示“人”。

其二，称中国人为“夏人”起于夏代，“夏时夷狄始入中国，因谓中国人为夏人”。

其三，“夏”怎会从“夏人”到“夏天”？徐灏首先引用《尔雅·释诂》曰：夏，大也。再引用《方言》曰：“自关而西、秦晋之间，凡物之壮大者而爱伟之谓之夏，故大屋谓之夏屋，四时之夏以长养万物为大也。”

附带说一下，因有“大屋谓之夏屋”这句话为依据，所以现在的高楼也叫“大厦”。

[注]“夏”姓有两个来源。南宋人郑樵《通志·氏族略二》说：夏氏，亦曰夏后氏，姒姓，颛帝之后也。当尧之时，有洪水之患，使鲧治之，九载不成功，乃殛鲧于羽山。用其子禹为司空，治水有大功，舜以天下授之，是为夏后氏……周武王克商，封其后于杞，其不得封者，以夏为氏焉。又，西周初年，武王追封帝舜之后妫满于陈，建立陈国，建都宛丘，以奉帝舜之宗祀。史称胡公满、陈胡公。春秋时，传至第十六代君主宣公杵臼时，有庶子名子西，字子夏。其孙征舒以王父（祖父）之字为氏，称为夏征舒，其后遂有夏氏。也就是说夏姓的来源，一支系以大禹为首的夏后氏部落的后代，以国为氏；另一支则为春秋时陈国的征舒以王父字为氏形成的。

“秋”，收获之时也

甲骨文“秋” 小篆“秋”

（一）

春夏相继去，秋是第三季。但是，在很早很早以前，华夏大地一年只有春秋二季。《月令》如是说：“百谷各以其初生为春，熟为秋。”农耕社会，春播秋收。人长一岁，草木一秋。

“秋”代作“岁”祝颂长寿，竟有一个奇特现象：“岁”可呼以百岁、千岁、万岁；“秋”只有“千秋”，而不说“百秋”“万秋”，不知何故。

（二）

秋季的雅称叫“金秋”。瞧这个“秋”字，为什么从禾从火？许慎曰：“（秋）禾谷熟也。”段玉裁说：“其时万物皆老，而莫贵于禾谷，故从禾。”遍地铺金，故又从火。

这里顺便说一下，禾谷在地里，就叫它庄稼；禾谷收割后，称之为粮食。千万不能指仓库里的粮食说它是庄稼！

每逢丰收之年，人们情绪大好，说起话来也就别有风味：秋风乍起，于是称之为金风送爽；粮食入库，于是讨口彩说成金玉满仓；就连悬挂着的用以娱乐的荡板，也称之为“秋千”。据考证，汉武帝的时候就有“秋千”这个称呼了。

（三）

以“秋”组成的词不少，大都妙趣横生。

“秋波”，比喻清澈明亮的眼睛。若是小姑娘向小伙子暗送秋波，小伙子就此交上桃花运，可要把握好机会呀！

“秋毫”，本指鸟兽在秋天长出的细毛。要是在“秋毫”后面加上“无犯”二字，就成了赞扬军队纪律严明的成语。

“秋风瑟瑟”，天开始凉了，于是人们赶忙打点寒衣，准备过冬。假如在“秋风”的前面加个“打”字，就成了“打秋风”，谁见了都会头痛；还有个“秋后算账”，碰上这种人算你倒霉……

如果那些既爱“打秋风”，又专搞“秋后算账”的人都成了“秋后的蚂蚱”的话，那该多好！

（四）

有关“秋”的话语，最为常用的莫过于客套话“一日不见，如隔三秋”。你知道“三秋”是多长时间吗？长短不一：长者三年；短者一月。

“三秋”指夏历九月，即秋季的第三个月。秋季里的三个月各有各的名堂：七月是初秋；八月乃仲秋，九月为三秋（见于《康熙字典》“秋”字条）。

“三秋”又指秋季，如王勃《滕王阁序》：“时维九月，序属三秋。”

“三秋”也指三个季度，即九个月。如《诗·王风·采葛》：“一日不见，如三秋兮。”孔颖达疏：“年有四时，时皆三月。三秋谓九月也。设言三春、三夏，其义亦同，作者取其韵耳。”

“三秋”还指三年，那可是三十六个月哩。如李白《江夏行》：“只言期一载，谁谓历三秋。”

农业术语有“三秋”，即为秋收、秋耕、秋种。由此看来，农村的秋日忙碌得很呀！

“冬”，水久凝也

甲骨文“冬” 金文“冬” 小篆“冬”

一年的第四个季度称之为“冬”，相当于农历十月至十二月；也可以说，“冬”是一年的终点。故，许慎曰：“冬，四时尽也。”

正楷“冬”字是上下结构：上“夂(bīng)”，下“仌”。

先说一下“仌”。《说文》曰：“仌，冻也。象水凝之形。”徐锴云：“冰初凝文理如此也。”《群经正字》云：“俗以冰代仌字。”

再来说说“夂”。许慎曰：“夂，古文终字。”段玉裁云：“冬之为言终也。”这就是说，“冬”的上半部“夂”原本是“终”字。请看甲骨文的“冬”，正是表示从起点至终点这个意思。据此可知，“冬”字是会意兼形声，从仌从夂，夂兼声。

这里需要补充说明一下，甲骨文乃殷商文字，殷时尚无四时之观念，即一年仅有春秋二季，而无夏日冬时，其时未造“冬”字，故“夂”之义则为“终”。(见李孝定《甲骨文字集释》)

至此，我们不妨看一看《考工记》说的话：“水有时而凝，有时而释，故冬从仌。”时间一天天走向水凝成冰的日子，于是天寒地冻的冬季就来到了。

但是，古人对“冬”的认识远非于此。《礼记·月令》云：“天气上腾，地气下降。天地不通，闭塞而成冬。”就是说，阳气不足而阴气凝聚，这才有了冬天。《鹖冠子·环流篇》云：“斗柄北指，天下皆冬。”当北斗星的斗柄指向北面，北半球的地方都是冬天。以上之言，都是从天文学的角度说的。

其实，先民造“冬”字之初，正是基于对天文、天象的长期观察，从而产生出奇妙的构思。仅以小篆为例说明：它上部像个布套，原本套子里还有个大黑点，表示太阳被罩住了；它的下方是仌，太阳晒不着（或太阳光不强烈），水就会结冰，于是天寒地冻了，这就是冬季了。

所以，笔者解释“冬”字，可归结为一句话：水久凝则冬也。

文末，说一则关于“冬烘”的趣闻（别把“冬烘”误解成“冬天烘炉子”）。

五代时人王定保《唐摭言·误放》载：侍郎郑薰主持考试，误认颜标为颜鲁公（真卿）的后代，将他取为状元。当时有无名氏作诗嘲讽云：“主司头脑太冬烘，错认颜标作鲁公。”自此，“冬烘”一词即用以形容懵懂浅陋。南宋人范成大《四时田园杂兴（之十）》云：“长官头脑冬烘甚，乞汝青钱买酒回。”

又有“冬烘先生”一语，旧指塾师，常含讥诮其迂腐之意。巴金《春》：“横竖在书房里跟着那个冬烘先生读书也得不到什么有益的知识。”

十二生肖“鼠”为首

甲骨文“鼠”

小篆“鼠”

《说文》曰：“鼠，穴虫之总名也。象形。”你瞧小篆“鼠”字，上部像头，嘴里长着锐利的鼠牙，下部像足、脊背、尾巴。再看看甲骨文的“鼠”字，形象十分猥琐，毫无可爱之处。

《广韵》云：“鼠，小兽，善为盗。”由于老鼠尽干些偷吃粮食、啃咬东西、传染疾病等坏事，因此，翻遍各类字典辞书，尽是些“鼠目寸光”“鼠窃狗偷”“灰头鼠脸”“獐头鼠目”之语，更有“龙生龙，凤生凤，老鼠的儿子打地洞”之民谚，足见人们对老鼠憎恨之极。

令人纠结的是，这种人人喊打的害虫，竟然被我先民视为“灵兽”，还把它列为十二生肖之首，这是什么缘故呢？

民间关于这方面的传说很多，最有影响的当属“鼠咬天开”这个神话故事：宇宙之初，混沌一片，昏天黑地。老鼠有一个特长，总爱在时近夜半之际出动，于是它在混沌状态的天地之间咬出了一条缝隙，这才有了白昼黑夜之分。由此可见，其功至伟。

老鼠怎会成为十二生肖之首，则另有一说：某日，玉皇大帝派玉猫通知牛、虎等禽兽上天排座次。老鼠偷听到玉猫的传话后，捷足先登，稀里糊涂的玉帝老儿见老鼠来得最早，便封它为十二生肖之首，玉猫反被挤出生肖之列，从此猫鼠结下深仇。

笔者以为，十二生肖排序的依据是来源于道家的“阴阳说”。列入生肖的十二种动物，按它们足趾的奇偶分为阴阳两类。一般说来，动物的前后左右足趾数是相同的，牛、兔、羊、鸡、猪，四趾（偶）；虎、龙、猴、狗，五趾（奇）；蛇，无足，当然无趾（无趾同偶）；马，一趾（奇）；唯独鼠是前足四、后足五，奇偶同体，物以稀为贵，所以排序第一。

以“天干”与“地支”相配的计时法，将一天划分为十二个时辰，起始之时称为“子时”。明代学者郎瑛在《七修类稿·十二生肖》中说，子时的前半部分为昨夜之阴，后半部分为今日之阳，正好用鼠（前足四趾为阴、后足五趾为阳）来象征子时。

顺便说一下“十二时辰”与“世界时”的对应问题。世界时一天分为二十四小时。有“小时”，就有“大时”。我国计时的一个时辰相当于两个小时，所以，“时辰”也称为“大时”。十二时辰起始的“子时”所对应的“世界时”，实际上是北京时间昨天的23∶00至今天的1∶00。

谈“牛”

甲骨文“牛”

金文“牛”

小篆“牛”

《说文》释“牛”：“大牲也。牛，件也；件，事理也。象角头三封尾之形。”徐锴曰：“件，若言物一件、二件也；封，高起也。”段玉裁注：“事也者，谓能事其事也，牛任耕理也者，谓其文理可分析也。庖丁解牛，依乎天理。角头三者，谓上三岐者象两角与头为三也……封者，肩甲坟起之处……尾者，谓直画下垂像尾也。羊、豕、马、象皆像其四足，牛略之者，可思而得也。”

在古代，牛除了耕田、拉车，供人驱使外，还是祭祀的主要供品。《礼记·曲礼》曰：“凡祭宗庙之礼，牛曰一元大武。”正因为此，“犧（牺）”“牲”二字皆从“牜”旁。

《说文》曰：“牲，牛完全。从牛，生声。”《周礼·庖人》曰：“始养之曰畜，将用之曰牲。是牲者，祭祀之牛也，而羊豕亦以类称之。”《说文》又曰：“犧，宗庙之牲也。从牛，羲声。”由此可见，“犧（牺）”“牲”本是一义。然而，《曲礼》有“天子以犧牛”句，郑玄注云：“犧，纯毛也。”这就是说，“犧”是毛色特别纯的牛。

华夏先民豢养、驯化牛，始于何时虽不可考，但历史相当悠久当是不容置疑的。传说中的国人之始祖伏羲氏，又称作“伏犧”“庖犧”。据此充分证明，从那时起，我先民已开始有了以豢养牛为主要牲畜的畜牧业。

后来仓颉造字，与畜牧业相关的，而且是相当重要的字，不少是以“牜”作偏旁的。如称“畜父”为“牡”，雄牛叫“特”；称“畜母”为“牝”；牛子称为“犊”，直到现在，初生儿的昵称就叫“犊子”；养牛马之圈唤作“牢”（就连如今关押犯人的监舍也叫“牢”）；引导牲畜前行的动作是“牽（牵）”……

中国古代有许多与牛有关的著名事件，现举两例：

一是“执牛耳”的出处。

据《左传·哀公十七年》（前478年）记载：“（鲁哀）公会齐侯，盟于蒙，孟武伯相。齐侯稽首，公拜。齐人怒，武伯曰：‘非天子，寡君无所稽首。’武伯问于高柴曰：‘诸侯盟，谁执牛耳？’”这里的“执牛耳”指盟主。郑玄注：“合诸侯者，必割牛耳，取其血，歃之以盟。珠盘以盛牛耳，尸盟者执之。”

二是“火牛阵”的故事。这是战国后期，齐将田单击败燕军的史实。

公元前279年，坚守即墨的田单派人向围城的燕军诈降，使燕将骑劫为之麻痹。“田单乃收城中，得牛千余，为绛缯衣，画以五彩龙纹，束兵刃于其角，而灌脂束苇于其尾，烧其端，凿城数十穴，夜纵牛，壮士五千随其后。牛尾热，怒而奔燕军。燕军大惊，视牛皆龙纹，所触尽死伤。而城中鼓噪从之，老弱皆击铜器为声，声动天地。燕军大骇，败走。齐人杀骑劫，追亡逐北，所过城邑皆叛燕，复为齐。田单兵日益多，乘胜，燕日败亡，走至河上，而齐七十余城皆复焉。”（见《资治通鉴》）

“虎”，山兽之君

 甲骨文“虎”  金文“虎”  小篆“虎”

人们通常把老虎称作“兽中之王”。笔者以为，这种说法最起码不够严密。《说文》曰：“虎，山兽之君。”《风俗通》云：“虎者，阳物，百兽之长也。按：毛虫三百六十，麟为之长。虎所君者，但山兽耳，故许君区别之。”请注意，许慎释“虎”，离不开一个“山”字，虎只有在山中才能发威，到了平地就不咋的，于是就有了“虎落平阳受犬欺”之民谚。

从甲骨文和金文“虎”字看，它凸现虎头硕大、虎牙锐利、虎爪强劲、虎纹美丽等特征，是个典型的象形字。那么，小篆“虎”字还象形吗？许慎曰：“从虍（hū，俗称‘虎字头’），虎足象人足。”《说文》又曰：“虍，虎文也，象形。”由此看来，“虎”字到了小篆，“图画”形状不见了，而是突出“虎纹”“虎足”这两个特点。

顺便说一下“虎”字的下半部，小篆是“人”，正楷怎么成了“几”？孔夫子也曾对此发表过意见，认为是“人”。他说：“（人）谓人之股脚也。虎之股脚似人。”《篇海》云：“虎足象人，故从人。从几，误。”这里说的“误”，是指经过“隶变”，字形产生了“讹误”。

“虎”对中国文化有很大影响，就拿成语来说，诸如“虎踞龙盘”“虎步龙行”等带“虎”字的不下二百条；文学作品如《武松打虎》，那可是百读（听）不厌的；明代著名画家、文学家唐寅，他生于虎年虎月虎日虎时，故“名寅，字伯虎”，这事是童叟皆知的；因“吴王葬（姑苏）阊门外，金玉精上浮为白虎”而得名的“虎丘”，凡旅游者都是爱去的……

老虎是威武勇猛的象征。生下个虎头虎脑的男孩，就叫他“小虎”，甚至虎年生的女孩，也有不少叫“虎妞”的。

历史上有位李虎，只因他是唐高祖李渊的爷爷，所以唐朝必须避讳“虎”字。这一来可麻烦了：隋朝有一地名“虎州”，于是改成“武州”。据《西京杂记》记载，汉朝以玉制成的便器名叫“虎子”，此后泛指尿壶为“虎子”。一到李唐，这个称呼立即废止，改叫“马子”，与之相关的便桶，也就叫它“马桶”了。

最后再说一下“虎口”，它有两义。一是比喻极其危险的境地，如“羊入虎口”；另一义是指人手上拇指和食指相交的地方。这个部位为什么叫“虎口”呢？因老虎力大，于是借用“虎口”一词，表示手的这个部位使得上劲，握得牢固。

行文至此，已觉得再没啥可说，于是马马虎虎收场。

“兔”者，敏捷也

甲骨文“兔”小篆“兔”

唐人韩琮《春愁》诗有云：“金乌长飞玉兔走。”月中玉兔，日中金乌，天旋地转，时光迅逝，转眼间2011年来到了。

2011年，农历是为辛卯年。阳历元旦并非阴历元日，其实，要等到2月3日才是大年初一，才真正进入兔年。

段玉裁释“兔”云：“其字象兔之蹲，后露其尾之形也。”足以说明它是个象形字。“兔”这种动物的特点是耳朵长，眼睛大，尾巴短，腿矫健，极善奔，故有“动如脱兔”之誉。

在《说文解字》一书里没有“免”字，“兔”就是“免”。你道为何？兔子以跑得快见长，跑得快就可免除祸殃。下面，笔者来列举几则表示兔子跑得快的成语。

“静如处子，动如脱兔。”语出《孙子·九地》：“始如处女，敌人开户，后如脱兔，敌不及拒。”形容未行动时像旧时姑娘家那般稳重，不动声色；一行动就像撒腿狂奔的兔子那样敏捷。

“兔起鹘落。”苏轼《筼筜谷偃竹记》里有一句名言：“兔起鹘落；少纵，则逝矣。”鹘，打猎用的一种鹰。兔子刚起动，鹘就猛扑下来，说的是鹘比兔更敏捷。这里用以形容文同画竹时下笔迅速，不作停顿。

兔子奔跑的速度究竟有多快呢？据测定，每小时可达80公里。有则成语叫“兔犬俱敝”，源于《战国策·齐策》：“韩子卢者，天下之疾犬也。东郭逡（‘逡’通‘骏’，急速貌）者，海内之狡兔也。韩子卢逐东郭逡，环山者三，腾山者五，兔极于前，犬废于后，犬兔俱罢，各死其处。”这一寓言故事写兔犬相追逐的情状何其生动，结果两败俱伤，岂不悲夫！

“兔”字为什么读tù呢？“世俗相传，以为兔从口生，遂呼之若吐。”又因兔生仔速而易，人们希望妇女生娃也能如兔子一般顺当，于是养小孩就称之为“分娩”。

人类对兔子这等“弱势群体”很是爱怜，不仅把它列入十二生肖，作为图腾之一，而且赋予它许多美好的传说。当“玉兔”东升之时，人们仿佛看到它正伴随嫦娥，一起把柔和的月色洒向人间。兔子的活泼乖巧更是得到了人们的同情，如果有个“冖（mì）”把兔儿罩住，使它“不得走”，人们就要为它叫屈喊“冤”；如果它遭遇强敌，人们总希望它发挥善奔之特长，迅即逃“逸”。

有朋友问兔年运程，笔者以为兔年人人皆可交好运。譬如炒股，你得像兔子那样有长长的耳朵、红红的眼，眼观六路、耳听八方，辨清形势，见好即收，积小赢为大胜；倘若股市低迷，那就要发挥兔子善逃逸之特长，尽量不让套牢，以退为守，蓄势待发。

笔者这一通“炒股经”不痛不痒，等于没说。既然是废话，那就来它个“兔”字少掉一点——“免”了吧！

“龙”者，幻化也

甲骨文“龙” 小篆“龙”

（一）

大凡国人，都爱说“我们是龍的传人”。（为方便叙述，本文一律用繁体“龍”字。）这就得弄清楚什么是“龍”。

“龍”，其貌酷似鳄鱼，张牙舞爪；其形如同蟒蛇，蜿蜒曲折；其身极像鲤鱼，遍体银鳞……从以上描述的形象看，它应该是个“四不像”。《说文》释“龍”曰：“鳞虫之长，能幽能明，能细能巨，能短能长，春分而登天，秋分而潜渊。”据此不难想见，“龍”是捉摸不定的、幻化无穷的。

《论衡》之中有一篇文章说：“传言鳞虫三百，龍为之长。能幽能明云云者。”何谓“云云者”？子虚乌有，人云亦云矣。故，该篇题为《龍虚》，真是一语道出实情——“龍”是古人想象出来的一种有鳞有角有须有爪、兴云作雨、变幻莫测的神兽。

俗话说：“神龍见首不见尾。”你看甲骨文“龍”的字形是“上天下乙”，而且是天上的那条龍只现出半个身子，它的尾巴还藏在云间。可是，小篆的“龍”字则是“从肉飞之形”（《初学记》之语）。《韵会》说，“（龍）从肉、从飞及童省（声）”。

那么，小篆为什么会将“龍”字从“上天下乙”改成“肉飞之形”呢？笔者以为，华夏先民从事农耕，食五谷而少有肉，如肉能从天而降，岂不是可以大大地改善生活？据此可知，古人将“龍”作为一种图腾，作为一种信仰，这是在祈求上苍赐予。

（二）

我国经历了长达两千多年的专制独裁社会。反映在文字方面，最“专”最“独”的莫过一个“龍”字，它几乎成了帝王及其家族的专利。

历代皇帝都自称是“真龍天子”，“龍登九五”是天命注定的；帝王即位，喻为“龍飞”，其语源于《易·乾》：“飞龍在天，利见大人。”《三国志·魏志·臧洪传》有言：“龍飞中兴，以成帝业。”皇储（有皇太子者，有皇太孙者，还有皇太叔者）未登基时称作“龍潜”，其意来源于《易·乾》之语“潜龍勿用”。

万岁爷既然是条“龍”，于是他的尊容称之为“龍颜”。这个称谓因汉高祖刘邦的长相而起，《史记·高祖本纪》中说，刘邦是“隆准而龍颜”，司马贞注释：“高祖感龍而生，故其颜貌似龍，长颈而高鼻。”皇上穿的袍子那得叫“龍袍”，袍子上绣的花纹唤作“龍鳞”；皇上走起路来说是“龍行虎步”；皇上的子子孙孙统称“龍子龍孙”；就连皇上驾崩，也认为是从天上来又回天上去，于是说成“龍驭宾天”。

照理说，皇帝已经拥有那么多的“龍”也该满足了。可是，有一个叫刘岩的，他于公元917年当上了南汉的开国皇帝，此后，他要大过“龍”瘾，便在925年改名为刘龔（gōng）。也许这个“龔”字是上“龍”下“共”，皇位怎可与他人共有，于是又依据“飞龍在天”之意，自创了个上“龍”下“天”意为“天龍”的“龑”（yǎn），作为自己的名字。

就是这个把“龍”武装到牙齿的刘龑，他可是我国历史上出了名的用刑残酷的暴君！

（三）

几千年来，尽管“龍”一直是帝王的专利，但是作为“龍文化”，平民百姓对它还是有着割舍不断的深深情结。

“龍情结”最为强烈的莫过于望子成龍，“于成龍”“余化龍”“俞人龍”“虞子龍”，取名带“龍”字的小孩多着呢！幼年读书，有启蒙读物叫《龍文鞭影》；学写文章得读一读《文心雕龍》；字写得既草又美那叫“龍飞凤舞”；参加科举考试者都想就此“鲤鱼跳龍门”；一旦中了进士，那就会大名荣登“龍虎榜”，从此美名天下扬。

对于绝大多数平民百姓来说，读书考官是“老K的娘子——Q（避谈）”。然而，不过一过“龍”瘾，心有不甘！为过一把“龍”瘾，便来个“小登科”，将结婚之日称作“龍凤花烛夜”，洞房里点上一对“龍凤呈祥”的蜡烛；为过一把“龍”瘾，许多民俗都安上个“龍”字，像“正月正，舞龍灯”，“二月二，龍抬头”，“五月五，赛龍舟”等；为过一把“龍”瘾，对那些龍灯舞不动、龍舟划不成的老者也得恭维一下，称之为“老态龍钟”。

（四）

不少事物冠之以“龍”，其实它们与龍毫不搭界。譬如，有一种骏马叫“龍驹”，因身高八尺，美其名为“龍”。

“龍头”，一是邮票的代称。这是因为大清邮票从“大龍”票开始，后又印了“小龍”邮票。大龍邮票一套三枚，面值为一分银、二分银、五分银。这套邮票有种错版，如果谁有错版“龍头”，那可就值老鼻子钱了。二是布匹的名称。旧时有一种“龍头细布”，该企业曾上市了“龍头股票”。三是自来水开关。这名字起得形象，它就像龍口吐水。

龍口吐出来的不都是水，它还能吐出美味食品——产于龍口的“龍口粉丝”；龍嘴里有舌头，于是一类草本植物名叫“龍舌兰”；龍嘴边上有龍须，精制挂面有称为“龍须面”者；高大乔木桧树，又名“龍柏”；杭州西湖名品小叶绿茶曰“龍井”……

如前所说，皇帝的孙子称为“龍孙”，然而，“龍孙”还是竹笋的别名。南宋大词人辛弃疾有首《满江红》，其中唱道：“春正好，见龍孙穿破，紫苔苍壁。”另有一种奇异品种小竹子也叫“龍孙”：“辰州有一种小竹，曰龍孙竹，生山谷间，高不盈尺，细仅如针。”（语出许观《东斋记事·竹之异品》）

大到山脉名“龍山”，小到细流如“龍须沟”；粗壮乔木如“龍柏”，细小似针“龍孙竹”……由此看来，“（龍）能幽能明，能细能巨，能长能短”，此言不虚也！

（五）

《红楼梦》第九回说：“一龍生九种，种种各别。”

龍的九个儿子都是谁？说法不一。据明代徐应秋《玉芝堂谈荟·龍生九子》所引李东阳的说法，“九子”为：

囚牛，喜好音乐，胡琴头上的刻兽就是它；

睚眦（yá zì），平生好杀，刀柄上之“龙吞口”即是；

嘲风，一生好险，殿角走兽乃其遗像；

蒲牢，习性好鸣，钟上兽钮即其头像；

狻猊（suān ní），生性好坐，今佛座狮子就是它的尊容；

霸下，专爱负重，凡碑座之兽皆是此；

狴犴（bì àn），好讼争胜，故成为牢狱门上的狮子头；

负屃（bì），秉性好文，多见于御碑两旁的文龙；

蚩吻，平生好吞，今殿脊兽头是也。

从“九子”的各自爱好来看，没一个能成得了气候，所以，“龍生九子不成龍”，真是辜负了“龍子”的美名，还谈什么“龍生龍”！

蛇·虫·它

小篆“蛇”

甲骨文“虫”

小篆“它”

早先的文字学家对蛇的描述极为详细，《尔雅·翼》云：“蛇，草居，常饥，每得食稍饱，辄复蜕壳，冬辄含土入蛰，及春出蛰则吐之。”《酉阳杂俎》言：“蛇，有水、草、木、土四种。”

“蛇”是一种爬行动物，身体细长，体上有鳞，没有四肢。其种类繁多，有的有毒，有的无毒。以蛙、鼠、鸟为食，大蛇亦吞食较大的兽类。

可是，这种爬行动物起先不叫“蛇”。那么，叫什么名字呢？从造字法看，“蛇”字左“虫”右“它”，此物原来就叫“虫”，亦叫“它”。

先请各位看一下甲骨文的“虫”，这是幅典型的“简笔画”。《说文》曰：“虫，一名蝮，博三寸，首大如擘指。象其卧形。”《尔雅·释鱼》云：“蝮，虫。今本，虫作虺（huǐ）。博三寸，首大如擘指。擘指，大指也。”郭沫若释“蝮”如是说：“此自一种蛇，人自名为蝮虺。今蝮蛇细颈，大头，焦尾，色如艾绶文，文间有毛似猪鬣，鼻上有针。大者长七八尺，一名反鼻。”民间有称“草上飞”者，也是蝮蛇的雅号。

古人又称蛇为“它”。《说文》曰：“它，虫也。从虫而长，象冤曲垂尾形。上古草居，患它，故相问无它乎。”王筠在他所著《说文释例》中对“象冤曲垂尾形”作了这样的解释：“大蛇盘曲昂头居中以向物，而尾垂于下，它字象之。它字之形，不必长于虫，而它字之义则由虫而长成为它，故字形盘曲，足以见其长也。”许慎所说的后一句大意是：上古之时，人皆草居露宿，蛇成为伤害人的一大祸患，所以人们开口相问，即言“无它乎？”。现从出土的殷商卜辞得知，时人祭祀先祖，常有“不它”“无它”之语，是说未遭遇蛇患，以告慰先人。

既然害怕蛇患，国人为什么又要把蛇作为图腾，列入十二生肖呢？笔者想原因可能有二：一是古人以为蛇是“地龙”“小龙”。《左传·襄公二十八年》有“蛇乘龙”之语，其注云：“蛇，元武之宿，虚危之星。”《洪纪·五行志》亦有“龙蛇之孽（‘孽’当为‘类’）”之说。由此可见，古人视“地之蛇”类同于“天之龙”。二是蛇乃鼠之天敌，故其有利于人类。说到这一点，让笔者想起前几年在湖北出现的特大鼠患，后经专家分析，其中一个重要原因是人们为一饱口福，大量捕杀蛇类，使蛇几乎绝迹。如今回想起来，湖北鼠患的教训是何等深刻呀！

附：“蛇”的读音问题

以现在的普通话来读“蛇”，此字有二读。

一读shé，蛇年的“蛇”，即无足之爬行动物，这里就不多说了。

二读yí，有个双音节词“委蛇”，其义有四：①同“逶迤”。《史记·苏秦列传》：“嫂委蛇蒲服，以面掩地而谢。”表示曲折前行。②随顺应付，如“虚与委蛇”。③庄重而又从容自得。《诗·召南·羔羊》：“退食自公，委蛇委蛇。”郑玄笺：“委蛇，委曲自得之貌。”④蛇名。《庄子》寓言中的怪物。《庄子·达生》：“请问委蛇之状何如？皇子曰：委蛇，其大如毂，其长如辕，紫衣而朱冠。其为物也，恶闻雷车之声，则捧其首而立。见之者殆乎霸。”

那么，“蛇”这个字还有没有其他的读音呢？笔者在本文开始时用了“以现在的普通话来读”，这几个字即为伏笔，意思是“蛇”字在古代也许另有读音，至今还有方言读音。

苏轼《八月十七复登望海楼自和前篇是日榜出余与试官两人复留五

首》其二曰："眼昏烛暗细行斜，考阅精强外已夸。明日失怀君莫怪，早知安足不成蛇。"这首七绝用普通话朗读，首句"斜"，音xié；次句"夸"，音kuā；末句"蛇"，音shé，则全诗无韵。为此，笔者一直犯嘀咕，苏老夫子怎会不讲韵律呢？

日前，文友王某来访。他是江苏镇江人，酷爱格律诗词，且特喜以家乡口音吟诵古诗。于是，请王兄将苏诗朗读一遍。

王兄酝酿片刻，即摇头晃脑地吟唱起来：

眼昏烛暗细行斜（xiá），

考阅精强外已夸（kuā）。

明日失怀君莫怪（guā），

早知安足不成蛇（shá）。

咦，经他如此这般一读，从头到尾"a"韵，好听得很呢！

相“马”

小篆“马”

韩愈著有《马说》，虽不满二百字，却是古文之名篇，后人“说马”难矣。

笔者今写《相“马”》之文，并不是讲伯乐相马的故事，而是出于“马”字笔者原本“认而不识”，近日下功夫啃书，此乃“马”字的读书笔记——先说笔者“不识马”，后说“马”部诸多字笔者“不识”。

《说文》释“马”，笔者就觉得挺新鲜。“马，怒也，武也。象马头、髦、尾、四足之形。”后一句言“马”字象形，活灵活现，但，“怒也，武也”不好理解。读了有关训诂专著，方知“怒”指马之健壮；“武”是说马为武兽，多用于战事。古代官职有“大司马”，就是“总武事之官”。

“马”作部首的字众多，《说文》收有120字，《辞海》则多达270字（含繁体、异体），其中不少笔者真的不认识；有的认得，但不明其义，可谓“认而不识”。譬如：

“骏”，马中之俊才，其标准一是“长”，二是“速”。“长”指高大。《御览》云：马高六尺曰“骄”，七尺曰“騋”，八尺曰“龙”。八尺的高头大马，怎能不是马中之“龙”呀！

“骥”，许慎说是“千里马也，孙阳所相者”。孙阳，字伯乐，秦穆公时人。《地理志》说，天水郡冀县产良马，故以“骥”名之。那么，“骥”是不是奔跑最快的马？不是，还有日行万里的“騀”。《广韵》曰，騀兔，马而兔走。《吕氏春秋·离俗篇》："飞兔，马名也，日行万里，驰若兔之飞，因以为名也。"不知现在"騛兔"还有没有，如果有的话，它正可以与当今我国的"高铁"决一高下呢！

古人对马的毛色颇有讲究，造出了不少以毛色定马名的字，像什么"騩"（浅黑色马）、"骆"（白马黑鬣）、"骓"（苍黑杂毛）等。

提到"騩、骆、骓"，还有个典故。《汉旧仪》讲："丞相不胜任，使者奉策书，驾騩骆马，即时布衣步出府，免为庶人；丞相有他过，使者奉策书，驾骓骆马，即时步出府，乘栈车牝马，归田里思过。案騩也骓也骆也，皆黯淡无色之马也。"如此看来，汉朝的皇帝真不给首辅老大人一点面子，竟让他们黯淡而去。

良马多多，差点的当然也有。许慎云：马二目白曰"鱼"。叫"鱼"的马，其实就是二目有病的瞎马！

附："马馬驫"怎么读？

有位学生名叫"马馬驫"。班主任叫他"马又又"；语文老师称其"万马奔腾"；体育老师直呼"一群马"；历史老师唤作"一马率五马"；数学老师干脆喊成"马6"……

家长给小朋友起名"马馬驫"，岂不是成心跟老师过不去？所幸，笔者当兵时跟马打过交道，故对"马部"字较感兴趣。

二马并立之"馬"，读dú（音"独"），《康熙字典》解释为"马走也"。《六书故》言："两马奔驰，声馬馬也。"这就是说，"馬馬"即"笃笃"。

三马相叠之"驫"，读biāo（音"标"），义为众马，会意为万马奔腾。

这位小朋友的家长为什么要给他起名"馬馬驫"？也许这孩子一生下来腿特别长，从小走路特别快，于是认为他是搞体育的苗子，练短跑、跨栏什么的，或许将来大有前途。

话“羊”

甲骨文“羊”

金文“羊”
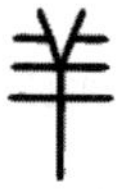
小篆“羊”

本文题为《话“羊”》(说“羊”这个字),不是《画“羊”》(画“羊”的形状)。

然而,“羊”这个字,自甲骨文至正楷,它的字形大体没变,就像羊的简笔画。“象头角足尾之形”(见《说文》,段玉裁作注时,将“角足”改成“角四足”)。

首先要讲的是,许说为何没有“四”字?饶炯《部首订》有言:“羊象后视平面形,与牛之象形同意。然牛以一画该两足,羊以二画该四足者,牛形大,前为后掩,仅见二足;羊形小,所以见其全形也。”其实,这说的是金文、小篆的“羊”字,它的下部二画表示“四足”;而“羊”的甲骨文也只有“二足”。许慎在解释“羊”字的时候,引用了孔子之言:“牛羊之字以形举也。”这就是说,只要能把牛羊二字的头部特征区别开来,其余部位大致相像就行了。

再讲讲“羊”之义。《说文》曰:“羊,祥也。”这个解释看上去过于简单了点。笔者以为不然,一个“祥”字正是抓住“羊”这种动物的特性。饶炯有言:“羊性群而不斗,祥适合其音与义,故吉祥字。”

“羊”作“祥”解,实为国人祈求吉利的口彩。一到春节,大街小巷到处可见张贴“三羊开泰”(或写作“三阳开泰”)的祝福语。“三羊开泰”一语,据说源于《易经·泰》:“乾下坤上,阳爻有三。”明代杂剧《闹钟馗》里讲,每逢元日(即春节),“三阳真君”领三个绵羊太子在三阳阁下排宴庆贺新年。

每当羊年来临之时，还有句应景话："马驰率风，羊致清和。"其意是说：午马徐徐而去，未羊款款而来，人们喜气洋洋，世间一派和谐。

唐人传奇小说有《柳毅传》，故事梗概是：柳毅路遇牧羊女，女子自言是洞庭龙君之女，请他代传书信。柳毅好奇地问："你既是龙女，牧羊何用？难道神灵也像人间一样，畜牧为了宰杀吗？"龙女答："这不是羊，是雨工。"柳毅问："何为雨工？"龙女答："雷霆之类也。"

还有一则成语叫"十羊九牧"，它的意思是说，九个人放牧十只羊，用以形容民少官多。《隋书·杨尚希传》："窃见当今郡县，倍多于古。或地无百里，数县并置；或户不满千，二郡分领……所谓民少官多，十羊九牧。"又比喻多头领导，命令不一，使人无所适从。唐代刘知几《史通·忤时》："顷史官注记，多取禀监修，杨令公则云'必须直词'，宗尚书则云'宜多隐恶'。十羊九牧，其令难行；一国三公，适从何在？"

猴·猱·猿

 甲骨文“猱”  小篆“猱”  小篆“猴”

人们对猴子再熟悉不过，所以，许慎解说“猴”字极为简单：“夒（即‘猱’，读作náo）也。从犬侯声。”那么，“夒（猱）”又是什么呢？它是猴子古代之名称，你瞧甲骨文“猱”，简直就是一幅猴子的简笔画。

三国时期的吴国学者陆玑云：“猱，猕猴也。楚人谓之沐猴，老者为玃，长臂者为猿，猿之白腰者为獑胡，然则猱猿其类大同也。”《尔雅·释兽》云：“猱猿善援。”颜师古以为，猱，一名猿，善攀援树枝。其尾柔长可藉，制字从柔，以此故也。

猴与猿同属灵长类动物，二者的区别在于：猿的上肢长于猴，由此产生“猿臂”一词；猴有尾而柔，猿则无尾；猴颊下有囊，可储食物，猿则无囊；在体形上是猿大猴小。

猴子性情活泼，动作灵敏，所以，称机灵而又顽皮的人是“猴精”，称乖巧而又机灵的小孩为“猴崽子”。《康熙字典》云：“猴之德躁以嚣。”这就是说，猴子爱嬉戏打闹，美猴王孙悟空则是它们的杰出代表。

从“进化论”的角度看，猴子是很接近人类的，不知出于什么缘故，它们却止步不前，再没向更高处进化，这就弄成似人非人的德行。尽管如此，猴子总爱自作聪明，于是常常上演“猴子捞月”的闹剧，到头来当然是落得个竹篮打水一场空。

“鸡”，司晨鸟也

甲骨文“鸡” 小篆“鸡”

（一）

“鸡”的繁体字怎么写？《现代汉语词典》（第6版）认为：“鷄”“雞”都是“鸡”的繁体字；《辞海》（第6版）和《新华字典》（第10版）认为：“鷄”是繁体字，“雞”是异体字。这表明，现今的权威字典辞书倾向于“鷄”是“鸡”的繁体字，而“雞”是“鷄”的异体字。

可是，《说文解字·隹部》有“雞”字，“从隹奚声”；而《说文解字·鳥部》不收“鷄”字，但许慎释“雞”时也说：“鷄，籀文雞从鳥。”

“鸡”究竟是从“隹”，还是从“鳥”，看来是个难题。《义证》说：隹鳥异类，短尾为隹，长尾为鳥。《殷墟文字》则说：“卜辞中诸雞字皆高冠修尾。”如此说来，“鸡”是短尾还是长尾，恐怕难下结论。动物学家称，鸡属鸟纲雉科，翅膀短（尤指普通家鸡）。然而，有些品种的公鸡尾羽又长又美，难道还得将这种家禽分成隹、鳥两类？

笔者觉得，简化字“鸡”只能从“鸟”，不能从“隹”。这是因为，它的声旁“奚”现在简化成“又”，如果部首从“隹”，它就不是“鸡”，而是“难”了。

（二）

许慎曰：“雞，知时畜也。”《玉篇》云：“雞，司晨鸟。”一般说来，雄鸡在天刚蒙蒙亮时啼叫，称之为“司晨”，但是有个叫“周扒皮”的地主，他能让群鸡半夜啼叫，害得长工们夜夜摸黑起床，下地干活。

有道是"一犬吠形，百犬吠声"，会不会"一鸡啼形，百鸡啼声"？没听说过。笔者想不会。《春秋·说题辞》曰："鸡为积阳，南方之象，火阳精物炎上，故阳出鸡鸣，以类感也。"据此可知，雄鸡不到黎明之时是不会啼叫的。

其实，制造"半夜鸡叫"的那个"周扒皮"真有点傻傻的，半夜里把长工们叫起来，伸手不见五指，下地能干什么活？难不成要点起灯笼把田野照亮吗？"周扒皮"完全是在瞎折腾，他这样做，充其量只能满足一下小肚鸡肠的心理需求。

（三）

古代民间没有计时器，雄鸡司晨，催人奋进，功莫大焉。故，农历正月初一称作鸡日，取其最早之义；还将金鸡奉为十二生肖之一。

关于"鸡"的文学掌故不胜枚举。晚唐诗人崔道融作七律《鸡》一首："买得晨鸡共鸡语，常时不用等闲鸣。深山月黑风雨夜，欲近晓天啼一声。"

有一则"鸡窗"的典故，正是讲"人共鸡语"的趣事。据南朝宋人刘义庆《幽明录》记载："晋兖州刺史、沛国宋处宗尝买得一长鸣鸡，爱养甚至，恒笼著窗间。鸡遂作人语，与处宗谈论，极有言智，终日不辍。处宗因此言巧大进。"后来，人们便把"鸡窗"代指书斋。唐人罗隐《题袁溪张逸人所居》诗云："鸡窗夜静开书卷，鱼槛春深展钓丝。"宋人范成大《嘲蚊四十韵》亦有"鸡窗夜可诵，蛩机晓犹织"之妙句。

成语"闻鸡起舞"更是尽人皆知。《晋书·祖逖传》："（祖逖）与司空刘琨俱为司州主簿，情好绸缪，共被同寝。中夜闻荒鸡鸣，蹴琨觉曰：'此非恶声也。'因起舞。"后以"闻鸡起舞"为志士仁人及时奋发之典。

宋人松洲《念奴娇·题钟山楼》词："击楫誓清，闻鸡起舞，毕竟英雄得。"亦省作"闻鸡舞"。辛弃疾《菩萨蛮》词："功名君自许，少日闻鸡舞。"

（四）

然而，被人们推崇备至的鸡，古往今来却有着诸多不白之冤。就拿"鸡鸣狗盗"这一成语来说，它原本讲的是孟尝君门客三千，其中有能为鸡鸣狗盗者，竟以其能脱孟尝君之难的佳话。可是，这个成语后来竟成了小偷小摸的同义词。

尤其令人费解的是，坊间将"鸡"作为娼妓的代名词。更加不可思议的是，现如今有一部辞书竟将"鸡"字增加出一个比喻义，把它解释成为"暗娼""卖淫女"。对此，笔者一直持有疑问，"鸡"跟淫乱有何相干？

俗语有"鸡奸"一词，指的是男人间的淫乱行为。或许由此而给"鸡"扣上了一顶肮脏的帽子。其实，这是大大的冤案："jī奸"的那个"jī"不是"鸡"字。明代学者杨时伟在他所著的《正韵笺》中特别指出，这个读若"饥"的字，应是写作"要"，意为将男作女，不男不女的淫乱行为。不知什么缘故，那个见不得人的"半男半女"之字却写成了"鸡"字。

有名句为"一唱雄鸡天下白"，不知何日得以还雄鸡之清白！

“犬”就是“狗”

甲骨文“犬” 金文“犬” 小篆“犬” 小篆“狗”

本文来说说“犬”与“狗”这两个字的关系。

孔子曰：“视犬之字，如画狗也。”这就是说“犬”和“狗”是同一种家畜。那么，干吗要分“犬”“狗”二字呢？笔者以为有以下原因：

其一，同种之中或有两类。段玉裁云：“有悬蹄谓之犬，叩气吠谓之狗。”

其二，可能用途不同。《埤雅》曰：“犬有三种，一者田犬，二者吠犬，三者食犬。”《玉篇》曰：“狗，家畜以吠守。”就是说犬中特别会叫而且用以看家守院的称作狗。

其三，大小成幼有别。《礼记·曲礼》有注曰：“若分而言之，则大者为犬，小者为狗。”段玉裁云：“（犬）未成豪，狗。与马二岁曰驹（按：此说有误），熊虎之子曰豿同义，皆谓稚也。”

对以上这些解释作一番比较之后，笔者倾向于第三种说法：成豪谓之“犬”，幼小谓之“狗”。小狗顽皮活泼，惹人喜爱，故家养以小狗为宜。

我们写文章的人，尤为喜欢组词较多的字，两相比较，“犬”字组词少得可怜。

“犬”字打头的成语，最常用的只有“犬牙交错”。

“狗”字打头的成语（谚语）则丰富得多：

牙齿掉光，嘴巴一张，形象化为“狗窦大开”。辛弃疾《卜算子·落齿》:“刚者不坚牢,柔者难摧挫。不信张开口角看,舌在牙先堕。已阙两边厢,又豁中间个。说与儿曹莫笑翁,狗窦从君过。”这首词的下半阕最后一句,写得多么活泼生动,而且十分幽默,读之令人捧腹。

鸿篇巨著的结尾,往往才华用尽,笔力不济,或是文章以坏续好,则被称之为“狗尾续貂”;专出坏主意的“智囊”就叫“狗头军师”;凡倚仗主子的恶势力欺压百姓的,人们斥之为“狗仗人势”;坏人走投无路后一味蛮干,是谓“狗急跳墙”;莫名其妙地被人家恶骂一通,则可说成“狗血喷头”;对于动不动就开口骂人者,用一句极为生动的坊间谚语来形容,那就叫“狗嘴里吐不出象牙”。

“豕”者，猪也

 甲骨文“豕”  金文“豕”  小篆“豕”  小篆“猪”

“豕”是个象形字。《说文》曰：“豕，彘也。竭其尾，故谓之豕。象其头足而后有尾。”《段注》云：“竭者，负举也。豕怒而竖其尾则谓之豕。”又云：“豕首画象其头，次象其四足，末象其尾。”上述解释有趣之处在于，许、段二君都抓住“豕”的小尾巴“怒而竖”这个特征。它还有个特点就是鬃毛刚硬，《礼记·曲礼》曰：“豕曰刚鬣。”孔颖达疏云：“豕肥则毛鬣刚大也。”

有人提出一个稀奇古怪的问题：“马”“牛”“羊”读起来声音多么好听，而“豕”的读音竟与“屎”相同，难听死了，这是为什么？《康熙字典》引用《林氏小说》之言作答：“以其食不洁，故名之豕。”

那么，“豕”与“猪”是啥关系呢？《释名·玉篇》曰：“豬豨之总名。”《诗·小雅·渐渐之石》第三章起句“有豕白蹢”，《毛传》云：“豕，豬（猪）也。”不过，许慎认为“猪”只是“豕”的一个品种，即“豕而三毛丛居者”。（段玉裁注：三毛丛居，谓一孔生三毛也。）

人类跟“豕（猪）”的关系密切到什么程度？只要看一看这个“家”字则可想而知。因其肉可食用，皮可制革，鬃可制刷，粪可作肥料，故，古代几乎家家户户都养猪，为此，还特地造出个“豢”字来。

有“豕”“猪”二字的成语不少，罗列几条如下：

封豕长蛇：以大猪和长蛇喻贪暴者。《左传·定公四年》：“吴为封豕长蛇，以荐食上国，虐始于楚。”《后汉书·张纲传》：“专为封豕长蛇，肆其贪叨。”

虎目豕喙：古人谓贪婪无厌之相。《国语·晋语》：“叔鱼生，其母视之，曰：‘是虎目而豕喙，鸢肩而牛腹，溪壑可盈，是不可餍也，必以贿死。’遂不视。”韦昭注：“虎视眈眈，豕喙长而锐。”

一龙一猪：喻二人相去悬殊。韩愈《符读书城南》诗：“两家各生子，提孩巧相如……三十骨骼成，乃一龙一猪。”

三豕涉河。《吕氏春秋·察传》：“子夏之晋，过卫，有读史记者曰：‘晋师三豕涉河。’子夏曰：‘非也，是己亥也。夫己与三相近，豕与亥相似。’至于晋而问之，则曰晋师己亥涉河也。”后多比喻文字的讹误。南朝梁人刘勰《文心雕龙·练字》：“晋之史记，三豕渡河，文变之谬也。”

鲁鱼亥豕。“鲁”和“鱼”、“亥”和“豕”篆文形似，以致引起误写错读。东晋葛洪《抱朴子·遐览》：“谚曰：‘书三写，鱼成鲁，虚成虎。’”后以“鲁鱼亥豕”泛指书籍传写刊印中的文字错误。

文末，讲一个《天蓬元帅咋变猪》的小笑话。

天蓬元帅不守天规，竟敢调戏广寒嫦娥。玉皇大帝闻讯大怒，连忙询问太白金星：按天朝律条该如何惩处？太白金星答道：按律当诛！由于太白金星方言口音特浓，“当诛”听上去如同“当猪”。“当猪？”玉帝一想，也对，做得出这等偷鸡摸狗之事，根本不是人。“准奏。将天蓬元帅堕入凡尘当猪去吧！”于是，天蓬元帅来到人间，投入猪胎，就成了猪八戒。

仁·信·债

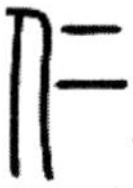 小篆“仁”  小篆“信”  小篆“债”

笔者以为，“社会之属”的这部分汉字，其中有不少在造字之初即赋予文明教化的功能。本文列举的“仁”“信”“债”三字，只要看到它们的字形，其义一目了然，读之则可懂得做人处世的道理，足见先贤造字用心良苦。

“仁”这个字，古往今来不知有多少“大师”作过多少解说，写过多少文章，真可谓洋洋洒洒、蔚为大观。一部《论语》，“仁”字就出现了百十处，像什么“克己复礼为仁”啊，“杀身以成仁”啊，“刚毅木讷，近仁”啊，等等。故，儒家学者认为：“孔子为仁，孟子为义。”这就是说，孔子思想的核心就是一个“仁”字。

其实，对“仁”的解释早就有不刊之论。《礼记·中庸》曰：“仁者人也，亲亲为大。”《大戴礼记·主言》曰：“仁者莫大于爱人。”所以，许慎概括成“仁，亲也”；徐铉释为“仁者兼爱”；徐灏进一步说“扩而充之则曰博爱之谓仁”……

“仁”字四画，从人从二，看一眼就能领会它的意思：只要有两个人，就要以爱心来处理相互间的关系；推而广之，对待所有的人都应该关爱，这就是“博爱”，因此，“仁”是人的本性。舍此，即为不仁；不仁，非人也！

“信”是个会意字。《说文》曰：“信，诚也。从人从言。”唯有诚实之言，才可获得信任。故，孔子曰：“民无信不立。”所谓诚实之言，不需要华丽辞藻；大凡说得花好稻好者，抑或欲售其奸。故，老子曰：“信言不美，美言不信。”

“信”是个多义词。作名词时，一是给予对方的凭证，即信物；二是寄给他人的信件，寄给家人的称为“家书”。杜甫诗云：“烽火连三月，家书抵万金。”以上二义都是指物。

“信”还特指传递信件者。远古时期没有文字，“信”不是写的，而是请人传的，即“捎带个口信”。于是，“信”同时兼指“传递口信”的人，就是“信使”。早期“捎口信”，传递的“口信”是绝对真实的，可以相信的，毋庸置疑的，正如段玉裁所说：“人言则无不信者。”这里必须指出，你让信使传话，就要对他无比信赖；信使当然是真诚可靠的，决不会是掺假作伪的人，此即“信者，诚也，专一不移也”（语出《白虎通·情性》）。

《说文》曰：“债，责也。今俗负财曰债。”那么，“债”与“责”是什么关系呢？《周礼·小牢》云：“责即今之举债，古无债字。”《义证》释“责”：“谓求负家偿物也。”

有道是：“欠债还钱，天经地义。”作为讲道德、守信用、负责任的人，有债则还；欠债不还是不足取的，除非债主不要了。

天下竟有欠债不要还的事？有的。《古文观止·冯驩客孟尝君［注］》一文，有冯驩为孟尝君“收责于薛”的故事。行前，冯驩问：“责毕收，以何市而返？”孟尝君答：“视我家所寡有者。”于是，冯驩至薛地假托孟尝君之命，“以责赐诸民，因烧其券，民称万岁”。冯驩复命时说：“君云视吾家所寡有者，臣窃计君，宫中积珍宝，狗马实外厩，美人充下陈，君家所寡有者以义耳，窃以为君市义。”后来，孟尝君遭贬，“就国于薛，未至百里，民扶老携幼，迎君道中”。此时，孟尝君恍然大悟，“顾谓冯驩：‘先生所为文市义者，乃今日见之’”。

［注］孟尝君：齐贵族，田氏，名文，封邑薛，称薛公，号孟尝君，是“战国四公子”之一。

直·真·悳

 小篆“直”  小篆“真”  小篆“悳”

笔者一直觉得，“真”“悳”（“德”的异体字）二字与“直”密切相关——不单在字形上，而且在字义上。

先说“直”。《说文》解释为“正见也”。徐锴曰：“十目所见是直也。”正说明这个“直”是很直观的：不弯不曲、堂堂正正、众目所睽、结论一致。

不知何故，孔老夫子对“直”的理解与众不同。“叶公语孔子曰：‘吾党有直躬者，其父攘羊，而子证之。’孔子曰：‘吾党之直者异于是：父为子隐，子为父隐——直在其中矣。’”（见《论语·子路篇》）难道他老人家的意思是说，“直”即是“曲”？

“直”字下面加个“八”，就成了“真”字。《说文》对“真”的解释很奇怪，说是“仙人变形而登天也”。其实，“直”下面不是“八”，而是表示“所乘载也（古文真字写得像仙人乘舆飞升）”。笔者觉得这是在解释道家的“真人”。

笔者以为，“真”字表示两脚直立，高大挺拔，真模真样；它的本义应是“本原”，即老子所说的“返璞归真”。

“真”又可作“真实”“真诚”解，是与“伪”“假”相对立的，正所谓“去伪存真”，如《庄子·秋水》所说：“谨守而勿失，是谓反（返）其真。”

“直”字下面加个“心”，就成了“悳”字。《周礼·地官》曰：“悳行，内外之称，在心为悳，施之为行。”《说文》对“悳”的解释是“外得于人，内得于己”。这说明“悳”是一种修为，是人们共同生活的行为准则和规范，只有见贤思齐，加强自我修养，才能具有高尚的道德品质。

《易·乾卦》曰：“君子进悳修业。”《诗·大雅》云：“民之秉彝，好是懿悳。”《正韵》云：“凡言悳者，善美，正大，光明，纯懿之称也。”简而言之，“悳”就是正直之心。

那么，“悳”为什么又写作“德”呢？笔者想，“德”，从彳从悳，“彳”是行走，意思是说：内在的高尚品质要通过行动体现出来。譬如我们夸某某先生“德高望重”，总得举例说明吧！你所列举的一样样事实，正是某某先生崇高道德的具体表现。

现在我们可以作一下归纳：“悳”由“直”而来，是“真”在心灵的升华。为人真诚，不弄虚作假；做人正直，不趋炎附势——这才是有德之人啊！

"友"，相佐佑也

小篆"友"

正楷的"友"字是由两部分组成：上部一横一撇，表示"左手"；下部"又"是"右手"。左手牵右手，拉手并肩走，他俩定是好朋友。

小篆的"友"一看就明白，它是两个"又（手）"相叠。许慎曰："同志为友，从二又。相交友也。"徐锴云："友，右也，相佐佑也，故于文又又为友，两手相顺也。"段玉裁引《易·兑》注"同师曰朋，同志曰友"，并补充说："（友）亦取二人而如左右手也。"

儒家视"友"为"五伦"之一。"五伦"即：君臣、父子、夫妇、兄弟、朋友。可见"友"在古人心中的地位。

《礼记·儒行》云："儒有合志同方，营道同术，并立则乐，相下不厌，久不相见，闻流言不信，其行本方立，义同而进，不同而退。其交友有如此者，又善于兄弟为友。"

司马光《潜虚》言："天地相友，万汇以生。日月相友，群伦以明。风雨相友，草木以荣。君子相友，道德以成。"

由此可见，"友"情同手足，非一般"气类合同"常在一起玩玩，如酒友、赌友者也。

笔者以为：

第一，交朋友来不得半点功利。柳宗元《师友箴》说道："为人友者，不以道而收利，举世无友。”

第二，处朋交友应互相帮助、互相支持。孟子曰：“出入相友。”（见《孟子·滕文公上》）《释名》云：“友，有也，相保有也。”意即相互合作。

第三，友之至者则当为挚友、诤友。清人刘开《问说》云：“朋友之交，至于劝善规过足矣。”

行文至此，诗兴顿起，即以“友”字为题，作“打油诗”一首。

“友”字歌

写首顺口溜，说说啥是友：
友字两只手，左手加右手；
一横一撇左，一弯一捺右；
左手牵右手，拉手并肩走；
形影不相离，定是好朋友。
两手相顺者，彼此相佐佑；
佐则为帮助，风雨能同舟；
佑为相保护，有难伸援手；
友情似手足，君子意气投；
处友不求利，图利世无友；
交友要交心，真诚才为友；
劝善规过失，良师共益友；
朋友拉拉手，友谊天地久。

“慈”“悲”为怀

小篆“慈”

小篆“悲”

“慈”与“仁”同义。《说文》曰：“慈，爱也。从心，兹声。”《增韵》云：“慈，柔也，善也，仁也。”颜师古注：“慈者，爱出于心，恩被于物也。”《贾子道术》有言：“亲爱利子谓之慈，恻隐怜人谓之慈。”

笔者以为，“慈”既以“兹”为读音，也有着“孳生”之意——“慈”是从心头孳生出来的。唯有没心没肺之人，才毫无慈爱之心，所以，凡以“慈”组成的词语，无不表示“慈和待人”“恩被于物”这层意思。

例一，“慈石”，即磁石，又称磁铁。据《精蕴》记载：“山产铁于其阳者，慈石产其阴。”《郭璞·慈石赞》：“慈石吸铁，母子相恋也。”

例二，有一种丛生之竹叫“慈竹”。《竹谱》记述：“竹之丛生，子母相依，曰慈竹。”

例三，有一种蔬果名“慈姑”。《群芳谱》解释：“慈姑，一根，岁生十二子，岁闰则十三子，如慈母之乳诸子也。”

例四，佛家有“慈航”一语，意为：佛、菩萨以慈悲之心度人，如航船之济众，使脱离生死苦海。

“悲”是人的一种情感。《说文》曰：“痛也，从心非声。”《广雅》云“伤也”，就是说“悲”是痛心、伤心。

孟子有言：“心之官则思。”据此，可以说：“痛心”也好，“伤心”也罢，都是发自于心。可是有人望文生义，认为仓颉造的“悲”字竟是上“非”下“心”——悲不是从心里来的。他们还用现代解剖学的理论加以证明："心"是血液循环的"泵"，不主思维，由此可见仓颉的"悲，非心"结论是多么正确！其实，"悲"字是"从心非声"，是个形声字，而不是会意字"悲非心生"。

那么，"悲从何来"？原来，"悲"是多愁善感者的情感表露，而女子尤为千肠百结，多愁善感。《诗·豳风》有名句："女心伤悲。"于是就有了与之相对之言："男儿有泪不轻弹。"不过，古人也有不赞成"悲"是女子专利之说的，认为少女少男同样容易悲哀。《郑笺》[注]云："春女感阳气而思男，秋士感阴气而思女，是其物化，所以悲也。"由此看来，"悲"多属于男女缠绵之情。

中华之先民对"悲"的研究是颇有心得的。如，"悲"是什么样子？《康熙字典》说："有声无泪曰悲。"再如，过"悲"则对身体不利，《淮南子·原道训》讲："忧悲多恚，病乃成积。"

佛教视"悲"为信条，其义为"愿解他人痛苦之心"。《大智度论》："大悲，拔一切众生苦。"照此说来，只有那些为解脱众生之苦的大人物离去，人们才会撕心裂肺，悲痛万分呀！

[注]《郑笺》是东汉经学家郑玄（127—200年）所作《毛诗传笺》的简称。

想“福”

甲骨文“福” 金文“福” 小篆“福”

本文题目咋叫《想“福”》，会不会是《享“福”》之误？笔者以此为题，意思是说：什么是“福”，要想一想。

“福”字，从示，畐声。许慎曰：“福，佑也。”《礼记·祭统》有言：“畐者满也，诸福之物，可致之祥，莫不毕至。”《金文编》解释：“（甲骨文）福，从两手奉尊于示前，在商则为祭名，祭象持肉，福象奉尊。”原来，“福”是祭祀时的一种仪式，通过祭祀，期盼神灵保佑。段玉裁云：“福者备也。备者百顺之名也，无所不顺者之谓备。”

“福”还特指祭祀用的酒肉，如《周礼·天官·膳夫》有“凡祭祀之致福者”之语，贾公彦疏：“诸臣自祭家庙，祭讫，致胙肉于王，谓之致福。”此后就把祭祀神灵用的酒肉统称为“福物”，又称“福食”。《抱朴子·道意》：“然虽不屠宰，每供福食，无有限剂。”由此可见，能吃到祭祀过神灵的酒肉，那可是福分，这就难怪孔丘没吃到胙肉，恨得连鲁国的司寇都不愿干了。

后来，“福”引申为与“祸”相对的福运、福气，即通常所说的“幸福”。《老子》曰：“福兮祸之所伏。”《韩非子·解老》云：“全寿富贵之谓福。”

现今之人，谁不想日子过得幸福些？当然，“幸福”的感受对于每个人来说是不一样的，关键是看各自的满意度有多高，用最时髦的语言来说就是“幸福指数”而已。譬如笔者一直认为“清闲即福”，现在不正是宅在家中享着清福吗!

“福”也是个姓氏。元朝有位名“福寿”者，官至江南台御史大夫，他文武双全，打仗时奋勇当先，对朝廷非常忠诚，死后追加封号为“忠肃”。明代有位武将叫“福时”，他原本姓张名福时，善骑射，谙韬略。嘉靖年间历官漕运参将，晋挂印总兵，总漕务。明世宗以“清不过福时、勇不过马芳”称之。因世宗赐之手敕，皆名而不氏，故改姓福氏，其后代代相传，姓起“福”来。

据统计，现今我国大陆姓“福”的有23.5万多人。不过，他们当中大都是在福利院长大的孤儿，有的福利院里的孤儿一律姓“福”。

“救”者，解人之倒悬

小篆“救”

“救”，又写作“捄”。《周礼·大司徒》有“使之相救”之言，其注为：“救，救凶灾也。”由此可见，“救”的基本义当是“助也”（引自《博雅》）；“护也”（引自《广韵》）。

然而，《说文》解释“救”是“止也”。它的本义怎么会是“止（禁止；阻止；防止）”呢？笔者以为，凡出现灾害，应及时相救，既解受难民众之倒悬，又要阻止灾情扩大、蔓延。

近几年，如汶川地震等重大自然灾害屡有发生。于是，我们从有利于救灾、减灾着想，一直觉得这个“救（捄）”字是很值得深究的。

首先，笔者觉得“捄”与“救”二者是有区别的：“捄”，从“扌”，当是受难者“伸手求救”之义；“救”，从“攴”（pū），徐灏《说文解字注笺》云：“攴，象手有所执持之形，故凡举手作事之义皆从之。”当是前往灾区“救援”之义。

其次，“救”读作jiù，与“就”同音，“就”有“急就”“随即”的意思，火速救援，刻不容缓。

再次，“救”又作“捄”，在救援队伍尚未赶到之时，则应自己动手，组织自救。关于这一点，笔者想重点说一下。我们成天讲要“防患于未然”，还常常把“救灾减灾××预案”挂在嘴边。请问，在类似于芦山、天全、宝兴等龙门断裂带这些地震多发地区，一旦地震，就会出现“县城90%房屋成危房”，以及“缺帐篷、缺食物、缺医疗、缺厕所”的状况，有的地方甚至两三天后仍处在“数千灾民仅获八顶帐篷”的窘境，真不知防患在何处，预案在哪里？似这等要帐篷没帐篷，要食物没食物的地方，叫灾民拿什么自救！

在“龙门断裂带”，我们有着“5·12”汶川大地震的惨痛经历，为什么不能牢记教训，切实重视起抗震救灾的预案工作呢？是不是由于受“这一带百年内都不会再有大地震”的结论蛊惑，就此放松警惕，高枕无忧了？！

有道是“天有不测风云，人有旦夕祸福”。对受灾者实施救援是人道主义的体现；救人就是救己，此乃天理。

《诗·邶风·谷风》之句曰：“何有何亡，黾勉求之。凡民有丧，匍匐救之。”解灾民之倒悬乃人道主义的具体体现，凡发生自然灾害，我们每个人都应伸出援手，有钱出钱、有力出力，与灾区人民共同克服困难，帮他们早日渡过难关。

“谏”，直言以悟人

小篆“谏”

“谏”作何解？某权威辞书云：“旧时称规劝君主或尊长，使改正错误。”

《现代汉语词典》（第6版）：“谏，规劝（君主、尊长或朋友），使改正错误。”

《辞海》（第6版）：“谏，直言规劝，使改正错误。用于下对上。”

以上这些解释，或多或少有点“旧时”的意思。如此说来，当今已是过时，那就别“谏”了。笔者以为，此说欠妥。

在我国两千多年的皇权专制社会，“谏”是政治生活的一个重要组成部分。

“谏”作动词，即为规劝别人之意。《广韵》云：“谏诤，直言以悟人也。”徐锴曰：“（谏），间也。君所谓否，臣献其可，以间隔之，于文言柬为谏。柬者，多别善恶，以陈于君。”《旧唐书·职官志》载：“凡谏有五：一曰讽谏，二曰顺谏，三曰规谏，四曰致谏，五曰直谏。”

“谏”作名词，是指古代朝廷设置的一种官职。《周礼·地官》：“有司谏。”注：“谏犹正也，以道正人行。”

谏官设置起自秦代，专掌议论。汉“武帝元狩五年，置谏大夫为光禄大夫。世祖（刘秀）中兴，以为谏议大夫”（见《后汉书·百官志注》）。

隋、唐、宋、辽、金皆沿置；明初亦置，不久废。

其实，“谏”并非是谏官的专利，上至大官，下至草民，皆可讽谏，如《汉书·贾山传》言：“工诵箴谏，瞽诵诗谏，公卿比谏，士传言谏。”即可佐证。

尽管明、清两代不设谏官，但进谏并未废止。故，历来有“武死战，文死谏”之说。不过，独裁者能够纳谏的实在少之又少，而绝大多数是拒谏的，甚至稍有触犯即置进谏者于死地，难怪《礼记·曲礼》要教人们如何而谏：“为人臣之礼，不显谏，三谏而不听，则逃之。子之事亲也，三谏而不听，则号泣随之。”唉，历朝历代的进谏之人多么悲哀呀！

啰唆了半天，前面说的都是古代之“谏”。那么，当今还要不要“谏”呢？也许由于现在有了“批评”一词，谁都可以对各级领导直至最高领导进行批评，不是比“谏”进步了许多？

噢，这大概就是某些权威辞书将“谏”定性为“旧时”的充足理由吧！

附录：

从谏如流：旧时形容君主能很好地听取臣下的进谏，像水从高处流到低处一样自然。形容乐意接受别人意见。多用于帝王。东汉班彪《王命论》：“见善如不及，用人如由己，从谏如顺流，趣时如响起。”《宋书·顾觊之传》：“其有见善如不及，从谏如顺流，是则命待教全，运须化立。”唐代陆贽《普王荆襄江西道兵马都元帅制》：“从谏如流，改过勿吝。”

拒谏饰非：拒绝规劝，掩饰错误。《荀子·成相》：“拒谏饰非，愚而上同，国必祸。”《京本通俗小说·拗相公》：“自朝廷用王安石为相，变易祖宗制度，专以聚敛为急；拒谏饰非，驱忠立佞。”

犯颜极谏：犯颜，冒犯君主或尊长的颜面、威严；极谏，即以直言规劝。敢于冒犯君主或尊长的威严而极力规劝其改正错误。《韩非子·外储说左下》：“犯颜极谏，臣不如东郭牙，请立以为谏臣。”

诚悬笔谏：指柳公权以书法进谏唐穆宗事。诚悬，公权字。语出《新唐书·柳公权传》：“帝问公权用笔法，对曰：‘心正则笔正，笔正乃可法矣。’时帝荒纵，故公权及之。帝改容，悟其以笔谏也。”宋苏轼《柳氏二外甥求笔迹》诗之二：“何当火急传家法，欲见诚悬笔谏时。”

叩马而谏：勒住马头进行规劝，形容竭力进行劝谏。《史记·伯夷列传》：“西伯卒，武王载木主，号为文王，东伐纣。伯夷、叔齐叩马而谏曰：‘父死不葬，爰及干戈，可谓孝乎？以臣弑君，可谓仁乎？’左右欲之。太公曰：‘此义人者。’扶而去之。”

敢谏鼓：即登闻鼓，进谏者所击之鼓。宋范仲淹《帝王好尚论》：“尧设敢谏鼓，建进善旌。”

“监”乃自视也

甲骨文“监” 小篆“监”

仓颉造“监”字，构思实在奇：古代无铜镜，容颜啥样子？盆里盛满水，眼睛往下视；水中映脸面，倒影即自己。

先看甲骨文的“监”字，它的字形是，一个跪着的人瞪大眼睛朝盛水的器具里瞧。李孝定《甲骨文字集释》云：“监本从皿从见，当是从皿，见声。”

再看小篆的“监”字，它由四个部件组成：右上角是人，左上是只眼睛，下面是个盛水的器皿，器皿上的“一”（短横）表示倒影。由此可见，这个字的意思就是古人采用原始的方法照看自己的容貌。《说文》曰：“监，临下也。”段玉裁云：“监，视也。”他俩所言结合起来就是说，从上往下视为“监”。

《文源》讲：“监即鉴之本字，上世未制铜时，以水为鉴。象皿中盛水，人临其上之形。”《金文诂林》说：“臣者目也，象人目视皿水之形，古人用皿盛水以当镜。”

笔者以为，“监”的本义是“自视”——自己看自己的脸；他人看你的脸，一眼就可以看清，根本不需要通过盛水的盆子来看你的映像。

后来发明了铜镜，就再造出个“鑑（鉴）”字，用以取代“监”。唐太宗李世民曾说：“以铜为镜，可以正衣冠；以古为镜，可以知兴替；以人为镜，可以明得失。”（见唐·吴兢《贞观政要·任贤》）这也充分说明，发明镜子的目的正是为了方便照自己、看自身。

然而，自打“监察之义生焉”（徐灏语），“监”就像“手电筒”，不再自视，专察他人。

一个人如果不自察、自省、自纠，往往就会放任自己。凡做官者，尤其是居高位者，如果不经常对着镜子“正衣冠”，放松了对自己的要求，那必将是堕落的开始！

引经据典说监，道理其实简单。
奉劝各位官员，躬身自问一番。
与其别人察你，不如自视自监。
保持清醒头脑，才能防微杜渐。

让你"看"个够

 小篆"看"  甲骨文"见"

笔者小时候一看到这个"看"字就暗自好笑：手放在眼睛之上，这不正是孙悟空的那个招牌动作"搭凉棚"嘛。我们不妨看看古代文字学家是怎么解释"看"的。徐锴《注》云："以手翳目而望也。"唐代唐玄度撰《九经字样》云："凡物见不审，则手遮目看之，故看从手下目。"

"看"，动作看似极其简单，但它是人们观察事物、认识世界、增长知识的重要途径，也是人与人之间传递信息、相互沟通、交流感情的基本方法，决不能小看唷。

"看"有一个庞大的同义词群体。笔者说得出来的单音节同义词不下20个；双音节（或多音节）的同义词也有30多个；还有不少绘声绘色的成语。

先列举"看"的单音节同义词。它们可以分成三组：一组从"目"，如見（见）、盯、相、盼、睨、瞄、睹、瞅、瞥、瞟、瞪、瞧、瞻等；另一组从"见"，如观、视、览、窥、觑等；还有一组既不从"目"，又不从"见"，如望、阅、顾等。

上述这些单音节的同义词，其实是近义词，它们的定义与"看"是有差别的，有的差别较细微，有的差别较大；有的不带感情色彩，有的则褒贬鲜明。譬如，"瞻"是怀有敬意；"览"则颇为欣赏；"窥"有点偷偷摸摸；"瞪"则狠三狠四；"瞄"当然要聚精会神；"瞟"显然是漫不经心……

《说文》释“看”为“睎”，其实这个“睎”也与“看”有一定的区别。古人认为“睎”是“睨而视之”，仿佛看得不太清爽，这就用得上“搭凉棚”，聚聚光，定定神。现代人认为，“睎”有仰慕之义，也有远望之义，更多的人认为它已被“希”所代替，组成一个双音节的词叫“希望”。笔者以为，“希望”这个词表示“想看到”，恐怕与“看”的意义相去甚远了。

再谈谈双音节的同义词。这类词语不胜枚举，罗列过多会令人眼花缭乱，于是略加分类。第一为“看”类：看望、查看、察看、观看等；第二为“望”类：瞭望、远望、眺望、观望、仰望、盼望等；第三为“视”类：注视、凝视、扫视、环视、仰视、俯视、窥视、怒视等；第四类（无法概括）：目睹、打量、端详、顾盼、观赏、浏览、预览、瞻仰、乜斜、窥探等。

表示“看”的成语也不少，如东张西望、左顾右盼、察言观色、瞻前顾后、登高望远、高瞻远瞩、极目远眺、目不转睛、目不暇接、一览无余、面面相觑、虎视眈眈等。

恕笔者才疏学浅，以上罗列的这些内容已是搜断枯肠，各位随便看看吧。

“望”为何从月

 甲骨文“望”  小篆“望”

“望”这个字，甲骨文的写法是上面一个横着的“目”，下面一个“人”站在地上，表示抬头仰望。

朝天上望什么呢？后来的金文、小篆，写的时候就加上了一个目的物“月”。照此看来，“望”原本应该写作“朢”（“臣”即“目”）。

不过，“望”“朢”二字起先是有分工的。《康熙字典》云：“日月之望作朢，瞻望之望作望。今通作望，而古文制字之义遂亡。”

“望”字的解释众多。作动词，本义乃远望、回望，引申义如希望、期望，等等；作名词，也有多种解释，如“德高望重”，作“名望”解；作介词，表示“向”“朝着”，如“望朱砂庵而登”（《徐霞客游记·游黄山日记后》），“望前走”等。若将众多义项一一道来，势必下笔千言，离题万里。于是就以与“望”中之“月”相关的“望日”“望月”二词条略微说一下。

“望日”，为夏历每月的月圆之日。《尔雅·释名》曰：“望，月满之名也。月大十六日，小十五日。日在东，月在西，遥在望也。”《左传·桓公三年·疏》云：“月体无光，待日照而光生。半照即为弦，全照乃成望。”现代天文学告诉我们：“望”是指月球与太阳黄经相差180° 的时刻。望日，太阳西下之时，月球正好从东面升起，呈满月状。此时，月球正面完全被阳光照射，在地球上看月轮像一个明亮的圆盘。“望”总在夏历每月十五日前后（《现代汉语词典》释“望日”：月亮圆的那一天，通常指农历每月十五，有时是十六或十七）。由此可见，两千多年前华夏先民对天象观察已是相当精到。

由“望日”而产生“望夜”（即望日之夜）、“望后”（望日之后的数日）等语，这里一笔带过。

“望月”，并不表示仰视月亮这个动作，而是指望日这天夜里的月亮，也叫做“满月”。每当中秋之夜，月亮总是圆圆的，请各位切莫错过如此大好的赏月时机呀！

望日望月望星空，最美当数八月中。
举杯放歌邀亲友，赏景唯愿九州同。

识“相”

小篆“相”

有位朋友与笔者探讨“相”这个字。他说，“相”就是相对而视，表示你用眼睛看我，我用眼睛看你。照理说，它应该写成两个目，即“䀠（jù）”，不知什么缘故写成“木+目”的“相”？笔者觉得这个话题很有趣，于是就来谈谈“相”字的造字问题。

先说“相”字为什么不是“䀠”。许慎曰：“左右视也。从二目。”段玉裁解释说，左右视“为惊遽之状”。《义证》言：“心惧则左右顾也。”《部首订》云：“惊恐也……惊恐者目善摇。”综上所述，“䀠”表示左顾右盼、东张西望、游目不定之神情。

现在该回到“木+目”之“相”了。《说文》曰：“相，省视也。从目，从木。易曰：‘地可观者，莫可观于木。’诗曰：‘相鼠有皮’。”段玉裁云：“相，省视也。释诂，毛传皆云相视也。此别之云省视。谓察视也。从目木。会意……按，目接物曰相。故凡彼此交接皆曰相……易曰：地可观者，莫可观于木，此引易说从目木之意也。目所视多矣，而从木者、地上可观者莫如木也。”徐灏则云：“相，度才也。工师用木，必相视其长短、曲直、阴阳、刚柔之所宜也。相之取义始于此。会意。”以上这些解释都是讲“木”与“目”组合成“相”的理由，正可谓各执一词，公说公有理，婆说婆有理。

不过，笔者倒觉得徐灏“工师用木”之说更为有理。木匠察看木料直否，“则为相誓之相”，也就是说以一目与一木彼此交接。难怪我们打靶时总是用一只眼睛瞄准；就连人家相亲，也都希望“一眼相中”。

“相”的解释颇多，有一义为官名。《吕览》云：“相者，百官之长也。”所以，又称之为“首相”。

民间流传着一则伍子胥拜相的故事：

伍子胥从楚国逃到吴国后，吴王意欲重用伍子胥，即召见他，并让文武百官考考他的本事。伍子胥确有真才实学，且能言善辩，对答如流，百官无不叹服。

老相国见此情景，暗自着急，要是大王拜伍子胥为相，我岂不是要下岗了？这时，他想难一难这位不速之客，便出了一个字谜叫伍子胥猜：“兄与弟同姓，弟与兄同名，兄有荫山秀，弟有万里明。”

伍子胥一听，暗自好笑，这不就是你老相国的“相”字吗？于是他说：“我也有个谜语向老相国请教。霜有雪没有，箱有柜没有，你有我没有，立功自会有。”

老相国左思右想了老半天，实在想不出，惶恐万状。原来，伍子胥的谜底也是个“相”字。

吴王觉得伍子胥果然才华出众，当即拜他为相。

“窥”到些什么

小篆“窥”

在“看”字庞大的同义词群中有个“窥”字。尽管它的本义是“小视”，但笔者总觉得它的字义比较复杂，不可小视。

起先，“窥”的意思是指从小孔或缝隙往里张望这个动作，属于正常地观看，无所谓褒贬。如《庄子·秋水篇》中“用管窥天”，就如同今人用望远镜观察天象，于是就有了“窥究”（深究察觉）、“窥深”（观察深入细致）、“窥睹”（观看，观察）、“窥览”（阅览，观察）等词。史载，董仲舒为钻研儒术，把自己禁锢在书斋里，三年不去观赏园景，从而产生了“窥园”一语。

然而，在墙上挖个小洞看隔壁戏，非但不够大大方方，而且似有偷看之嫌疑。《孟子·滕文公下》里说，“钻穴隙相窥，逾墙相从”，当属行为不端。《史记·管晏列传》里说，“妻从门间而窥其夫”，这种行为跟监视无异。笔者以为，这种偷看之“窥”应该是有图谋的，继而产生出“窥图”（窥探谋算）、“窥攻”（伺机进攻）、“窥取”（伺机夺取）、“窥朝”（窥伺朝廷）等带有政治色彩的词群，如贾谊《过秦论》里所说的“以窥周室”。

“窥”组成的成语不多，但是大都含有贬义色彩。

“窥豹一斑”。语出《晋书·王献之传》：“此郎亦管中窥豹，时见一斑。”现多用作批评以偏概全的倾向（“管中窥豹”从略）。

“管窥蠡测”。源于东方朔《答客难》：“以管窥天，以蠡测海。”意思是说，从竹管筒里看天，用瓢量海水，观察面狭小，看问题片面。

"闻"所未闻

甲骨文"闻"

小篆"闻"

《"闻"所未闻》，题目诱人。有何趣"闻"？说来听听。

"闻"之义，一是耳朵听，二是鼻子嗅。若是追根刨底，它与"鼻子嗅"毫不搭界，却和"流口水"有很大关系。从这一点来说，你也许真的是"闻所未闻"。

在许慎的《说文解字》里，"闻"不在"门"部，而在"耳"部。"闻，知闻也。从耳，门声。"耳朵是专管听觉、位觉的器官，《大学》说得好："心不在焉，视而不见，听而不闻……是知听者耳之官也，闻者心之官也。"这话的意思是说，听还不是"闻"，只有用心听，才能听得进，这才算作"闻"；如果不用心听，那就会"听而不闻"。举个例子说明一下：假如你一边听音乐，一边做功课，如果听音乐听得很投入，大概功课做不好；反之，做功课做得很认真，可能曲子一点儿没听清。

从许慎的解释来看，"闻"是个形声字，但是，甲骨文的"闻"竟是个象形字，它几乎就是一幅简笔画：一个跪着的有着大大耳朵的人，正用手去捂自己的嘴巴，说话时尽量不让口水流出来。

李孝定《甲骨文字集释》云："董彦堂曰：闻，原为报告奏事之专字……为报告忌，而以手掩口之状……掩口者，恐口液喷出侮慢尊长，所以示敬也。"照此看来，下属向上司汇报时要特别当心，切莫把口水喷到上司的脸上去。

那么，现在把"闻"字归到"门"部，对不对呢？笔者以为也是有一定道理的。

许慎在解释“门”这个字时说：“门，闻也。”我们知道，“门”是房门，它的定义怎么又是“闻”呢？段玉裁对此作注：“闻者，谓外可闻于内，内可闻于外也。”噢，怪不得人家说“隔墙有耳”，说悄悄话得把门掩上，还要小声点。关于“门，闻也”的定义，你也许又是“闻所未闻”吧！

“闻”的另一定义是“用鼻子嗅”。《孔子家语·六本》有这样一句名言：“与善人居，如入芝兰之室，久而不闻其香，即与之化矣。”

至于耳听的“闻”怎会兼职鼻嗅的“闻”？不瞒你说，这个问题笔者可说不上，因为笔者对此也是“闻所未闻”呀！

“认”而不“识”

小篆“认” 小篆“识”

老子曰：“知不知，尚矣；不知知，病矣。”（笔者注：知道还以为并不是全知道，最好；不知道装作知道，不好。）

孔子亦云：“知之为知之，不知为不知，是知也。”

笔者小时候读私塾，从识字开始。现在看来，那时只不过是“认字”而已，远非“识字”。此话怎讲？“认而不识”——认得未必懂得。就拿“认”“识”二字来说吧，塾师教后，笔者很快记住了它俩的读音，这就算认得了；至于它们的本义是什么、引申义有多少，几乎一无所知。即使到了今天，让笔者分别解释“认”与“识”，恐怕也是难道其详呢！

譬如这个“识”字，它原本写作“識”（zhī）。《说文》曰：“識，常也。一曰知也。从言戠（zhī）声。”

先提第一个问题，“戠”是啥意思？许慎曰：“戠，阙。从戈，从音。”所谓“阙”，即“阙如”也，谓可缺而不可言。它是训诂学的一个术语，表示对字的形、音、义不了解，因而付诸阙如。《说文解字·又部》有一例：“叚，借也，阙。”段玉裁注：“谓阙其形也。其从‘又’可知，其余则未解，故曰阙。”由此可见，“字圣”许慎乃“不知为不知”之真君子也。后来，经过许多文字学家的大量考证，终于弄明白：“戠”原来是“識”或“幟”的古字（这个问题后面会说到）。

再来谈第二个问题，“識”之义怎会是“常也”？段玉裁注：“‘常’当为‘意’，字之误也。草书‘常’‘意’相似。六朝以草写书，迨草变真，讹误往往如此。意者，志也；志者，心所之也。意与志，志与識古皆通用。心之所存谓之意。”

我们到名山大川游览，会看到许多古人的碑刻，落款大都为“某某某識”，其实就是“某某某志”或“某某某记”的意思。另有“款識”一词，多为青铜器上的铭文。《史记·孝武纪》：“鼎文镂无款識。”韦昭曰：“款，刻也。”颜师古曰：“識，记也。”杨慎曰：“三代钟鼎文有款識，隐起而凸曰款，以象阳；中陷而凹曰識，以象阴。”此两“識”，都读zhì。

有一则成语叫“博闻强識”，语出《礼记·曲礼上》：“博闻彊識而让，敦善行而不怠，谓之君子。”这里的“識”也读zhì，乃“记忆”之义。“博闻强識”意为见闻广博，记忆力强。

“識（zhì）”又通“帜（幟）”，就是作为图腾、族徽、标志等的旗帜。《周礼·春官·司常》云：“王建太常，诸侯建旗。”这里的“太常”则为旌旗名。于是，我们再来看看许慎的“識，常也”这一解释，正是指的古旗帜名。段玉裁的“常当为意”之说不无道理，但说许慎是“讹误”，未免太武断了吧？

“識”读shí时，解释为“认识”“知道”“知识”“见识”等。有“至识”“迷识”之分。《扬子·法言》有曰：“多闻见而識乎正道者，至識也。多闻见而識乎邪道者，迷識也。”

有个词叫“識荆”，那可是大有来头的。语出李白《与韩荆州书》：“白闻天下谈士相聚而言曰：‘生不用封万户侯，但愿一識韩荆州。’何令人之景慕，一至于此耶！”韩荆州，名朝宗，当时为荆州长史。后人以“識荆”作为初次相识的敬辞。

综上所述，“识（識）”字，认（認）得不难，弄懂其义实非易事也！

"猜"它一猜

小篆"猜"

(一)

《说文解字·犬部》有个"猜"字，许慎释为"恨贼也"。"猜"怎么是"恨贼"，此说颇为费解。《康熙字典》对"猜，恨贼也"作注："(猜)字从犬，如狡狯狂猛之类，本以言犬，移以言人。"原来，这个"猜"字"本谓犬。假借之谓人"（段玉裁语）。

"猜"是个多义字。《扬子·方言》云："猜，恨也。"《左传·僖公九年》："送往事居，耦俱无猜（注：两无猜恨），贞也。"《玉篇》云："疑也，惧也。"《左传·昭公七年》："夫子从君，而守臣丧邑，虽吾子亦有猜焉。"以上这些解释实为"疑心""嫌疑"之一义。

"猜"的另一义是"猜想""推测"。有"猜度"一词，意为猜测揣度。《红楼梦》第三十四回："薛大哥从来不是这样，你们别混猜度。"再如"猜详"一词，意为猜测审察。茅盾《野蔷薇·创造》："台灯的古铜座上，有一对小小的展翅作势的鸽子，侧着头，似乎在猜详杂志封面的一行题字：《妇女与政治》。"

还有两种游戏与"猜"相关。

一是"猜拳"，即饮酒时助兴的游戏，猜三划五，吆五喝六，笔者不喜欢。

二是“猜谜”。它既富有知识性，又很有趣味性，笔者特别喜欢。这里向大家说两则制灯谜、猜灯谜的故事。

（二）

朱元璋建立大明王朝后，元宵闹花灯十天。于是，猜灯谜的活动非常兴盛，制谜的高手也随之不断涌现。某年正月初五，南京城为筹备元宵灯会，特邀张王李赵四位高手相聚制谜。主持制谜活动的是位老学究魏南生（人家就是为出难题而生的）。他要求四大高手各制动物谜一则，谜面限四句，每句限四字，句首要依次嵌进“坐、立、行、卧”四字。

张先生打头阵：

坐也是坐，立也是坐，行也是坐，卧也是坐。

王先生紧跟上：

坐也是立，立也是立，行也是立，卧也是立。

李先生挨着来：

坐也是行，立也是行，行也是行，卧也是行。

赵先生压阵脚：

坐也是卧，立也是卧，行也是卧，卧也是卧。

“高，高，实在是高！”魏老夫子叫好连连：“我魏南生今天未能难住各位先生！”

（谜底依次是：蛙、马、鱼、蛇。）

（三）

乾隆年间，某年元宵佳节，皇帝老儿兴致勃勃地带着一群文武大臣前去观灯。看到高兴之时，乾隆令大臣们以写对联的形式来猜谜语。由于此事来得突然，众大臣一时手足无措。纪晓岚毕竟是“大清第一才子”，他略思片刻，就挥笔在宫灯上写了一副对联：

黑不是，白不是，红黄更不是，和狐狼猫狗仿佛，既非家畜，又非野兽；

诗不是，词不是，论语也不是，对东西南北模糊，虽为短品，也是妙文。

乾隆皇帝摇头晃脑想不出，众位大臣抓耳挠腮无答案，最后还是由纪晓岚自己来揭谜底：猜谜。

这则谜语的答案怎么会是“猜谜”二字呢？原来，这副对联是在解析“猜”“谜”二字。

上联用的是析字法：

“猜”从犬，青声。“黑不是，白不是，红黄更不是”，那应该是“青”色了；“和狐狼猫狗仿佛”，是说这个字属“犭(犬)”部；尽管“猜”这个字属“犬”部，其实它的本义如《玉篇》所言，是“疑也，恨也”。所以，这个字“既非家畜，又非野兽”。

下联则是趣谈“谜”字：

前半部“诗不是，词不是，论语也不是”，只剩下“言”，即“讠”旁；后半部前句“对东西南北模糊”，那就“迷”失了方向；最后八个字“虽为短品，也是妙文”特别传神——“谜”面虽然简短，却是费尽心思，当属“妙文”。

"写"，摹画之义也

小篆"写"

每天总想写点东西，今儿实在想不出写些什么，那就写一写"写"字吧！

"写"按理说并不是简化字，它只是正体字"寫"的草书。如果说"写"是"寫"的简体，上"冖"下"与"，既不表音，又不表义，这样的简化岂不成了笑柄？

许慎说"寫"是形声字，从宀，舄声。笔者觉得，"寫"也可以看成会意字，屋子（宀）里飞来一只乌鸦类的鸟儿（舄）。笔者的这个想法源于《说文》释"寫"为"置物也"。《说文解字注笺》云："古谓置物于屋下曰寫，故从宀，盖从他处传置于此室也（笔者注：屋子是用来放东西的，屋里停着鸟儿，当然也属于置物）。因之传寫于他器亦谓之寫。作图画者，依仿彼形以传寫于此，故亦谓之寫。"

徐灏所言"依仿彼形以传寫"，说的是"寫"的又一义：摹画也。《诗·小雅》有"我心寫兮"之句，《传》云："凡倾吐曰寫，故作字作画皆曰寫。"如今，学美术者有"写生"课，作画方法有"写实""写意"等，皆从"摹画"之义而来。《史记·秦始皇本纪》曰："秦每破诸侯，寫仿其宫室，作之咸阳。"嬴政好大喜功，他命匠作官员将各诸侯国具有特色的建筑物摹画下来，先后在咸阳的山坡上造了700多处各式各样的房子，简直就是个“万国建筑博览会”。

由“摹画”又引申出“寫”的另一义：誊抄也。《古谚》云：“书三寫，鱼成鲁，虚成虎。”抄写可得谨慎，稍不留神就会将鱼错成鲁，将虚错成虎。如果出版物有此讹误，那是要误人子弟、祸害社会的。

兜了那么大个圈子，方才说到“寫”的现在之义：写字。记得20世纪80年代初，笔者曾当过“誊抄员”。那时工资低，买书没钱，经朋友介绍，笔者为古籍出版社誊抄文稿，每抄1万字（500字一页的大稿纸20张，要写繁体字），而且不能有一个错字，可获报酬五元。笔者写字工整、仔细、手快，一天竟能换回五块钱。不过，一天下来手很酸，人很累，赚这个钱真的不易啊！然而，干这种卖字的活计笔者是非常乐意的，因为那些书在出版前笔者就拜读过了，可谓获益多多呀！

曾有朋友问笔者，同样是卖字，你是“写字”，而人家书法家就不一样了，在他们的书法作品落款处总是用“某某書”（以下“书”字皆写作“書”），干吗不落成“某某写”呢？

按理说，“書”的本义是“著”，故有“著書立说”之义。《说文》亦言：“書有八体：一曰大篆，二曰小篆，三曰刻符，四曰虫書，五曰摹印，六曰署書，七曰殳書，八曰隶書。”大凡書法家，都爱写繁体字，自以为古韵味越足越好，怎不大書特書也？

“县”者，“悬”也

小篆“县”

“县”，繁体为“縣”；“悬”，繁体为“懸”（以下均用繁体“縣”“懸”）。

古无“懸”字，徐铉曰：“此（縣）本是縣挂之縣，借为州縣之縣。今俗加心，别作懸。”

“縣”怎么会是“懸”呢？这个字由“系”和“倒首”组成，是个会意字，表示断首倒懸的意思。《诗·魏风·伐檀》云：“不狩不猎，胡瞻尔庭有縣鹑兮？”此处的“庭有縣鹑”是指梁上懸挂着禽兽之肉。

“縣”借作州縣之縣字始于何时，说法有二：一说，此为周制。天子地方千里，分为百縣，则系于国。二说见于《广韵》：“古作寰；楚庄王灭陈为縣，縣名自此始。”

作为行政区划的“縣”，它所管辖的范围有多大？虽各说不一，无外乎“三、四、五”之谓：《鲁语》三乡为縣；《地官·小司徒》四甸为縣；《遂人》五鄙为县。古时之“縣”一般不大，《周礼·天官·大宰》：“邦縣之赋。”《注》云：邦縣（方圆）四百里。

有个词叫“赤縣”，它的本义是指地域较大的縣。《史记·秦始皇本纪》有言：“大矣哉，宇縣之中。”《注》称之为“赤縣”。据《通典》记载：“大唐，縣有赤、畿、望、紧、上、中、下七等之差。京都所治为赤縣，京之旁邑为畿縣，其余则以户口多少、资地美恶为差。”

笔者曾想过这样一个问题：为什么要拿表示懸挂之“縣”作州县之

"縣"？我们的看法是：凡京畿以外的"望、紧、上、中、下"之縣，那可是"天高皇帝远"，独裁者怎能不懸着心？所以，历朝历代较为勤政的皇帝，每委派一员县官，总要亲自召见，进行诫勉。正如《史记·绛侯世家注》所言："縣官，谓天子也。王者官天下，故曰縣官也。"由此可见，虽为一縣之官，委实不可小觑啊！

"自专以縣为州縣字，乃别制从心之懸挂。别其音，縣去懸平。"（段玉裁语）这就是说，后来不仅造出个"懸"来取代"縣"，而且读音也有所区分，即"懸"读平声，"縣"读去声。《说文解字·叙》曰："假借者，本无其字，依声託（托）事。"周祖谟在《汉字的产生和发展》中说："文字在使用上有了假借的方法，就可以少造字；遇到难以造字的时候，也可以用假借以济其穷，这样就可以更好地使语言与文字相适应了。"

"懸"字可谓后起之秀，它不仅引申义、比喻义众多，而且由"懸"组成的词语中，有故事的、作典故的、为成语的也不少。譬如："懸胆"，是越王勾践卧薪尝胆的故事；"懸梁"是一则勤奋读书的典故；"懸崖勒马"是用以劝人及早醒悟的成语，接下来再说几则颇有趣味的词语。

（一）懸鱼

（1）上钩的鱼。东晋葛洪《抱朴子·广譬》："懸鱼惑于芳饵，槛虎死于笼狐。"明代朱鼎《玉镜台记·苏狱》："多病多愁减带围，困累累命若懸鱼。"

（2）为官清廉。《后汉书·羊续传》："府丞尝献其生鱼，续受而懸于庭；丞后又进之，续乃出前所懸者以杜其意。"《晋书·姚兴载记下》："然明不照下，弗感懸鱼。"北宋徐积《和路朝奉新居》之六："爱士主人新置榻，清身太守旧懸鱼。"亦作"懸枯""懸枯鱼"。《陈书·宗元饶传》："求粟不厌，愧王沉之出赈，征鱼无限，异羊续之懸枯。"清代宋琬《送别俞眉仙归新安》诗云："郭外行春策病马，壁间退食懸枯鱼。"

（3）佩戴鱼符或鱼袋。《辽史·礼志一》："皇帝服金文金冠，白绫袍，绛带，懸鱼。”明代梅鼎祚《玉合记·宸游》：“只今画袴懸鱼，朱扉施马。”

（4）铃柄上的鱼形饰物。《太平御览》卷三三八引东汉应劭《风俗通》：“铃柄施懸鱼。鱼者，欲君臣沉静如鱼之入水，不可复得闻见耳。”

（5）懸于寺院中的鱼形之板，击之以报事。明代唐寅《题自画水山》诗云：“乱山杂云晓葱茏，遥见懸鱼是梵宫。”

（二）懸壶

懸壶指行医、卖药。《后汉书·方术列传下·费长房》：“费长房者，汝南人也。曾为市掾。市中有老翁卖药，懸一壶于肆头，及市罢，辄跳入壶中。市人莫之见，惟长房于楼上睹之，异焉，因往再拜……遂能医疗众病。”后来就以“懸壶”表示行医卖药。明代汤显祖《牡丹亭·延师》：“君子要知医，懸壶旧家世。”孙中山《革命原起》：“及予卒业之后，懸壶于澳门、羊城两地以问世，而实则为革命运动之开始也。”

（三）懸车

懸车指告老引退，辞官家居，废车不用。东汉班固《白虎通·致仕》：“臣七十懸车致仕者，臣以执事趋走为职，七十阳道极，耳目不聪明，跂踦之属，是以退去避贤者，所以长廉耻也。懸车，示不用也。”后称70岁为“懸车”。

（四）解民倒懸

解民倒懸比喻把受苦难的人民解救出来。解，解救；倒懸，头朝下倒挂着。语出《孟子·公孙丑上》：“当今之时，万乘之国行仁政，民之悦之，犹解倒懸也。”清代李颙《与布抚台书》：“古之良臣名佐，不惜冒娇制之罪，身家性命，以解民倒懸。”也可省作“解倒懸”。鲁迅《花边文学·倒提》：“我们从古典里，听熟了仁人义士，来解倒懸的胡说了，直到现在，还不免总在想从天上或什么高处远处掉了一点恩典来。”

“解”释

甲骨文“解”小篆“解”

“解”这个字是很难解释的，这是因为：

一是多音。一读jiě，如解剖、解析。二读jiè，如解差、押解，京剧《苏三起解》中的“解”读的就是去声。三读xiè，有姓“解”者，如《水浒》中的解珍、解宝；山西省有“解湖”，古同“懈”。

二是其义甚多。作动词时，就有二十几种解释；作名词亦有四五个解释；以“解”组词更是数不胜数，难道其详。

笔者如今释“解”，只得走“三择”之捷径，即择其要者、易者、趣者，约略说它一下。

先从“解”的造字法说起。它是个典型的会意字。小篆“解”，左部“角”，右边上“刀”下“牛”。许慎释“解”：“判也。从刀，判牛角。”其实，这个字有一个复杂的演变过程：最早见到的金文是左边上“角”下“牛”，右部“刃”；近代发现的甲骨文则是上下结构，上部左右为“手”，当中一“角”，下方为“牛”。如此说来，“解”本应从“手”，后来为什么从“刀”了呢？《殷墟文字》对此有详细解释：“此象两手解牛角……卜辞从‘手’之字或省从‘刀’，与刀形相似而非刀字也。”

从甲骨文“解”的写法还可引出一个问题：“一角之兽”是什么动物？这是传说中一种名叫“廌（zhì）”的神兽，全名解廌，亦称獬豸、觟觽。《说文》曰：“解廌，兽也，似山牛，一角，古者法讼，令触不直。”《论衡·是应》云：“儒者说云：觟觽者，一角之羊也，性知有罪。皋陶治狱，其罪疑者令羊触之。有罪则触，无罪则不触……”故，许慎释“解”，另有“一曰，解廌，兽也”之语。

接下来谈谈字义。“解（jiě）”用作名词，训诂不难。有“见解”一词，即为“见识”，如《南史》言道：“融玄义无师法，而神解过人。”有一种文体称为“解”，如扬雄的《解嘲》、韩愈的《进学解》。道家有个术语叫“尸解”，他们以为，修道者死后魂魄脱离尸体而成仙，《史记·封禅书》曰：“为方仙道，形解销化，依于鬼神之事。”数学有“求解”一语，这里的“解”则是指代数方程中未知数的值。

“解（jiě）”用作动词，义项繁多，不能尽解。对于喜爱咬文嚼字者来说，“解释”一义运用的频率最高。此词大概是从“剖解”引申而来，韩愈《师说》云：“师者，所以传道受业解惑也。”乃是取“解答”“说明”之意。

不过，要解释清楚“解释”一词，也非易事，粗略罗列七义如下：

（1）解开；解除；免除。西汉陆贾《新语·慎微》：“诛锄奸臣贼子之党，解释疑滞纰缪之结。”东晋袁宏《后汉纪·献帝纪二》：“灵帝末，君子多遇祸难。颙岁中率常再三私入洛阳，为人解释患难。”宋人李纲《申省措置酌情处断招降盗贼状》：“遣人赍发旗牓，人贼说谕，供状欸伏，听从号令，解释器甲，束缚枪杖，依限出参，有悔过自新之意，此招降也。”

（2）解救；解脱。汉代焦赣《易林·坎之睽》：“解释倒悬。”《西游记》第十一回：“堕落千年难解释，沉沦永世不翻身。”

（3）开释；释放。《后汉书·王允传》：“书奏，得以减死论。是冬大赦，而允独不在宥，三公咸复为言。至明年，乃得解释。”《北齐书·孝昭帝纪》：“文宣乃立帝于前，以刀环拟胁。召被帝罚者，临以白刃，求帝之短，咸无所陈，方见解释。”

（4）消除；消解。《汉书·王莽传下》：“兴到部，欲令明晓告盗贼归田里，假贷犁牛种食，阔其租赋，几可以解释安集。”《红楼梦》第二十八回：“真不知此时此际，如何解释这段悲伤！”

（5）消融；松散。《后汉书·郎顗传》：“又顷前数日，寒过其节，冰既解释，还复凝合。”明代宋应星《天工开物·乃粒》：“凡北方厥土坟垆易解释者，种麦之法，耕具差异，耕即兼种。”

（6）劝解；疏通。西晋司马彪《九州春秋》：“及李傕之叛，允乃呼文才整修使东解释之，不假借以温颜。”《续资治通鉴·宋太祖开宝五年》：“昭辅惧罪，诣开封府见皇弟光义，乞于帝前解释，稍宽其罪，使得尽力，光义许之。”

（7）分析；说明。《后汉书·徐防传》：“解释多者为上第，引文明者为高说。”南宋朱弁《曲洧旧闻》卷十：“石林既为《春秋》，书其别有四：其解释旨义曰传；其订证事实曰考；其掊击三传曰谳；其编排凡例曰例。”（以上“七解”详见《汉典》）

行文至此，笔者不得不实话实说，我等对“解”尚有诸多不解之处。这里，借用《〈艾青诗选〉自序》里的一句话作结。他说：“把自己不理解的，或者是不能解释的东西，一律当作不存在，或者是认为非科学，这样的人只能居住在螺蛳壳里。”也许，笔者正是“居住在螺蛳壳里”的一知半解之人。

（“解”读jiè、读xiè这两部分从略。）

“有”什么

金文“有” 小篆“有”

老子《道德经》曰：“天下万物生于有，有生于无。”这显然是一种哲学观点，即“有无相对”——“有”指事物的存在，有形、有实、有名；“无”则是这些不存在，所以，“有”可释作“不无”；“无”亦可释为“不有”。

不过，“有”的释义绝不是那么简单，如果详细解说，那肯定是既繁且烦。笔者喜欢化繁为简，故，本文以《“有”什么》为题，只说两层意思：(1)什么是“有”？(2)人应该“有”些什么？

古人对“有”的本义有着两种截然不同的看法，分歧点是由这个字下半部的“月”引起，它究竟是月亮之“月”，还是鸟兽之“肉”？《说文》曰：“有，不宜有也。《春秋传》曰：日月有食之。从月，又声。”许慎认为日食、月食都是“不当有而有”的天象（不吉祥之征兆）。“有”作“不宜有”解，实在无法理解。

《说文解字注笺》里说：“凡言有者，皆自无而有，然后谓之有，月由晦而生明，自无而生有之象也。”徐灏的意思很明显，他是在为“有”字“从月又声”而辩护。可是他又说，“或曰：从肉，古者未知稼穑，食鸟兽之肉，故从又持肉为有也”。

认为“有”字的下半部是“肉”的，《金文诂林》尤为坚定：“有字古文从又（‘又’即‘手’）持肉，后世讹肉为月……从手持肉，其为有无之有甚明。”（杨树达引王静安之语，其依据见金文“有”。）

对于物资极为贫乏的先民来说，手里拿着一块大肉，那当然是“有”了，所以，我们觉得后一种说法——“有”是会意字，要比前一种说法——“有”是形声字，更能令人信服。

据此，笔者产生了这样一个想法：“有”的造字用意跟人的需求相关，“民以食为天”，没有吃的，人就无法生存。

我们现在讲“人权”，有得吃只不过是人最基本的生存权。那么，当今所说的“人权”是什么呢？概括起来，完整的“人权”应该是享受“四有”，那就是：一切人都有言论与表达意见的自由；一切人都有以自己的方式来崇拜上帝的自由；一切人都有免除匮乏（指生活资料不足）的自由；一切人都有免于恐惧的自由。（摘自罗斯福1941年所作国会咨文）

屈原《离骚》云：“路漫漫其修远兮，吾将上下而求索。”其实，人之“四有”并非遥不可及，只要有追求，渐渐就会有。

“用”，真的有用

甲骨文“用”
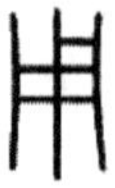
小篆“用”

笔者一直在想，有用没用的“用”，这个概念很抽象，此字怎么个造法？（“用”字早已造好，还用得着替古人担忧！）

尽管笔者的想法有点莫名其妙，可是“用”凭什么这样写，历来是有不同看法的。集中起来有三种观点：

一是会意字，跟卜卦有关。《说文》曰：“用，可施行也。从卜，从中。卫宏［注］说。”许慎以为，“用”的写法是一个“卜”加一个“中”。也许他觉得此说很难服人，特地申明是依据卫宏所说。徐铉对此作了补充：“卜中乃可用也。”就是说，卜卦有中与不中之别，卜中的就有用，就“可施行也”。

二是假借字。“用”即“庸”，“庸”即“镛”，“镛”即“鐘”。《诗·商颂·那》毛注：“大鐘曰庸。是庸即古镛字……用本象鐘形，因借为施用。”周伯琦《六书正讹》曰：“用，古镛字，鐘也。古款识，商鐘寅簋，鐘字皆作用，后人借为施用字。”

三是象形字。其理由是：甲骨文字形象桶形。桶可用，故本义为用。

以上“用”的三种造字法虽然分歧很大，但有一点是共同的，即这个“用”字真的有用，大有所用。不过，笔者总觉得这些解释都很枯燥，没有趣味。

笔者忽然想起专爱望文生义的王安石有则说“用”的趣谈，就拿这个故事来活跃活跃气氛吧。

王安石欲选一个书童，经过面试十分满意，但他还想再考一考，就拿笔写下一则谜语：

三山倒挂，两月相连；
上有可耕之田，下有长流之川；
一家有六口，两口不团圆。

小孩一看谜面，直乐得手舞足蹈：“这是个‘用’字，我被录用了！”

笔者也喜欢“望文生义”，想借王安石字谜中的“两月相连”来胡诌一下“用”字：

两月平列为朋，左右靠拢成用；
朋友碰碰就有，交友莫为利用。

［注］卫宏，东汉东海（今山东郯城西南）人，字敬仲，光武帝时官至给事中。作《毛诗序》《训旨》等。曾集西汉杂事，为《汉旧仪》四篇，今有清人孙星衍校辑本。

“乐”，逗人快乐

 甲骨文“乐”  金文“乐”  小篆“乐”

看到“樂(yuè)”，谁都“樂(lè)”。你道为何？笔者觉得这个字最有喜感，就是在逗人快乐。

“樂”由四个部件组成：上面“幺”“白”“幺”，下面一个“木”。从金文到小篆，其写法基本一致——木架子上头有一面大鼓和两串小鼓。

《樂记》曰：“感于物而动，故形于声；声相应，故生变；变成方，谓之音。比音而樂之，及干戚羽旄，谓之樂……象鼓鼙，鼓大鼙小，中象鼓，两旁象鼙也。”《说文》曰：“五声八音总名。象鼓鼙，木，虡(jù)也。”悬挂钟、磬的木架，其两侧的柱叫“虡”，悬挂的横梁叫“筍”。《殷墟文字》云：“从丝附木上(甲骨文的‘樂’当中无‘白’)，琴瑟之象也，或增白以象调弦之器，犹今弹琵琶阮咸者之有拨矣。”《金文诂林》谓“白”是拇指。“白”怎么是“拇指”，有点难以理解。《说文解字集注》云：调弦之器即“拨”；“拨”音与“白”相近。弹拨樂以拇指拨，其余各指为弹；拇指为大，大即为“伯”；“白”乃古“伯”字。由此可见，造字者真是脑筋动尽，煞费苦心，不得不令我等打心眼里佩服。

那么，“樂(yuè)”怎么又读作“樂(lè)”呢？笔者以为，听到了优美的音樂(yuè)，你不就感到快樂(lè)了吗？

琴·瑟·琵·琶

小篆“琴” 小篆“瑟” 小篆“琵” 小篆“琶”

有一副析字格对联：琴瑟琵琶八大王一般头面；魑魅魍魉四小鬼各自心肝。上联前四字，乃三种“弹拨弦鸣”之乐器。

《说文解字·琴部》仅琴瑟琵琶四字而已。琴，历史悠久，故有“古琴”之谓。据说，瑟比琴更早出现。本文先谈一下琴与瑟的关系，然后再说说琵琶这种乐器。

“琴”，古字写作“珡”，亦作“琹”。许慎曰：“珡，禁也。神农所作，洞越，练朱五弦，周加二弦。”许老先生的这一解释十分艰涩，后代学者只得再来加以注释。

（1）琴怎么会是“禁”？《白虎通·礼乐篇》云：“琴者，禁也，所以禁止淫邪，正人心也。”

（2）何为“洞越”？段玉裁说：“洞”当作“迵”，“迵”者，通达也；“越”谓琴瑟底之孔……琴腹中空而为二孔通达也。

（3）“练朱五弦，周加二弦”是指啥？《虞书》传曰：“古者帝王升歌，清庙之乐，大琴练弦。盖练者其质，朱者其色。”《广雅》云：“神农氏琴长三尺六寸六分，上有五弦，曰宫、商、角、徵、羽，文王增二弦，曰少宫、少商。”桓谭《新论》言：“文王、武王各加一弦，以为少宫、少商。”

“瑟”，许慎曰：“庖牺所作弦乐也。”徐灏《说文解字注笺》言：“庖牺造瑟在神农造琴之先。”那么，“瑟”是什么样子呢？《急就篇》云：“瑟，庖犧氏所作也，长七尺二寸，二十七弦，今则二十四弦。”《尔雅》

注云:“庖犧作五十弦,黄帝使素女鼓瑟,哀不自胜,乃破为二十五弦。”《尔雅·释琴》称:“大瑟谓之洒。”这就是说,瑟的弦比琴多得多。

琵琶本是“舶来品”。徐铉云:“(琵琶)义当用枇杷。”《释名》曰:“枇杷本出于胡中,马上所鼓也,推手前曰枇,引手却曰杷,因以为名。”

笔者以为,琴、瑟、琵琶虽为乐器,然四字之形皆逗人“乐”(lè),您不妨多看看,这些字都有点像乐呵呵的笑脸。

古人以鼓瑟操琴为雅,故,以琴入诗者尤其众多。清代学者魏源辑录古名联若干,“古琴亲畏友,老树当名山”则是其中之佳句。其意为:古琴与畏友亲近,老树与名山相对。(笔者注:“畏友”,朋友的品望庄重,使人敬畏;又称互相勉励、互相批评者为畏友。)

"不"，不易解说

甲骨文"不" 金文"不" 小篆"不"

"不"是个很难解说的字。难在哪里？其难有二：

(1)读音特多，有读bù，表是否定；有读fōu，古代姓氏，晋代有不準；有读fǒu，同"否"；有读fū，为"柎"的本字；有读pī，通"丕"，义为"大"。

(2)造字法有分歧，一说象形，近代王国维、当代郭沫若说它像花萼；另一说为指事，许慎、段玉裁等说"不"的顶部"一"犹天，下部像鸟"飞去而见其翅尾形"。

笔者以为，许、段所说之"不"，读bù，王、郭所说之"不"，读fū。不同的读音，就有了不同的造字法，也就产生了不同的字义。本文想从这方面略加阐述，纯属斗胆尝试，如有不当，敬请方家不吝赐教。

许慎曰："不，鸟飞上翔不下来也。从一，一犹天也。"段玉裁解释：其下部"象鸟飞去而见其翅尾形"。以上所言，归纳起来是说，鸟在天上飞翔时只见其翅尾，就是说它还没有落地的意思，因此，这个"不(bù)"是副词，用在动词"下来"的前面，表示否定。

在《诗·小雅·常棣》里有这样两句："常棣之华，鄂不韡韡(wěi，鲜明茂盛的样子)。"《郑笺》注："承华者曰鄂。"鄂即萼。王国维云："不者，柎也。"他说这里的"不(fū，即'柎')"是个名词，就是花蒂。郭沫若从甲骨文的"不"字进行分析，认为它从上到下像花的三个部分，即子房、花萼、花蕊，"余谓不者，象子房犹带余蕊；房熟则盛大，故不引申为丕；其用为不是字者，乃假借也"。

说到这里，笔者不得不喟然太息：以上两种释"不"，一个是副词，一个是名词；一个在天上，一个在地下；一个是飞鸟，一个是花朵；一个不下来，一个随手摘……它的字义差别咋就那么大呢！

附："不"与"很"的特殊功能

作为副词的"不(bù)"和"很"，有个特殊功能，就像石蕊试纸能测定酸碱度那样，可用它来判别名词、动词、形容词。

一般说来，形容词前面都可以加"不""很"。譬如："红"的前面可以加"很"，成为"很红"；也可以加"不"，成为"不红"。又如："好"的前面可以加"很"，说成"很好"；也可以加"不"，说成"不好"。据此可以得出这样的结论：凡在前面既可加"不"又可加"很"的，则是形容词。

在形容词前面，同时可加"不"和"很"，是个很特别的情况。比如："美"，可组成"不很美"，大概是说美得不够；也可组成"很不美"，那就惨了。

有一类词，前面只可以加"不"，却不可以加"很"。如"拿"，前面加"不"组成"不拿"；但不能加"很"，没听说有"很拿"的。又如"走"，可说成"不走"，但不能说"很走"。结论：凡在前面可加"不"，但不可加"很"的，则是动词。

至于名词，那是跟"不""很"二字无缘的，前面都不能加，一加就成了大笑话。例如："狗"，说"不狗"，不行；说"很狗"，现在不行，也许古时候可以，因为古文有"很"与"狠"相通的情况。

不过，也有的辞书认为名词前面可以加"不"。笔者觉得这个说法值得商榷。现举二例，以供讨论。

例一，"不法"。法是名词，加"不"组成"不法"，不是很通顺吗？笔者以为，"不法分子"是指"不守法的人"，这里的"法"是名词动化，即表示"守法"这个行为。

例二，"不花"。丈夫问："这些钱你花不花？"妻子答："不花。"这里的"花"不是名词(花草)，而是动词(花钱)。

解“结”

小篆“结”

小篆“缔”

小篆“纽”

近年来，“纠结”一词用得多了起来。《现代汉语词典》解释：纠结，互相缠绕，如藤蔓纠结。笔者以为，“纠”原本是指“绞合的绳索”，因而有言“纠缠不清”；而“结”的本意决不是“缠绕”。故，本文要来解“结”。

先看一下如今的字典、辞书是怎样解释“结”的。《现代汉语词典》说“结”，有一解是名词，指“条状物打成的疙瘩”。《辞海》释“结”第一义项：“用线绳等物打结或编织，亦指结成之物。”据此，我们可以想到一样宝贝疙瘩，它的名字叫“中国结”，就是用大红色线绳打成的结。

许慎等文字学家是怎样解释这个“结”字的呢？《说文》曰：“结，缔也。从糸，吉声。”《汉书·五行志》有句话是“带有结”（带子上打了个结），即为“缔结之结”。徐灏云：“凡以绳屈之为椎，谓之结。”

跟“结”密切相关的是“缔”和“纽”。许慎讲：缔，结不解也；纽，结而可解。我们知道，“结”有活结、死结之分。原来，可解的结叫“纽”；不可解的结叫“缔”。

有个词为“缔结”，往往是指订立条约，缔约双方都要受到约束、限制，不是随随便便可以解除条约的。

“纽”跟我们穿衣有关。衣服上有纽扣；纽扣又分纽子和纽襻（“纽襻”是指扣住纽子的套儿）。试想一下，“纽”这个“结”如果不可解，那不是要急死人！

现在再把话题回到“纠结”上来。我们如今挂在嘴边的“纠结”，其实是一种极为复杂的心情，很矛盾、很烦神，反反复复放不下，一时很难理得清。笔者想：心中纵有千千结，它都应该是活结，千万不能成死结，所以本文来解“结”。

若问：究竟怎样解结，从此不再纠结？

老子曰：“善结，无绳约而不可解。”（语见《道德经》第二十七章）他老人家的意思是说，你要学会打结，开始就要做好解结的准备；胡乱打结就会成死结。本文就用老子的这句话来作结。

“壶”说

甲骨文“壶”

本文题为《“壶”说》，读音如同“胡说”，似有自毁形象之嫌。究竟是不是“胡说”，这就揭开壶盖，把它倒出来，敬请读者诸君评判。

“壶”原写作“壺”，从甲骨文来看完全是壶的形状：上为壶盖，大而有余；中为壶身，敛口深腹，一侧壶嘴，一侧壶把；下为底座，稳稳当当。

《说文》曰：“壶，昆吾圜器也，象形。从大，象其盖也。”它本是古代圆形盛器，后来也有方形、扁形之壶。

许慎所说“昆吾”二字，当作何解？段玉裁云：“古者昆吾作匋。壶者，昆吾始为之。”他认为“壶”是由名叫“昆吾”的古者发明的。另一位文字学家王筠却说：“昆吾者，壶之别名也。昆读如浑，与壶双声；吾与壶叠韵。”（见《说文释例》）“昆吾”究竟是壶名还是人名，段、王各执一词，咱们没这个能力作出判断，也只好当作悬案，就让它悬着吧！

说到这里，让我们想到带有“壶”字的、我们觉得印象最深的两个词：悬壶、玉壶。

先说“悬壶”。这个词特指行医、卖药，本是对医家的褒奖之语。与这个词相关的还有一则神话故事。据南朝宋人范晔《后汉书·方术列传下·费长房》记载：“费长房者，汝南人也。曾为市掾。市中有老翁卖药，悬一壶于肆头，及市罢，辄跳入壶中。市人莫之见，惟长房于楼上睹之，异焉，因往再拜……遂能医疗众病。”由“悬壶”而产生成语“悬壶问世”“悬壶济世”。孙中山《革命原起》：“及予卒业之后，悬壶于澳门、羊城两地以问世，而实则为革命运动之开始也。”端木蕻良《乡愁》：“我之悬壶问世，多半都是志在济世活人。”

再说“玉壶”。唐人王昌龄有《芙蓉楼送辛渐》诗云：“寒雨连江夜入吴，平明送客楚山孤。洛阳亲友如相问，一片冰心在玉壶。”这里的“玉壶”乃喻品行高洁，胸怀宽阔。据《唐才子传》等书记载，王昌龄曾因不拘小节，“谤议沸腾，两窜遐荒”。唐玄宗开元二十七年(739年)，他被贬岭南，次年北归任江宁丞，几年后再次被贬谪到更远的龙标。身处众口交毁的恶劣环境之中的王昌龄，在送友人辛渐时，却以玉壶中之冰心自喻，足见诗人之高风亮节。自此之后，“玉壶”一词即成为“一片冰心在玉壶”这一千古名句的代称。例如，明代何景明《送张子之浙江》诗中有句言：“张子别我吟玉壶，荷花五月下江湖。”

“壶”另有一解，通“瓠”。《诗·豳风·七月》云：“七月食瓜，八月断壶。”此“壶”乃瓠瓜，也叫葫芦。

有姓“壶”者。汉武帝时有位上大夫叫壶遂，他曾与司马迁等人进行历法改革，还因是不是要撰著《史记》之事，与司马迁发生过一场大讨论呢。由此可见，即使姓壶，也不见得糊涂唷！

谈“歌”

小篆“歌”

有位朋友问笔者：歌曲的“歌”为什么从属于“欠”部，“哥欠了谁的？”

“歌”，从欠，哥声。“欠”的本义并不是“亏欠”，更没有“欠债”之意，这些都是它的引申义。

“欠”字“象气从人上出之形”，即张口出气，表示“打哈欠”这一生理现象。段玉裁解释：“今俗曰哈欠。又欠者，气不足也，故引申为欠少字。”（笔者注：少者，欠多也，这才有了“亏欠”之义。）

一般说来，歌唱家总是中气特别足的。那为什么“歌”字会属于表示气不足的“欠”部呢？这是个很有趣的问题。笔者以为，这要从“歌”是怎样形成说起。

《释名》曰：“人声曰歌。”人的什么声音才能称作“歌”呢？演化论告诉我们：劳动创造了人。劳动是很累的，干活一累就要“哼”；哼的声音大一点就成了“喊”；喊的调门高一点则称为“号”；号出节拍是为“吟”；吟得波澜起伏即称“唱”；唱的内容得以流传便成“谣”；谣配上乐（指谱写乐曲，配以乐器），这才称得上“歌”。从上述每个节点来看，都得“张口出气”，它不从“欠”，从属什么！

从“谣”到“歌”，是一个关键性的转折点，从此，歌曲便登堂入室。

《古乐府》有注："齐歌曰讴，吴歌曰歈，楚歌曰艳；奏乐曰登歌，曰升歌。"请注意升歌的"升"字，一上升，就升成了统治者寻欢作乐的首选节目，继而出现专门用来替帝王将相歌功颂德的"赞歌""颂歌"。

也许有朋友会问，自古至今为什么总是有人热衷于唱"颂歌"？我们在这方面研究不多，无法说清。思来想去，我们觉得宋人王谠在《唐语林·雅量》里的一句话颇为耐人寻味："往往令倚嫔御歌，必为奇巧声动上，由是得幸。"

说“金”

小篆“金”

近日，有位朋友问笔者：“金”字能不能谈出点有趣的事？于是笔者心头一热，就写它一则《说“金”》，尽量拣一些我们以为有趣的内容说说。

（1）“金”的造字法。“金”是个部首字，而且是个大部；但它本身是个形声字，属于“土”部（金生于土中），读音为“今”。那么，“土”中两旁各有一点，又为何意？此乃指事之笔，像金粒散在土中。

（2）“金”的本义。我华夏先民释“金”，本义有二：

其一，“五色金也”，即金属之总名。颜师古曰：“金者五色，黄金、白银、赤铜、青铅、黑铁。”

其二，专指黄金。许慎曰：“黄为（金）之长，久埋不生衣，百炼不轻，从辛不违。”何谓“久埋不生衣，百炼不轻？”段玉裁云：“此二句言黄金之德。谓顺人之意以变更成器，虽屡改易而无伤也。”何谓“辛”者？《疏》云：“金之气味。金之在火，别有腥气，非苦非酸，其味近辛，故云金之气味。”

（3）“金”是一种化学元素，符号Au，原子序数79。值得一提的是，晚清时有位英国人竟帮我国创造了许多“金部”汉字。在汉译的《元素周期表》中，有88个元素都是“金”字旁的（包括“金”），约占111个元素的79%。众所周知，流行于世界的化学元素名原本是拉丁文，时任江南制造局工程师兼翻译的英国人傅兰雅（译音），在为我国设计大船的时候，感到汉字里没有化学元素的文字很不方便，于是凭着他的中文功底，和他的中国助手徐寿等人一起，以与化学元素的拉丁读音相近的汉字，加上“气”“石”“金”作偏旁部首，这就形成许多新的中国文字。

（4）“金”姓溯源。“金”乃大姓，在《百家姓》中列第29位，最新人口普查结果显示，我国大陆现有金姓者约占汉族人口的0.31%，排序第69位。

“金”姓之源较多，主要有两支。最早的一支源于上古时的少昊帝。《风俗通义》云：金姓乃“少昊金天氏之后”。少昊是古代东夷族首领，按照古人的五行学说，土生金，以金德王，故号金天氏。另一支出自匈奴休屠王之子日磾之后。金日磾（前134—前86年），西汉大臣，字翁叔，本是匈奴休屠王太子。武帝时从昆邪王归汉，赐姓金氏，任马监，迁侍中。昭帝即位，与霍光、桑弘羊等同受遗诏辅政。此外，民国后，不少清王室成员改“爱新觉罗”为金姓。

（5）关于“金”的趣事还有很多，难以一一罗列，这里选取三例：

“一字千金”“一饭千金”中的“金”，那都是“铜”。在我国古代，铜是很值钱的。宋代大文豪苏轼做官早期曾二次犯错（皆因对上司不恭），每次都罚铜八斤。

明末清初，大名鼎鼎的文学批评家金圣叹，他本不姓“金”，而姓“张”，初名采，又名喟，字若采，明亡后改名人瑞，字圣叹。

地质学有一专用名称叫“全球界线层型剖面和层型点”。这个名称太复杂，人们简称它为“金钉子”。

“金钉子”之名源于美国的铁路修建史。1869年5月10日，美国首条横穿美洲大陆、全长1776英里的铁路胜利竣工，钉下的最后一颗钉子是用18k金制成的，这就成了美国的“金钉子国家历史遗址”。在我国浙江长兴煤山地质公园内，有“全球二叠—三叠系界线层型”，它是划分全球古生界和中生界之间的界线时所依据的“金钉子”。

笔者在长兴玩“农家乐”期间，曾去参观地质博物馆，为目睹“金钉子”尊容，便兴冲冲爬上山。谁知走近一看，哪有什么18k金的钉子，就是一条红线而已。

附：“金日磾”怎么读？

日前，在某旅游景点，见一处设有姓氏溯源摊位，顿时兴起，花一块钱买了条“金氏谱系”。那位摊主为吸引顾客，热情拉着金德生的手，大声讲解起来：“你们老金家古代出过大官，汉武帝的时候有个叫金日磾（他把‘日磾’二字读成rì dàn）的，可了不得，他可是汉武帝的托孤之臣……”

“朋友，你把他的名字读错啦，‘日磾’二字不读rì dàn，应该读成mì dī。”

“啊……”摊主一下子哑了壳，引得围观者大笑不止。

读“盥”

小篆“盥”

2013年三四月间，上海爆发了“禽流感”，卫生部门随即对市民加强了防疫宣传，要求人们勤洗手，常消毒，不接触活鸡活鸭等禽类，肉类食品要烧透烧熟才吃。

人手，司接触他物之职，是病菌、病毒传播的主要途径，所以，人们要养成勤洗手的良好习惯；不仅要经常洗手，更重要的是要学会洗手。据观察，有些人手是洗的，但洗得比较马虎，该怎样洗手，很不得要领。本文就通过读“盥”，来和各位谈谈洗手之事。

“盥”字由三部分组成：下部是“皿”；上中部为“水”；“水”的左右为两只手。“盥”是个会意字，表示水冲洗双手后流到下面的盘子里去这一过程。从这个字的造字法可以想见，古人对洗手是多么讲究。

《说文》曰：“盥，澡手也。从臼水临皿。《春秋传》曰：奉匜沃盥。”这里提到的“匜”，是我国古代的一种盛水器具，形如瓢，前端为流，后部有耳，底下有足。所谓“奉匜沃盥”，段玉裁作了详细解释：“匜者，柄中有道可以注水。沃者，自上浇之，盥者手受之而下流于槃，故曰臼水临皿。此引传说字形之意。”

说到这里，应该强调一下，用匜注水浇手，这是很讲卫生的做法，流到盘子里的水就是脏水，不得再把手伸进去了。

古人洗手之后，在通常情况下是不用手巾擦的，而是“挥手令干而已”，目的是防止手巾不洁。不过，老人不宜长时间手湿，故，“敬老则盥卒授巾也”（语出段玉裁《说文解字注》）。

“盥”字，四五十年前还是常用字，如复旦大学学生宿舍的洗漱间就称作“盥洗室”。可是现在不常用了，唯某些“较雅的场所”，如大酒店、大商场的厕所才称作“盥洗室”。变化何其大也！

我们以为，今人不妨多用用“盥”，诸如“盥漱”“盥洗”等，让大家从这个字的解读中悟出讲究卫生、认真洗手的道理来。

“沐”“浴”有别

小篆“沐”

小篆“浴”

“沐浴”是洗澡的书面语。古人认为，发肤受之父母，“沐浴”非同等闲，还把它列入皇历的宜忌之中，绝不可以随心所欲。

然而，“沐”和“浴”是有区别的。许慎在《说文》中说，“沐，濯发也”“浴，洒身也”。

古人是非常讲究卫生的，所以，身体各部位的清洁工作各有专门名称。《论衡·讥日篇》云：“沐去首垢，洗去足垢，盥去手垢，浴去身垢。”

问“鼎”

甲骨文“鼎”金文“鼎”小篆“鼎”

“问鼎”一词，语出《左传·宣公三年》：“楚子（楚庄王）伐陆浑之戎，遂至于雒（周之都城，今河南洛阳），观兵于周疆。定王使王孙满劳楚子，楚子问鼎之大小轻重焉。”三代以九鼎为传国宝，楚子问鼎，有觊觎周室之意。又有成语“问鼎中原”，源出与前同。周大夫王孙满向楚子介绍了九鼎之历史，说明得天下“在德不在鼎”，今“周德虽衰，天命未改，鼎之轻重，未可问也”（意为不可图谋帝王之位）。楚庄王听后便打消觊觎周室之念，随即楚军退去。

拙文题为《问“鼎”》，并不在于对成语“问鼎”的溯源，而是谈谈有关“鼎”字在构造上的悬疑。

关于“鼎”的造字法历来有诸多争议，主要集中在这个字的上部——“目”究竟是什么。

先来看看《说文》对“鼎”的解释：“鼎，三足两耳，和五味之宝器也。昔禹收九牧之金，铸鼎荆山之下，入山林川泽，螭魅蝄蜽，莫能逢之，以协承天休。《易》卦：巽木于下者为鼎，象析木以炊也。籀文以鼎为贞字。”

对于“鼎”的下部“象析木以炊”，向来无异议，但笔者以为此言比较含糊：所谓“析木”，即“木胖（pàn，一物中分为二之义）而生‘爿’与‘片’二部分”。木剖成左“爿”右“片”，是作炊具的支架，还是拿来当柴板烧火？依笔者之见，左“爿”右“片”属象形，像鼎的三足。

至于上部“目”是什么，大致有一“日”、二“贞”、三“鼎腹”之说。

“目”为“日”，仅是殷墟卜辞里的不同写法，没多大探讨价值。

“目”为“贞”又有两种说法。一是表示“鼎”的读音是“贞省声”；二是“鼎贞古文相通”。王国维《史籀篇疏证》云：殷墟卜辞中“鼎”的字形与“贞”同，“其文皆云卜鼎，即卜贞，此以鼎为贞者也。古金文鼎字多有上从卜如贞字者……盖贞鼎二字形既相似，声又全同，故自古通用”。

笔者倾向于“目”表示“鼎腹”这一看法。《句读》：“此篆可谓为通体象形，目其腹也，（下部字符）之左右上扬者，耳也，下则足也。”笔者以为，“目”的外框就像“和五味”的器皿，里内之两横用以表示烹煮之物。综上所述，若问“鼎”是什么？简言之，上是青铜器皿，内有牛羊之肉；下为三足支架，以利添柴烧火。

最后再补充两点：一是商周时期的鼎多为青铜所铸，但也有材质是陶土的；二是三足鼎较多见，亦有四足之鼎，后母戊鼎[注]即为一例。

[注]“后母戊鼎”过去称作“司母戊鼎”，现经考证，“司”字乃“后”字之误。该鼎系商王祖庚或祖甲为祭祀其母戊所制，现藏于中国国家博物馆，其全称为“后母戊大方鼎”。

说“鱼”

甲骨文“鱼” 小篆“鱼”

经测定，地球表面近70%系水域。水域辽阔，则“水虫”众多。不过，“水虫”并非一族，有鳞者是鱼龙，披介者为龟鳖，硬壳者有虾蟹，软体者属贻贝……其中，鱼是最有代表性的“水族”。许慎曰：“鱼，水虫也。象形。鱼尾与燕尾相似。”

许老先生释义向来是惜字如金，偏偏在释鱼时要加上“鱼尾与燕尾相似”这句话，这是为什么呢？徐锴指出：“下灬，象尾而已，非水火之火字。”按理说，稍有点文化的人都不会把“魚”的四点当作“火”，然而，自以为对汉学颇有研究又特别喜欢到处题字的康熙皇帝，就曾犯过把鱼尾的四点当“火”的错误。

康熙题写“花港观鱼”时，来了个“有意错”，特地将四点写成三点。这是因为康熙信佛，有好生之德。他觉得“鱼”字下面的四点不好，鱼在火上烤，怎能活得了？这可是杀生啊！于是少写一点——三点为“水”，这样鱼便能在西湖里畅游了。

乾隆对康熙的“三点之鱼”这个错字是心中有数的。他为了维护爷爷的颜面，曾于“花港观鱼”处作诗一首，刻在康熙御碑的背面。诗曰：“花家山下流花港，花著鱼身鱼嘬花。最是春光萃西子，底须秋水悟南华。”请注意：最后一句中的“底须秋水”四字，不仅在为康熙写错字辩护，还叫众人要去“悟”其中的道理，真是岂有此理！

《说文解字·鱼部》有百余字，大多数是鱼的品名，其中最熟悉的要算“鲤”。《诗·小雅·鱼丽》篇有“于罶鰋鲤”之句（“罶”，捕鱼的竹篓子）；

孔夫子有儿名孔鲤；有成语“鱼龙混杂”，此鱼即鲤。《太平御览》引《辛氏三秦记》：“河津，一名龙门……江海大鱼洎集门下数千，不得上，上则为龙，故云曝鳃龙门。”每逢阳春三月桃花烂漫时节，数千尾黄河大鲤鱼奔赴龙门，逆流而上，翻腾跳跃，煞是壮观，于是就有了“鲤鱼跳龙门”一说。

古人认为人是鱼变的。笔者以为，此论也许有一定的道理。传说中的人类始祖伏羲和女娲，他们的画像都有鱼尾。大禹的父亲名“鲧”，按《说文》的解释，“鲧，鱼也”。《拾遗记》有“禹父鲧化为玄鱼”之言。是时，舜令鲧治水，结果失败。你想啊，叫鱼去治水，能治好吗，水治好了鱼的生存空间不就小了吗？此后，舜又让禹去治水。《字林》云，“禹，虫也”；《玉篇》说他是“知声虫也”。我们看看这个“禹”字，它当中还真含有个“虫”字呢！由此可以想象，“禹”这条“知声虫”，虽是鱼养出来的，但他明白舜治水的决心（知声），于是受命后“三过家门而不入”，专心工作，终于把水治好了。

以上这些神话传说，都是讲人是从鱼变成的。现代生理学告诉我们，人的胚胎就有一个像鱼苗的过程。此外，还可以找出一条“人就是鱼”的佐证，即“鳏”字。

“鳏”，大鱼也。《孔丛子·抗志篇》曰：“卫人钓于河，得鳏鱼焉，其大盈车。”可是，现在这个“鳏”则是丧偶男子的代称，是为“鳏夫”。这是什么原因呢？《韩诗外传》这样解说：“东海之鱼名曰鳏，比目而行，不相得不能达。”徐灏按：“古借鳏为鳏寡字，盖取此意，鳏比目而行，因谓独处无匹者为鳏也，妻称寡，则鳏专谓夫矣。”

尽管如是说，人毕竟是人，鱼毕竟是鱼。鱼是大自然赐给人类的不可或缺的肉食品。孟子曰：“鱼我所欲也，熊掌亦我所欲也；二者不可得兼，舍鱼而取熊掌者也。”那时不提保护野生珍稀动物，他老人家可以啃啃熊掌。今人是绝对不能干这等违法之事，应该“舍熊掌而取鱼也”。

每到大年三十晚上，家家户户吃年夜饭时都得有一条红烧鱼。这盆鱼一般说来只是摆摆样子的，要等开年再吃。这里面还有个口彩，就叫做“年年有余”。

解“蟹”

小篆“蟹”

2014年秋，螃蟹大丰收，适逢“习八条”贯彻甚为严厉，销路锐减，故蟹价较往年有大幅下降。重阳节那天我等去昆山探望亲戚，主人即以太湖蟹招待，四两大的公蟹，每只仅二十五元，众人都说便宜。

笔者爱侃大山，螃蟹吃得慢，话就特别多。于是，在众人要求下，借物发挥，来解一解螃蟹的“蟹”字。

“蟹”，虫属，“解”是读音。古人给它起这个名字，是因为蟹全身长着甲壳。根据阳澄湖蟹农介绍，“中华绒毛蟹”（俗称“大闸蟹”）从小到大要脱壳18次。《尔雅·翼》有这样一句话：“字从解者，以随潮解甲也。”每解一次甲壳，蟹就长大一些。为什么要在“蟹”字前面再加个“螃”字呢？《周礼·冬官考工记·仄行》篇中解释：“仄行，蟹属。”就是说，蟹的习性是侧行，即旁着行走，则加一“螃”字，读成“螃蟹”，声音起伏，特别好听。《尔雅·翼》又说：“蟹八跪而二螯。八足折而容俯，故谓之跪，两螯倨而容仰，故谓之螯。”这里所说的“跪”，就是蟹爪；“螯”就是蟹钳。

“请问，《荀子·劝学》里有‘蟹六跪而二螯’之语，他老先生是不是说错了？”爱读古代散文的某君发问。

“荀子没说错。蟹有好多种，其中有一种叫‘蛫’（音‘鬼’），就是

‘六跪’之蟹。不过，蛫‘有大毒，不可食’，请爱吃蟹的要多加小心。”听了笔者的这番话，众人顿时警惕起来。

“大家不必惊慌，我们吃的是中华绒毛蟹，它是蟹类当中的优良品种，经过‘第一个吃螃蟹的人’的尝试，国人都已吃了几千年，你们尽管放心品尝吧！”

接着，笔者以蟹族中的品种优劣为由头，对“一蟹不如一蟹”这个成语来了个追根溯源。这则成语最早见于《圣宋掇遗》，其中说道：“陶谷奉使吴越。忠懿王宴之，以其嗜蟹，自蝤蛑至蟛蚏，凡罗列十余种。谷笑曰，真所谓一蟹不如一蟹。”

苏轼写过一篇《艾子杂说》，文曰：“艾子行于海上，见一物圆而扁，且多足，问居人曰：“此何物也？”曰：“蝤蛑也。”既又见一物，圆扁多足，问居人曰：“此何物也？”曰：“螃蟹也。”后又得一物，状貌皆若前所见而极小，问居人曰：“此何物也？”曰：“彭越也。”艾子喟然叹曰：“何一蟹不如一蟹也！”

吃螃蟹历来是很有讲究的。至于吃蟹要注意些什么，就请大家读一读《红楼梦》中贾宝玉的《螃蟹咏》吧：

持螯更喜桂阴凉，泼醋擂姜兴欲狂。
饕餮王孙应有酒，横行公子却无肠。
脐间积冷馋忘忌，指上沾腥洗尚香。
原为世人美口腹，坡仙曾笑一生忙。

从“折”字看“隶变”

金文“折”

有一位朋友问，在《说文解字·手部》怎么查不到“折”这个字？答：“折”字不在《说文解字·手部》，而在《说文解字·艸部》。

“折”咋会划在“艸”部？许慎告诉我们，“折”字写作以“斤”断“艸”（见金文“折”），义为“断也”。另有一说：籀文写作从“艸”在“仌（冰）”中，冰脆易折。

那么，“折”字怎么会由左“艸”右“斤”变成左“扌”右“斤”呢？段玉裁说：“从手从斤，隶字也。《九经字样》云，《说文》作从艸从斤，隶省作折。”原来，“艸”成了“扌”，是“隶变”所致。

何谓“隶变”？就是汉字的书写方法由篆书变为隶书。“隶书”亦称“佐书”“史书”。《四体书势》云：“秦既用篆，奏事繁多，篆字难成，即令隶人（指胥隶）佐书，曰隶字。”时有胥隶程邈者，将这种书写体加以搜集整理，于是就有了程邈创隶书的传说。

“隶变”是汉字书写史上具有革命性的转折点，其显著变化是将小篆的圆匀线条改为点、横、直、曲、撇、捺、挑、钩等笔画，从而使汉字真正成为方块字，所以有“隶书者，篆之捷也”之说。

由于隶变，“折”的左半部——原先的上下两个“屮”（读作chì），线条拉直后就成了“扌”，这就写作“折”了。

“折”，现今有三读，分别为：shé、zhē、zhé；解释其义计有近二十项，皆由“断”这个本义引申而成。不过，有的引申义转的弯子很大，较为费解。

例如“折（shé）本”，它是亏本的意思，这和“断”有什么联系呢？若某商品原价100元，九折是90元，八折是80元……吴语区称打折成交为“拗断”。打折过多，这么一“拗断”，卖家就赔钱了。

再如“折（zhē）腾”的“折”，当“翻转”解，也指把物体由一个容器倒入另一容器。你想啊，如果把一样东西翻来覆去、没完没了地倒进倒出，岂不折腾煞人！

顺便说一下，“折（zhé）”有个异体字“摺”，指“摺子”，如奏摺、存摺；亦指“摺叠”，如摺扇等。

某文友为查一个“折”，竟然遭受一番折腾；尽管笔者引经据典，作了这番解说，但总觉得心里没底，也可能是七折八扣，没说明白。抱歉！抱歉！

“兵”不是“丘八”

甲骨文“兵” 小篆“兵”

有“妙解”文字者云：“兵，上丘下八。”这种析字法完全是望文生义，不足取。

《说文》曰：“兵，械也。从廾（gǒng）持斤，并力之貌。”段玉裁注：“械者器之总名。器曰兵；用器之人亦曰兵。下文云，‘从廾持斤’，则制字兵与械同意也。”从金文或小篆看，“兵”字是由上“斤”下“廾”构成。“斤”是短斧；“廾”表示双手。它的本义是指武器，也指持兵器的士卒。故，“兵”的字形构造原本与“丘”“八”毫无关系。

后来发现的甲骨文中，“兵”字上部是一个折了的箭头，世人多有不解。李孝定在《甲骨文字集释》中说：“契文从（折了的箭头）之字甚多，旧均不识，自唐（兰）氏释此为斤，乃得豁然贯通。字从两手持斤，乃兵古文。许训械，以为凡兵（器）之称，乃其引申义。”原来如此。

顺便说两件与“兵”相关的事。

（1）我国以金属制作兵器的历史相当悠久。据《世本》记载：“蚩尤以金作兵。兵有五，一弓，二殳，三矛，四戈，五戟。”

（2）有个成语叫“草木皆兵”，初见于《晋书·苻坚》：“望八公山上，草木皆类人形。”后由“望八公山上草木，皆以为晋兵”一语（语出《资治通鉴》），浓缩为“草木皆兵”这则成语。

“射”不是“寸身”

甲骨文“射”

金文“射”

小篆“射”

《说文》里有“身”部，但“身”部仅“身”“躯”二字，没有“射”字（《辞海》《现代汉语词典》等“射”在“身”部）。那么，它属《说文》的哪个部呢？归入“矢”部，写作左“身”右“矢”，解释为“弓弩发于身而中于远”。然而，从甲骨文到钟鼎文，这个字都画成“张弓注矢”的形象。正像王筠在《说文释例》中说的那样：“弓形矢形以手挽强之形皆具矣。”可是，这个字后来不断演变，“弓”变为“身”，“矢”成了“寸”。必须说明的是，“寸”作为字的部件，相当于“手”。诗曰：“射人先射马，挽弓当挽强。”这不是非常形象地告诉人们，“射”就是弯弓搭箭扣弦击发吗！

有人认为，“射”为寸身，“寸身”则短；而“短”为矢豆，以矢击豆（“豆”乃“壶”），“矢豆”应该为射。言下之意，“射”与“短”应该对调。其实，“短”的原义是箭的长度与弓的长度相比较，《徐笺》：“古者弓长六尺，箭杆长三尺。故度长以弓……度短以矢……故短从矢而豆为声，豆短双声也。”再说，“射”“短”二字已沿用了数千年，约定俗成的事就别翻烧饼瞎折腾了。

在“射”的诸多意义中，有一义为“猜度”。《吕氏春秋·重言》曰：“‘有鸟止于南方之阜，三年不动，不飞，不鸣，是何鸟也？’王射之曰……”这里的“射”就是“猜”。正月十五民间习俗打灯谜，猜出谜底叫“射中”，射中灯谜有奖品。

如果您爱猜谜语的话，笔者出个谜语请您猜猜看（打一字）：

长的有六尺，短的三十寸，长的弹力足，短的出手准。

（谜底：甲骨文“射”字）

“重”不是“千里”

小篆“重”

“重”有两读：一读chóng，如重阳、重庆；二读zhòng，如：重量、重要。因读音有二，则释义纷繁，词类亦多，可兼作名、动、形、副、量等五类。笔者向来喜欢长话短说，碰到如此复杂之“重”，颇有压力重重之感，这便如何是好？思来想去，忽然计上心头，咱就来说说“重”这个字的古今之异吧！

首先谈谈“重”的写法。今正楷之“重”，写作上“千”下“里”。故，有人颇感疑惑，以为：“千里”义当为“远”，何“重”之有？亦如“寸身”应是“短”，而“矢豆”才是“射”，分明把字造错了。这些看法非但因望文生义所致，而且是不知汉字之起源和演变的缘故。其实，古文“重”是个会意兼形声字，它“从壬東声”（见小篆“重”），义为“厚也”。徐锴曰：“壬者，人在土上，故为厚也。”由此可见，从“壬東”成为“千里”，应该属于因“隶变”而引起的伪讹现象。

其次，谈一下读音问题。段玉裁云：“（重者）厚也，厚斯重矣，引申之为郑重，重叠。”上述所举“郑重”“重叠”二例，当是前者读zhòng，后者读chóng。可是，许慎在《说文》中注的是“东声”（柱用切），没有二读，这是为何？对此，宋育仁在他所著的《说文解字部首笺正》中有具体说明：“厚者重叠之义，凡物重叠则权重。古音重叠与轻重无二义，亦无二音。”如此说来，“重”分二读乃是后人细化所致。现既已分化，则“重(chóng)阳”就不能读成“重(zhòng)阳”了。

这里，再举五个带“重”字的词说一下，也许还能增添一点趣味。

(1)重刚。这是《易经》之语。《易·乾卦》有云：“九三重刚而不中”。因单数为阳，“九三”上下俱阳，故重刚也。以此类推，农历九月初九，那可是阳之又阳，阳到顶了，故称“重阳”。

(2)重席。重席是指重叠的垫席。古者席地而坐，天气寒冷时，坐在地上是会受凉的，这怎么办？《礼记·礼器》对此有所交代：“天子之席五重，诸侯之席三重，大夫再重。”垫屁股的东西也是如此等级森严呀！

(3)重庆。我国西部地区，今有直辖市重庆，谁人不知，何人不晓？然而，旧时“重庆”之义是指祖父母、父母都健在，一家人共享天伦之乐，何等喜庆啊！

(4)重身。重身是指又高又胖的大个儿，当然身体分量特重。这样的理解是错的。这个词的本义是指怀孕，语出《素问·奇病论》：“人有重身。”

(5)轻重。《增韵》云：“重者轻之对也。”任务(担子)有轻有重，如果把二者组成“轻重”一词，难免有的人会“避重就轻”。古人早有应对办法——《礼记·王制》曰：“轻，任并；重，任分。”这一并一分，就能达到相对均衡，“拈轻怕重”者也就没空子可钻了。

“保”不是“人呆”

甲骨文“保” 金文“保” 小篆“保”

“保”这个字，现在用的地方很多，如“社会保障金”“保障房”等。于是，我们就琢磨起这个“保”字来。许慎曰：“保，养也。”《辞海》中“保”的第一义项就是“养”“育”。我们对“保”的本义并无异议。不过，我想从这个字的结构方面谈点看法。

《九经字样》里说：“保……从人从子从八。”这让我们疑窦顿生：明明是左“亻”右“呆”，怎会右边成了“从子从八”？于是我们翻阅蒋人傑先生著的《说文解字集注》，茅塞顿开。

原来，“保”的字面意思就是大人背着小孩，从甲骨文可以看出，它的右半部是个“子”（上“口”下“十”），就像个襁褓中的婴儿，用上海话说就是“裹在蜡烛包里的小囡”。那么，“从八”又是什么？李孝定在他的《甲骨文字集释》中说：“《召诰》曰，抱者裹于前，保者负于背……（金文‘保’字）多一饰笔耳。”噢，右半部如果只写“上口下子”，显得有点单薄，摆不平，于是添上撇点、捺点这两笔装饰性的笔画，“保”不仅好看，而且四平八稳得让人放心，这样就保得住了。其实，加装饰性笔画是金文中常见的，犹如今人所谓美术字是也。

如今，人们对“社保”的意识越来越强了；政府官员果真把“该保则保”之类的口号逐渐化为行动，那就是民众的一大幸事。愿“社保”日趋完善，真正做到“应保尽保”，切莫像“饰笔”那样，只是装饰装饰而已呀！

"朕"本指船缝

甲骨文"朕" 金文"朕" 小篆"朕"

"朕"这个字是什么意思？许慎在《说文》里仅书一"阙"字，表示不解。（"不解"就是不便解释。"朕"为皇帝专用，谁敢乱作解释。）

其实，在许慎著《说文》之前，"朕"已有多种解释。最早的解释是指"舟缝"（船上的缝隙）。《考工记·函人》曰："视其朕，欲其直也。"戴震注："舟之缝理曰朕。"我们从"朕"的甲骨文、金文、小篆看，它的部首是"舟"，右半部下为双手，上部则表示纹理（小篆右上方的"火"是表示龟壳经火烤后出现的裂纹）。

舟上出现裂缝，哪怕是很微小的缝，都是很危险的事，于是"朕"引申出"兆"这一义。（《庄子·应帝王》有言："体尽无穷，而游无朕。"注：朕，兆也。）后来出现"兆朕""朕兆"等词，则表示预兆，故要防微杜渐，不可掉以轻心。

郭沫若对"朕"字另有一番研究，他认为：甲骨文"朕"的右半部是整体会意，"象双手奉斧"；金文有从"八"者，八即表示分别、剖开之意；小篆从火应属缝的形状之伪变；（朕）像两手奉器衅舟之形，故引申之，兆预亦谓之朕。

那么，"朕"指代第一人称作"我"解，又是怎么来的呢？据段玉裁讲，有"妄人"在《说文》释"朕"条的"阙"前加了"我也"二字，这是"未知许说之例也"。他的意思是说，许慎既已用了"阙"，就不会再作解释。《尔雅·释诂》曰："朕，我也。"其注云："古者贵贱皆自称朕。"

这就是"朕"即"我"的依据。"朕"字成了皇帝的专利是从秦始皇开起的。《史记·秦始皇本记》曰:"天子自称曰朕。"

辛亥革命推翻皇权,"朕"字再也不是皇帝的专利,而应该回归到"无分贵贱,皆可称朕"的原始状态才是。这不,前些时日传出这样一则趣闻:江苏武进有一位高考女生的姓名就叫"是朕"。笔者以为,起这个名字尚无不可,而且很有趣味。如有人问"'是朕'是谁?"女孩回答:"'是朕'是我!"确切无误,毫不含糊。

最后补充谈个想法。笔者以为,"朕"不单单是一个字,它既可作为"形部",也可作为"声部",如"勝"、"騰"、"滕"、"螣"(传说中的一种会飞的蛇)、"鰧"(一种鱼的名称)等,都近"朕"声。各位文字爱好者以为如何?

"威"为何从女

小篆"威"

查现在的权威辞书，无论是《现代汉语词典》，还是《现代汉语规范词典》，乃至《辞海》，"威"字都在"戈"部。果真是这样的话，组成"威"的三构件岂不是"戈、人、女"了吗？这样的造字初衷，让人实在无法理解。

《说文》把"威"划分在"女"部，其解释是："（威）姑也。从女、从戌。《汉律》曰：妇告威姑。"徐锴云："土盛于戌，土阴之主也，故从戌。"《尔雅·释亲》云："姑谓之威者，犹今之称父为家严。"清代学者罗汝怀在《说威》中说："威姑者犹严父之谓。妇之畏姑如子之畏父，故威之为义专属于姑，而引申为凡有畏之称。"

"威"作"威姑"解，究竟是不是它的本义？《左传·襄公三十一年》："有威而可畏谓之威。"这就是说，"威"的意思是"令人畏之"。《周书·谥法》："强毅信正曰威，猛以刚果曰威。"那么，表示威严、刚毅之义的"威"字为什么要从属于"女"部呢？清学者于鬯《说文职墨》云："从女者，犹从心也，凡从女从心之字多同（以'媿'又作'愧'为例）。然则威之本训当为畏。"

究竟是由"威姑"而"引申为有威可畏"，还是因"可畏"才引申出令儿媳妇害怕的"威姑"？文字学上的这一千古讼案，恐怕是无法作出公断的了。

不过，现今的字典辞书将"威"字列入"戈"部，前人也曾有所言及。林义光（？—1932年）在《文源》里说道："（威）从戈，象戈戮人女见之，女畏慑之像。"若依此说推之，则权威、威望、威信等是建立在杀戮的基础上的，岂不是相当恐怖吗！

“笨”的本义不是“愚”

 小篆“笨”  小篆“筤”  小篆“筠”

一看到“笨”，通常会将它与“愚”画等号，这就产生了“愚笨”一词。智力差者，称之为笨头笨脑；不灵巧者，则叫他笨手笨脚；不善言辞的，谓之笨口拙舌；只会干粗活的，就说他愚笨如牛……

这可把“笨”字给冤枉死了，它原本之义跟“愚”毫不搭界。那么，“笨”的本义是什么呢?《说文》曰：“笨，竹裹也。从竹本声。”徐锴云：“笨，竹白也。”换言之，“笨”是名词，指竹子的内层，通称“竹黄”。

有竹裹，就有竹表。竹子的表皮叫“筤(mǐn)”。《广雅·释草》曰：“竹其表曰筤，其裹曰笨。”段玉裁解释“筤”：“竹肤也。肤，皮也。析可用者曰篾。”他告诉我们，竹子的表皮可劈成篾条。

“筤”的俗称是“竹青”；有个雅号为“筠”。《篇海》云：“(筠)竹肤之坚质也。竹无心，其坚强在肤。”《广韵》言：“筠，竹皮之美质也。”这“筠”既坚且美，光滑而富有弹性，故特惹人喜爱。于是，有以“筠”喻人者，正如《礼记》所言：“其在人也，如竹箭之有筠也。”所以，人们(尤其是女士)起名字挺爱用“筠”字。

有人要问：因何种缘由，从何时开始，“笨”成了“愚”的同义词了?《广雅》有这样一句话：“笨谓中之白质者也。其白如纸，可手揭者。”也就是说，“竹裹”质地较松、较粗，不精密，于是引申为“粗笨”“笨拙”“愚笨”等。据考证，汉代以前不讲“笨”，而讲“愚”；直到唐宋以后，才有“愚”与“笨”相通之义。

“逆”来为啥要顺受

甲骨文“逆” 金文“逆” 小篆“逆”

成语有“逆来顺受”者，其意为：对恶劣的环境或无理的待遇采取忍受的态度。为什么有些人会如此懦弱，甘心“逆来顺受”呢？笔者以为，这也许跟“逆”字的本义有关。

如果直截了当地说“逆”的本义是“迎”，恐怕大多数读者想不通：“逆”明明是“倒”、是“忤”，它咋会是“迎”呢？所以，笔者只得兜着圈子，慢慢道来。

我们先看“逆”字的构造，它“从辵，从屰，屰亦声”。请看甲骨文、金文，“屰”就是个倒着的人（“大”即“人”），是一个从另一端走来的人，而“辵”（上“彳”下“止”）则表示迈开脚步去接来人，它的寓意不就是“迎”嘛！所以，许慎说：“逆，迎也。关东曰逆，关西曰迎。”段玉裁对此有较为详细的解释：“（逆）迎也。逆迎双声。二字通用。如禹贡逆河，今文尚书作迎河是也。方言，逢逆迎也。自关而西或曰迎，或曰逢；自关而东曰逆。”

尤其值得一提的是，“逆”还可解释为“受”。《仪礼·聘礼》云：“众介皆逆命不辞。”郑玄注：“逆犹受也。”《周礼·天官·司书》云：“以逆群吏之徵令。”郑玄注：“逆受而钩考之。”

对于“逆”可作迎接、接受之解释，笔者这里举两个例子加以佐证。前面提到的“逆命”，就是接受命令，它当然是顺从的意思；再如“逆旅”，即旅社，正是取“迎”的意思，可不能理解成“不顺之旅”喔！

说了半天，怎不见将“逆”解释为“不顺”之义的阐述呢？笔者以为，不顺当是“屰”，它才是“倒行逆施”。《康熙字典》解释说：“屰，逆本字。”段玉裁强调指出：“今人假以为顺屰之屰。逆行而屰废矣。”

由此看来，“逆来顺受”应作“屰来顺受”。正由于这个“屰”字一废，就变成了“逆来顺受”，于是就大大地提高了国人对恶劣环境或无理待遇的承受能力，这是多么可哀又可悲啊！

“乱”，则理

小篆“乱”

蚕丝、棉纱、麻团，怕就怕紊乱，一乱就得理。理乱却是一件相当麻烦的事，所以有“剪不断，理还乱”之谓。

“乱”原本写作“亂”。可是，“亂”的本义和现在的意思完全相背，它指的是理蚕丝、理棉纱、理麻团。这是怎么回事呢？这就得从它的构造说起。“亂”早先只有左半部“𤔔”，而没有右侧的“乙”。

金文“受”由上中下三个构件组成：上部是“爪”，下部是“又”（“爪”和“又”都是手），当中像个“互”（“互”表示丝缠绕在“工”上）。它要表达的意思是：“人以一手持丝，又一手持互以收之，丝易乱，以互收之，则有条不紊，故字训治训理也。”（语出杨树达《积微居小学述林》）

到了小篆，这个字加上了右半部的“乙”。“乙取抽丝之义”，表示用木架子把理出来的丝（纱、麻）绕好。由此可见，这个“亂”是个会意字，把“理丝”的细节讲得一清二楚。

推而广之，“亂”能理丝，也能理事；能理小事，也能理大事；理大事则称之为“治理”。《尚书·泰誓》：“武王曰，‘受（纣）有亿兆夷人，离心离德。予有亂臣十人，同心同德’。”《书·顾命》：“其能而亂四方。”《尔雅·释诂》云：“亂，治也。”这里的“亂臣”并非今天理解的犯上作乱的臣子，而是指善于治理国家的臣子，即能臣。

“亂”既然是指“治理有方”，后来怎么又成“紊乱无序”了呢？徐灏在《说文解字注笺》里给出了合理的解释：“自其体言则为亂，以其用言则为治，故亂亦谓治也。”

“亂”字让人看了眼花缭乱，心绪紊乱，于是就来它个“快刀斩乱麻”，把它简化成“乱”了。

“仇”作何解

小篆“仇”

“仇”这个字，查《现代汉语词典》，说有二读：一读chóu，其释文①仇敌：疾恶如仇、同仇敌忾；②仇恨：结仇、血泪仇、他们两家有仇。二读qiú，姓。《新华字典》一读的解释为，深切的怨恨：仇人、报仇、恩将仇报、仇视侵略者。二读的解释与《现代汉语词典》同。

综观《新华字典》《现代汉语词典》，“仇”除作姓氏时是中性外，其他皆贬义，为“亲”的反义词。可是，《辞海》释“仇（qiú）”为：①匹配；配偶。曹植《浮萍篇》：“结发辞严亲，来为君子仇。”②姓。两相比较，则《辞海》不仅多出一义，而且道出了“仇”在古汉语中的本义。

《说文》曰：“仇，雠也。从人九声。”“雠”又作何解？段玉裁注：“雠犹应也”，谓“二人相当相对之谊”。他还说，“仇”与“逑”古通用，如“周南君子好逑与公侯好仇义同”（笔者按：“君子好逑”见《诗·周南·关雎》；“公侯好仇”见《诗·周南·兔罝》）。

既然“仇”之本义为“匹也”“合也”（见《尔雅·释诂》），怎么又有“仇恨”“敌对”之义呢？《左传·桓公二年》云：“嘉偶曰妃，怨偶曰仇。”段玉裁解释说：“仇为怨匹，亦为嘉偶。如乱之为治，苦之为快也。”由此可见，原本“仇”义褒贬兼之。颜师古对《礼记·缁衣》“君子好仇”之语中的“仇”作注：“匹也，其实相当相对谓之仇，两同为仇，两异亦为仇。后儒因之专训雠怨，非也。”这就是说，后代学者只把“仇”释成“雠怨”，只剩下贬义，这是不对的！

“校”之以“雠”

小篆“校”

小篆“雠”

当今之出版物，差错甚多。究其原因，无外乎作者、编者、校者不够尽心。出版物有诸多文字差错，犹如拿破衣烂衫冒充新的服装卖给顾客一般，这怎么对得起掏钱买书、买报刊的读者呢？我们作为老报人，尤感痛心。

我们一直以为，减少出版物的差错，绝非校对一方之责，作者不能出门不认账，编者不能“只管原则，不问细节”。提高出版物的质量，作者、编者、校者联手，同抓共管，一管到底才是。

我们搞出版工作的有个专用词——“校雠”，本文就来说说“校”与“雠”。

“校(jiào)”，校对；勘误；订正。其义显见(以下只说“校对”这一工作)。搞校对应有两人，一人读原稿，一人看校样。读的为“校”(读出声则“叫”)，看的乃“对”。二人合作称为“唱校”。现在多数为一人，边看原稿边看校样，时间一长便会走神。

接下来重点讲这个“雠”，它是个蛮复杂的字。《说文》：“雠，犹譍也。”“譍”，即“應”，简化为“应”。

段玉裁引经据典，对“雠”作了较为详尽的解释：“雠者以言对之，《诗》云无言不雠是也。引申之为物价之雠，《诗》：贾用不雠，高祖饮酒雠数倍是也。又引申之为雠怨，人部曰，仇，雠也。仇雠本皆兼善恶言之，后乃专谓怨为雠矣。物价之雠，后人妄易其字做售。”《通训定声》：

“以言相当也。”《三苍》：“雠，对也。”《礼记·表记》注：“雠犹答也。”

《现代汉语词典》解释较简洁：“雠，校对文字。”又：“雠（讎、讐），同仇。”另有“仇雠”条，解释为“仇敌”。

也许《辞海》对“雠”字情有独钟，其注更详：“雠：(1)应答。《诗·大雅·抑》：‘无言不雠。’引申为应验。《史记·封禅书》：‘其方尽多不雠。’（2）同等。《汉书·霍光传》：‘皆雠有功。’颜师古注：‘言其功相等类也。’（3）售；给价。《史记·高祖本纪》：‘高祖每酤，留饮酒，雠数倍。’（4）校对。见‘雠定’。（5）仇恨。《左传·僖公十四年》：‘犹近雠之，况怨敌乎？’（6）仇敌。《书·泰誓下》：‘诞以尔众士，殄歼乃雠。’”另，“雠定”解释为：“校对并加以考证。《新唐书·王珪传》，召入秘书内省，雠定群书。”

笔者想利用以上诸多解释，对“校雠”一词作如下归纳：

（1）“雠”犹“膺”，“膺”即“應”，校雠应尽心。

（2）“雠，同仇”，对待出版物中的差错，要像对待仇敌那样，坚决彻底把它歼灭。

（3）“雠”有同等的意思，著、编、校实为一体，故，对校对工作应予重视，决不能等而下之。

（4）“雠”还当作“给价”解，校对工作很辛苦，工资待遇要相应提高。

（5）“雠定”一词更有意思，勘误不囿于文字，对文中涉及的典故、人名、地名、引文等，均应加以考证。

“荤”竟然是素的

小篆“荤”

旧时物质贫乏，人们基本吃素，很少食肉。偶尔吃点鱼肉禽蛋，那就是“开荤”了。

其实，把动物食品称之为“荤”是不对的，笔者以为应该叫它肉食。你瞧这个“荤”字，它是草字头，在植物范围之内。《说文·艸部》曰：“荤，臭（xiù）菜也。”

各位读者，你看到“臭菜”可别吓一跳——“臭菜”不是臭不可闻的菜，它是指葱蒜等有特殊气味的蔬菜。徐锴注云：“通谓芸薹、椿、韭、蒜、葱、阿魏［注］之属，方术家所禁，谓气不洁也。”例如，《仪礼·士相见礼》有言：“夜侍坐，问夜，膳荤，请退可也。”郑玄注：“膳荤，谓食之荤辛物葱薤之属。”

古人把“荤辛物葱薤之属”称为“五荤”。哪“五荤”？说法不一。《本草纲目·菜部》：“五荤即五辛，谓其辛臭昏神伐性也。炼形家［注］以小蒜、大蒜、韭、芸薹、胡荽为五荤；道家以韭、薤、蒜、芸薹、胡荽为五荤；佛家以大蒜、小蒜、兴渠、慈葱、茖葱［注］为五荤，兴渠即阿魏也。”

“胡荽”又称“芫荽”，俗称“香菜”。明明是吃起来很香很香的“香菜”，它怎么会从属于“臭菜”？明明是有辛味的素食，它们怎么又统称为“荤”菜？实在说不清楚。

不过，也有肉食叫蔬菜名的，“淡菜”就是一例。

“淡菜”是我国沿海的一种传统海产品。这种美味是用贻贝类动物的肌肉经煮熟晒干而成的干制品，富含蛋白质，并有糖原、维生素D等。

“淡菜”明明是贝类动物的肉，为什么会起个类似蔬菜的名字呢？这是因为贻贝类通称“壳菜”（“菜”有一义是指主食以外的食品，如“菜牛”“菜畜”等）。那么，贻贝又为何叫它“壳菜”呢？笔者想，大概是由于这种东西非要剥掉壳才能当菜吃吧！

[注]①阿魏：一种有臭气的植物。②形家：旧时以相度地形吉凶，为人选择宅基、墓地为业的人，也称堪舆家。清代顾炎武《〈十月二十日奉先妣葬诗〉序》：“先考葬祖墓左四十年，其左有池，形家或言兆有水。”③兴渠：叶似蔓菁，根似萝卜，生熟味皆如蒜。慈葱即葱。茖葱即薤（xiè），形似韭，多年生草本植物，叶细长，开紫色小花，鳞茎和嫩叶可以吃，也叫“藠（jiào）头”。

"奔"，大步流星之貌

金文"走" 金文"奔" 小篆"奔"

有相当一部分汉字楷化之后，会产生这样的尴尬：不知其造字之法；无法标出其读音；难辨其当属何部；莫名其所寓何义。"奔"可算得上是典型一例。

"奔"原本是个动词，《一切经音义》云："奔，疾走也。"楷体写作上"大"下"卉"。古文"大"亦"人"；而"卉"乃众艸之意。"大"和"卉"组合成"奔"，读不出声，会不出意，与"疾走"何涉？

其实，从金文"奔"的字形看，它上面的"大"像挥动双手、迈开双脚的人，下面从三个"止"（趾），属会意字，瞬间只见一串脚印，足以说明行走得何等快捷！

可是，"奔"到小篆，字形一变，成了上面"夭"下面"卉"（《说文古籀补》曰："小篆变止为中自此始"）。许慎曰："奔，走也。从夭，賁省声。与走同意，俱从夭。"为什么从"夭"？"夭"表示人体之屈伸。徐锴云："卉非声，疑奔走于艸卉。"人干吗尽在"艸卉"之中奔走呢？这样的解释太难理解。于是，段玉裁把"奔"解释为"大路上急走"，他说："（奔）走也。走者，趋也。释宫曰，室中谓之时，堂上谓之行，堂下谓之步，门外谓之趋，中庭谓之走，大路谓之奔。此析言之耳，浑言之则奔、走、趋不别也。引申之，凡赴急曰奔；凡出亡曰奔。"

综上所述，"奔"字从金文的上"大"下三"止"，一变为小篆的上"夭"下"卉"，再一变为楷书的上"大"下"卉"，书写起来确实是方便了不少，但是这样一来，它也就与原先所要表现的“形、声、义”相去甚远了。

如果仅仅把金文“奔”理解成“人疾走之瞬间留下一串脚印”，笔者觉得还远远不够到位。有个成语叫“大步流星”，拿流星来形容步子又大，行走又快。凡看到过流星雨的，无不为众多流星在一瞬间朝同一方向疾驰的壮观之状而惊叹。你若能想起此情此景，请再来看这个“奔”字，它上面部分就像个箭头，下面三个“十”就像闪闪发光的众多流星，它们朝着同一个方向飞驰而去——如此之“奔”，才能充分体现出迅捷之意呀！

故，笔者释曰：奔，大步流星之貌。

“莫”是“暮”的本字

甲骨文“莫” 金文“莫” 小篆“莫”

“暮”是个后起字，在许慎著《说文解字》之时尚未出现。那么，古人以什么字表示日落西山之时呢？原来是“莫”字。

“莫”，一读mò，二读mù。笔者以为，mù应是“莫”的最早读音，其义即为“暮”。

我们不妨对“莫”的构造略作分析。无论是甲骨文，或是金文，直至小篆，“莫”都是“日”在“茻”（读音为“莽”，义亦同“莽”）中，故许慎曰：“莫，日且冥也。”且注音为“莫故切”。

“莫”的引申义众多。在古文中，“莫”字可作“不”解（李白《蜀道难》：“一夫当关，万夫莫开”）；作“大”解（《庄子·逍遥游》：“广莫之野”）；通“谋”（《诗·小雅·巧言》：“秩秩大猷，圣人莫之”），与“膜”“谟”“漠”“瘼”“幕”等字可互相替代。由于“莫”字被“不”等虚词占用了，后来就再造个“暮”字，用以表示“日且冥”这个意思。徐锴就“暮”的出现如是说：“野中望日且莫将落，如在茻中也。今俗作暮。”

由此可见，今义之“莫”是个“假借字”。

“莫”为词头的词条甚多。舶来语如：作家莫泊桑；剧作家莫里哀；音乐家莫扎特；画家莫奈；政治家莫洛托夫；著名城市如莫斯科；著名战役如莫斯科会战等。本土特产也不少：古人如铸剑之莫邪、善歌谣者有莫愁女；名胜古迹如莫高窟千佛洞，著名景区南京莫愁湖；四字成语中“莫”字当头的如“莫衷一是”“莫逆之交”“莫测高深”“莫名其妙”等。

笔者以为，最有影响的当属“莫须有”一词。它源于《宋史·岳飞传》：“狱之将上也，韩世忠不平，诣桧诘其实。桧曰，‘飞子云与张宪书，虽不明，其事体莫须有’。世忠曰：‘莫须有三字，何以服天下？’”原意犹言“恐怕有”“或许有”。

此外，“莫”还是一种菜。“《诗·魏风》：彼汾沮洳，言采其莫。注：音暮。《陆玑疏》：莫，茎大如箸，赤节，节一叶，似柳叶，厚而长，有毛刺，今人缫以取茧绪。其味酢而滑，始生可以为羹，又可生食。五方通谓之酸迷，冀州人谓之干绛，河、汾之间谓之莫。”（见《康熙字典》）

最后再说一下后起字“暮”，它除表示“傍晚”外，还可作“将尽”解，如暮春、暮年、天寒岁暮等。杜甫诗句“岁云暮矣多北风”中的“暮”，即为年末岁尾之义。

“暮”字从“日”，“莫”声。笔者总觉得其中“日”这一构件重复，从造字法的角度看是很不经济的。既然“莫”有众多义，为什么唯独“暮”要另造一字？笔者百思不得其解。

“物”这种牛真牛

 甲骨文“物”  小篆“物”

“物华天宝，龙光射牛斗之墟。人杰地灵，徐孺下陈蕃之榻。”此乃王勃《滕王阁序》之千古佳句。何谓“物华天宝”？世间万物皆是天地赐予人类的宝贝啊！

《说文解字》曰：“物，万物也。牛为大物，天地之数，起于牵牛，故从牛，勿声。”然而，许慎的“万物”说并非“物”的本义，而“起于牵牛”的溯源更是多遭质疑。

“物”原指杂色牛。《诗·小雅·无羊》：“三十维物。”毛传：“异毛色者三十也。”后亦指杂色旗。《周礼·春官·保章氏》：“通帛为旜，杂帛为物。”郑玄注：“通帛谓大赤，从周正色，无饰；杂帛者，以帛素色饰其侧。”近代王国维在《释物》中讲：“许君说甚迂曲。古者谓杂帛为‘物’，盖由‘物’本杂色牛之名，后推之以名杂帛。《诗·小雅·无羊》曰，三十维物，尔牲则具。传云，异毛色者三十也。实则三十维物，与三百维群……句法正同，谓杂色牛三十也。由杂色牛之名，因之以名杂帛，更因以名万有不齐之庶物，斯文字引申之通例矣。”商承祚（1902—1991年）《殷虚文字类编》云：“卜辞屡曰物牛，以谊（义）考之，物当是杂色牛之名。”

从牛的一个品种抑或指代三十头牛，到泛指“万物”，“物”这个概念简直就像“牛魔王”一样变化多端，难怪孙悟空要尊“牛魔王”为大哥。如今，“物”的外延还在继续扩大，尤其是思想家把“物（质）”引入哲学范畴，“物质第一性”的论断即唯物主义宇宙观，成了辩证唯物主义的理论基石。

当今社会物质大大丰富了,但人们的物质占有欲也随之膨胀,有时甚至到了物欲横流的地步。客观地说,“物”是用来满足人们生活的,它本是好东西,可是,“物”如果被异化——“过”或“不平”——则“物极必反”。

辛弃疾在《沁园春·将止酒,戒酒杯使勿近》中唱道:“怨无大小,生于所爱;物无美恶,过则为灾。”他的意思是:怨是因为有所爱而产生的;对物的过分偏好则会带来灾祸。

韩愈《送孟东野序》云:“大凡物不得其平则鸣。草木之无声,风挠之鸣;水之无声,风荡之鸣。”“鸣”是由于“物不平”引起的,这就叫“不平则鸣”。

在商品社会里,有物就有价。物价如果长得太快,可不是好现象,得设法制止才是!《后汉书·朱浮传》里说得好,“物暴长者必夭折”,可谓金玉良言,一针见血啊!

物壮则老,物盛则衰,古今一理。“物”,可以牛,但不能太牛,太牛则“犟”。犟牛就得套笼头,把它罩住;罩不住,必闯祸!

"韭"，一种而久生

小篆"韭"

《说文》曰："韭，菜名。一种而久（生）者，故谓之韭。象形，在一之上。一，地也。"许慎的这番解释之中有个"久"字，很值得品味，它既是"韭"的读音，又符合"韭"的特征。何谓"一种而久生？"徐锴云："韭，刈之复生，异于常草，故皆自为字也。"清代学者徐灏引《齐民要术·声类》曰："韭者久长也，一种永生。"由此可知，韭菜可以一茬一茬地割，割了又会长出来。

这让笔者联想起某些文字学家提出的汉字"同声同源"之说。笔者以为，若以"韭"得名于长久之"久"、其声亦类于"久"为例，不失为"同声同源"说之颇具说服力的例证。我们不妨再找几个与"久"同声的字来分析一下。

"酒"是一种饮料，它为什么音同"久"？那是因为酒在窖中保存的时间越长久越醇，品质越好。现在到饭店酒馆用餐，店家总是热心推荐"五年陈""八年陈"，酒越陈则价钱越贵。

顺便说一下，"酒"一度简化为"氿"。其实"氿"乃湖名，如东氿、西氿，均在江苏省宜兴市。现在这个简化又废止了，"氿"不再是"酒"了。

又如"玖"，如今作"九"的大写，其实它是一种美石。《诗·王风·丘中有麻》里有一句为"贻我佩玖"，我一直佩戴着你送的玖，以示咱俩的情谊天长地久。

再如“灸”，它是指用燃烧的艾绒熏烤穴位的治病方法。因燃烧艾绒的时间相当长，到医院去做艾灸，病人可得耐着性子。

最后，再向各位读者透露一个笔者的新发现：“韭”字九画，岂不是“形、声、义”三者皆高度一致。足见造字者构思之奇也！

"侬"，是我是你也是他

小篆"侬"

在江浙沪交会处，有一片吴语区。这里的方言听上去比较"嗲"，尤其是一个"侬"字（繁体写作"儂"），常常挂在嘴边，故有"吴侬软语"之谓。

"侬"是个人称代词。在吴语区，一般情况之下，"侬"就是第二人称的"你"。譬如两个上海人对话，只听得这位问那位："侬中饭吃过吧？"过会儿那位问这位："侬有空吗，到伲屋里白相相好吧？"

不过，"侬"并不局限于吴方言，也并非仅仅指代"你"。在古代诗文中，"侬"往往指代"我"；在特定的情况下，"侬"又指代"他"。

先举几则"侬"代指"我"的例子。李白诗曰："寄言向江水，汝意忆侬不？"韩愈诗云："鳄鱼大于船，牙眼怖杀侬。"这两个"侬"都指的是"我"。《红楼梦》第二十七回里有一首名为《葬花吟》的诗，结尾处有四句："尔今死去侬收葬，未卜侬身何日丧？侬今葬花人笑痴，他年葬侬知是谁？"此四句句句带"侬"，此四字字字乃"我"。

有关"侬"指代"他"的解释，《康熙字典》是这样讲的："……又渠侬，他也。《六书故》吴人谓人侬（古代吴越一带称他人为'侬'）。"例如《乐府诗集》有诗句："鸡亭故侬去，九里新侬还。"然而，今日之吴人基本不这样用了。

鉴于“侬”是唯一兼顾三个人称的汉字，笔者甚爱之，特作“打油诗”一首。诗曰：

一个侬字作用大，代词兼及我你他。
吴侬软语遍江南，温存亲昵似一家。

“的”的解读

小篆“的”

“的”字最早写作“旳”——左“日”右“勺”；原先的读音是“dì”。许慎曰：“旳，明也。”徐铉言：“旳，光的然也。”段玉裁云：“旳者，白之明也；故俗字作的；引申为射旳（射的）。”从许、徐、段的上述解释看，“旳（的）”的本义是“明”，是“白”；引申义是“箭靶”。“的”是“旳”的俗体，资料显示，“汉隶尚有作旳者”，然而多数已写成“的”了。

《康熙字典》释“的”，除本义“明”“白”外，引申义竟多达十数项，仅举其中七项：

（1）“《礼记·中庸》，小人之道，的然而日亡。注：表见也。”

（2）“《史记·司马相如·上林赋》，皓齿粲烂，宜笑的皪。注：鲜明貌。”

（3）“实也”，例《魏志·崔林传》：“余国各遣子来朝，间使连属，林恐所遣或非真的。”

（4）指箭靶。“《玉篇》射质也。《正韵》射侯之中。《汉书·晁错传》矢道同的。注：射之准臬也。《荀子·劝学篇》质的张而弓矢至焉。注：质，射侯也。的，正鹄也。”

（5）“妇人面饰曰的。《神女赋》施华的兮结羽仪。《仙经》鲍姑以艾灼龙女额，后人效之，谓之龙的。”

(6) 莲子曰的。《尔雅·释草》，“其实莲，其根藕，其中的。注：的，莲中子也。《集韵》通作菂”。

(7) “马名。《易·说卦》其于马也为的颡。注：额有白毛，今之戴星马。”

上述之(5)，“的”作为古代女子脸上装饰的红点(《尔雅·释名·释首饰》：“以丹注面曰的”)，还有一个特定的指向，《史记·五宗世家》注引《释名》云：“天子诸侯群妾以次进御，有月事者止不御，更不口说，故以丹注面目为识，令女史见之。”

“去”字有趣

小篆“去”

一看到“去”，人们立刻想到它是个动词，是“来去”“去除”的“去”。

其实它原是名词，本义是指一种叫“去”的物体，写作“厺”：上面的“大”是盖，下面的“厶”是个容器，表示一种用于盛放废弃之物的器具，就像现在的废物箱。不要了的东西，往“去”里一丢，当然该去掉了。

作为“来去”的“去”，也是有“趣”可谈的。例如：古文有“去京”一语，今人千万不要理解为“到京城去”，恰恰相反，人家是指“离开京城”。

“去”字还有好几种解释，这里就不一一说下去了。

“出”，足自隐处行出

甲骨文“出” 金文“出” 小篆“出”

某棋牌室为保持寂静，于入口处写了一副联语：“西女门中市；言青山上山。”意思是说“要闹请出！”这就引出一个话题：“出”字的写法是“山上山”吗？

“出”的字形古今变化相当大，写作“山上加山”，只是正楷字体。其实，无论是金文，还是小篆，“出”字的写法都和“山”毫无关联。那么，这个字的构造究竟是什么？

许慎认为，“出”是“屮(chè)”上加“屮”。《说文》曰：“出，进也。象艸木益滋上出达也。”段玉裁云：“艸木由才而屮，而生，而出，日益大矣。”[注]俞樾《儿笘录》云：“出者茁之古文也。艸部茁，艸初生地貌，出字即象艸木上出之形。”用现在的话说，“出”是“茁”的古字，表示初绽嫩芽之草木茁壮成长的意思。

如果“出”的本义是“进”的话，上述那副联语的谜底岂不成了“要闹请进”，还有什么寂静可言！诚然，“出”的引申义众多，作“外出”解乃引申义之一。段玉裁说：“（出，进也）本谓艸木，引申为凡生长之称，又凡言外出，为内入之反。”这就是说，现在不再把“出”作“进”解了，它已成为“进”“入”的反义词。

可是，许慎的“屮上屮”之说历来多遭质疑。王筠《说文句读》云：“出字义本指人，故（出）部中字无一涉于艸木者。”林义光《文源》云：“古文出（金文‘出’），形与草木不类，象足迹自隐处出行之形。”吴大澂《说文古籀补》以毛公鼎上的铭文“出”（金文“出”）为据，云：“古出字从止。止，足也。”

自甲骨文发现之后，“出”是“屮上屮”的说法随即不攻自破。周法高（1915—1994年）《金文诂林》云：“张日昇曰：甲骨文作 ，从止从凵（qiǎn），金文稍变作 ；孙诒让谓古出字取足行出之义；李孝定谓凵疑为坎陷之象，古人有穴居者，故从止从凵。”这就是说，“出”的本义是表示人从居住的洞穴中走到外面来。

笔者以“出”为例，是想说明一个问题，汉字是一门博大精深的学问，只有寻根朔源，弄清它的来龙去脉，才能真正领略我中华先民蕴藏在汉字之中的无穷智慧。

［注］许慎释“才”：“草木之初也，将生枝叶。”释“屮”：“草木初生也，象丨出形，有枝茎也。”释“生”：“进也，象草木生出土上。”

“等”什么

小篆“等”

“等”，古人的解释与今人的解释相去甚远。

《说文》曰：“等，齐简也，从竹、从寺。”这里的“齐简”不是指齐国的竹简，而是把竹简撞齐，这个动作就叫“等一等”。这样的解释尽管有点意外，但仔细想想一点不难理解。譬如，我们洗好筷子，把它们的一头往桌子上撞一下，如果筷子一样长，它们的另一头也就齐齐整整的了。

由于“等”的本义是齐简，于是引申出“平等”“相等”“等同”等。那么，“等级”一词又是怎么引申出来的呢？段玉裁云：“齐后高下历历可见。”如果把不一样长的筷子“等一等”，另一头立刻“高下历历可见”。这说明，一有等级就不再平等了。

“等级”和“等第”近义，往往用于考核评判，有“优、良、中、可、劣”五等。

现代汉语里“等一等”的意思不再是“齐简”了，大致表示“等待”“等候”。据考证，“等待”等义是在唐代才产生的。

“中”为什么有两读

小篆“中”

“中”，一读zhōng，“当中”的“中”；另读zhòng，即“命中”的“中”。为什么同一“中”字有二音二义？笔者想，应该从它的结构讲起。“中”，从囗（wéi，读作“围”）、丨（gùn，读作“棍”）上下通。段玉裁说，“囗”像射侯形（靶子），“丨”像矢形，横穿为毌（贯的本字），从（纵）通为中。他的意思是说，箭射到靶子上，所以是“命中”的“中”。段说有如下证据：（1）《礼》云：“射矢至的曰中。”（2）《文源》指出，“囗”应为“○”，像正鹄（gǔ，射箭的靶子），所以“本义当为射中之中”。

作为上中下的“中”，说法很多，只能择其要者。先看一下许慎的解释：“中，内也。”《段注》云：“内者，入也，入者，内也。然则中者，别于外之辞也，别于偏之辞也。”这句话可理解为：既不在外，也不偏离，那就是“当中”。有位名叫顾实的老前辈写了篇《释中史》，说道：“上中下三字，盖从一以截其上端则为上字，从一以截其下端则为下字，从○以环其中间则为中字。”还有位叫尤莹的老先生在他的《说中》一文里讲，籀文“中”字的“丨”上下各有“二”（表示旗子），两旗之间则为“当中”。

概而括之曰：射到靶子为“命中”，射穿靶心在“当中”。

酉·酋·尊

小篆“酉” 小篆“酋” 小篆“尊”

“酉”头上加两点（或曰“八”），为“酋”；“酋”脚下添个“寸”（原本是“廾”），成“尊”。此三字不仅层层加码，造得有趣，而且有趣事可谈。

“酉”的本义有几种说法。《说文》曰：“酉，就也。八月，黍成可为酎酒。”也有说“酉”是“象酒在缸瓮中”。郭沫若说：“（甲）骨文乃壶尊之象也。”他的意思是讲“酉”属于盛酒的器皿。徐锴的注释尤其别致，他说：“古文酉，从丣（卯）。丣为春门，万物已出；丣为秋门，万物已入。一，闭门象也。”

笔者以为，“酉”的本义当作“酒”解为宜。理由是，许慎释“酒”字也是“就也”。这就是说，“酉”是古“酒”字，后因卯酉之“酉”用以计时，故又加“水”作“酒”。徐灏说：“酉，醴之通名也……醪醴之类无不从酉。”

接下来说说“酋”，现在多用作酋长之“酋”。土著的酋长，头上插两根野鸡毛，脸上涂野鸡血，还要勾画出线条来，老远看去就像个“酋”字。其实，“酋”原本就是“头头”——造酒者的首领。许慎曰：“酋，绎酒也。从酉，水半见于上。《礼》有大酋，掌酒官也。”他说“酉”上面不是两点，而是半个“水”字，这又是怎么回事呢？饶炯《说文解字部首订》称：“夫酒至久酿，味厚汁浓，盛于尊则满而溢，因从水省，半见于酉上。”这可是经验之谈，好酒是可以高出酒杯的呀！

再说一下“尊”字。古人以尊作饮酒之器，对饮之前要将“尊”高举过额，以示相互尊敬。所以，许慎讲它是“从酋，廾以奉之”。“廾”（读作“共”），就是双手；“寸”也表示手。

作为酒器的“尊”，古人是有很多讲究的。《周礼》有六尊：“牺尊、象尊、著尊、壶尊、太尊、山尊，以待祭祀宾客之礼。”凡祭祀祖宗，款待宾客，不仅要把珍藏的名贵酒器拿出来，而且有一套敬酒的规矩，这可算得上尊重有加。

说到这里，不由想起一个关于“酉、酋、尊”的析字故事。

明崇祯后期，天下大乱，以李自成、张献忠为首的两支造反队伍声势浩大，皇宫内人心惶惶。

崇祯十五年，有一个太监化装出宫，向人称“李铁嘴”的术士求问时事。李铁嘴要他随便报出一个字，以便进行推测。太监信口报了一个“有”字。李铁嘴张嘴就说：“大事不好！你看，‘有’字上面是‘大’字缺一笔，下面又是‘明’字的半边，岂不是大明的江山去了一半吗？”太监结结巴巴地改口说：“不是有无的有，是朋友的友。”李铁嘴又道：“客官，也不妙啊！‘友’字分明是‘反’寇出了头。”太监脸色大变，忙说：“先生，请你再拆个申酉戌亥的‘酉’字吧！”李铁嘴把舌头一伸，收拾拆字摊就要起身。太监一把拉住他的衣袖，丢下一锭白银，央求他说：“先生，但说无妨。我断不会泄漏半句。”李铁嘴只得压低嗓子，轻轻地对太监说：“客官问的时事，连拆三个字，越拆越糟糕。这最后的‘酉’字，是‘酋’字无头，‘尊’字无头无尾，恐怕对至尊不利呢！”

第二年，李自成的大顺军进入北京紫禁城，崇祯皇帝只落得煤山自缢而死。

付·府·腐

小篆“付” 小篆“府” 小篆“腐”

本文从造字法的角度说说“付”“府”“腐”三字之间的关系。

象形字“人”与指事字“寸”组合，于是就有了会意字“付”。许慎曰：“付，与也。从寸，持物对人（徐铉注：‘寸，手也’）。”本义指的是“把东西交给他人”这个动作。

就是这个看似简单的“付”字，它在汉字发展史上有着不可磨灭的功绩——以它作“声旁”，竟然繁衍出二十多个读音为fu的形声字来：苻、柎、符、泭、坿、附、𨥈、蚹、驸、鲋、弣、軵、拊、怤、胕、跗、咐、詂、㚆、祔、袝、紨、府。

笔者之所以将“府”排在“付”作“声旁”的形声字最后，是因为“府”也可作“声旁”，又能孳生出“腐”“俯”“腑”“捬”“椨”“竎”等形声字。

自从发明了“形声”这一造字法后，汉字的数量随之“大爆发”，在《说文解字》收入的9000多字中，形声字占80%以上，足见“形声”这一造字法威力之巨大！

以下抄录与“付”“府”“腐”相关的词语四条：

（1）付梓。梓：刻板。古时雕版刻书以梓木为上，后因称书籍刊印为“付梓”。明代吴应箕《答陈定生书》：“《东林本末》，采录最真，编定最确，即弟议论亦甚平恕，有关世道不小。今以原稿附上，幸即付梓也。”鲁迅《坟·摩罗诗力说八》：“检文者不喻其意，听之付梓……”

（2）城府。①犹官府。《后汉书·庞公传》：“居岘山之南，未尝入城府。”杜甫《别蔡十四著作》诗：“主人薨城府，扶榇归咸秦。”②城池和府库，比喻待人处事的心机（多而难测）。晋代干宝《晋纪总论》：“昔高祖宣皇帝……性深阻有如城府，而能宽绰以容纳。”《明史·张居正传》：“然深沉有城府，莫能测也。”

（3）迂腐，指言谈、行为拘泥于旧准则，不适应时代潮流。明代陆容《菽园杂记》卷六：“尝见文人中有等迂腐及浮薄者，往往指斥持法勤事之士，以为俗流。”《豆棚闲话·陈斋长论地谈天》：“可恨这老斋长，执此迂腐之论，把世界上佛老鬼神之说，扫得精光。”

（4）臭腐神奇。《庄子·知北游》：“是其所美者为神奇，其所恶者为臭腐，臭腐复化为神奇，神奇复化为臭腐。故曰，通天下一气耳。”意谓同一事物，其是非美丑，随人之好恶而异。后以之谓化无用为有用；化废为宝。明代宋应星《天工开物·蜂蜜》：“凡蜂酿蜜……咀嚼花心汁，吐积而成，润以人小遗，则甘芳并至，所谓臭腐神奇也。”

肰·然·燃

 小篆“肰”  小篆“然”

“肰（rán）”，许慎说这个字从犬、肉，指的是“犬肉”。狗肉竟然有专门名称，足见此肉非一般，其味之香惹人馋。

可是，《辞海》《现代汉语词典》都不收该字，这是为什么？我们想，也许是因为“疑当为然字之古文”（《通训定声》之语）。“然”，从火，肰声；其义为“烧也”（许慎语）。是啊，狗肉不用火烧，生吃香得了吗？于是，“然”出，则“肰”废。

然而，后来表示“烧”这个意义的“然”，又加了个“火”旁，写成了“燃”。这又是怎么回事呢？段玉裁说：“（然）通叚为语，训为如此，尔之转语也。”原来，为让位于“然而”“然后”“然则”等语，就有了“燃烧”之“燃”。笔者突发奇想，“燃”字底下有火，边上有火，烤出来的狗肉肯定是更加香气诱人，难怪济颠和尚那么爱啃狗肉。

从“肰”到“然”再到“燃”，这种现象在文字学上叫做“古今字”。

《辞海》有“古今字”条目，其解释为：“同样表达某一字而古今所用形体有所不同的汉字。古今字有两种类型：一是完全等义的，即古字与今字字义无差异，如壄和野、灋和法等；二是不完全等义的，即古字与今字字义只有部分相同，如莫和暮、景和影等。前者中今字的产生不涉及汉字的孳乳分化，古今字属同字异形，其中非选用字视作异体字。后者中今字的产生是汉字在发展上孳乳分化的结果。除此两类外，另有一些因字义变化而形成古今字的。”

由此可见，“然”与“燃”当属古今字；至于“肰”与“然”是不是古今字，按理也应该是，但前者现在不用了，也就不必说它了。

《孟子·公孙丑》有句话说：“若火之使然。”其中的“然”，今人书写时一定要写成“燃”呀！

勹·包·胞

小篆“勹” 小篆“包” 小篆“胞”

本文说的是“累增字”［注］：“包”是“勹”的累增字；“胞”是“包”的累增字。

《说文》曰：“勹，裹也。象人曲形，有所包裹。”胎儿有胎衣包裹，婴儿有童衣包裹，足见“勹”则空腹能容，无所不包。可是，“今字包行而勹废矣”，它仅作部首了。故，段玉裁叹曰：“包当作勹，浅人改也。”

“包”字是在“勹”内装进个“巳”，意思是有了身孕。许慎曰：“包，象人裹（怀）妊，巳在中，象子未成形也。元气起于子。子，人所生也。男左行三十，女右行二十，俱立於巳，为夫妇。裹妊於巳，巳为子，十月而生。”

后来，人们又在“包”左加“肉”，这就出现了个“胞”字。《庄子·外物篇》云：“胞有重阆，心有天游。”注云：“胞，腹中胎。阆空旷也。”所以，段玉裁认为“胞”与“包”并非一义：“包谓母腹，胞谓胎衣。今俗语同胞是也。”笔者觉得“胞”应是“包”之一类，即人（包括哺乳动物）之胎儿。故，有草木孕育之“苞”，有瓜果结实之“匏”，以示与“胞”有所区别也。

从“勹”到“包”再到“胞”，笔画一增再增，你说汉字怎会不多、不繁？我们以为：“胞”就应该回归到“勹”。如是，则笔画大减，其义不变，岂不省事得多！

［注］《辞海》释“累增字”曰：中国文字学上指增加了偏旁不改变字义的后起字。如“援”本作“爰”，后加手旁作“援”。

冃·冒·帽

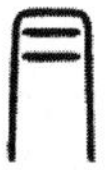小篆“冃”小篆“冒”小篆“帽”

冷天，有些人爱戴帽子。据专家说，人身上的热量70%是从头部散发掉的，所以出外戴顶帽子保暖是个好习惯。

说起这个“帽”字，从汉字的发展历程看当属“累增字”。它起初是“冃”，往后成了“冒”，再往后才写成“帽”。

我华夏先民原本不戴帽子。许慎曰：“冃，小儿及蛮夷头衣也。从冂（jiōng），二其饰也。”段玉裁云：“冃，小儿及蛮夷头衣也，谓此二种人之头衣也。小儿未冠，夷狄未能言冠，故不冠而冃。冃即今之帽字也，后圣有作，因冃以制冠冕。而冃遂为小儿蛮夷头衣。”

后来，人们逐渐体会到戴帽子的优越性，但觉得这个“冃”字缺少美感，于是根据“冃”在“目”上的特点，造出个“冒”。《说文》曰：“冒，冢（同‘蒙’）而前也。从冃从目。”

可是，作为名词的“冒”后来其义趋向动词，如冒出、冒进、冒雨；渐渐虚化，如冒充、冒牌、假冒等。于是，“义取蒙覆其首”（徐铉语），则按头衣这个属性，再加个“巾”旁，这就成了如今之“帽”。至于何时写成“帽”，实难考证；但可以确定的是在隋代之前。《隋书·礼仪志》记载：“帽，自天子下及士人通冠之，以白纱者名高顶帽。”后来帽子竟成了官员官阶的标志物。《唐书·车服志》说：“乌纱帽者，视事及燕见宾客之服也。”

从“冃”到“冒”再到“帽”，在这样的演变过程中，汉字就越来越多了。

医·殹·醫

小篆“医”

小篆“殹”

小篆“醫”

人皆有疾病疼痛之时，故需求医（繁体为“醫”）服药。

可是，这个“医（yī）”原本是不能治病的。你瞧，它外面是“匸（读xì）”，徐灏《说文解字注笺》云：“匸，有所挟藏，言其中可以藏物也。”其义为“受物之器”；“匸”里面是“矢”，十分明确地告诉我们，藏的是“箭”。这表明“医”是个会意字，当属军用之物。《国语》有“兵不解医”之语。许慎曰：“医，盛弓弩矢器也。”由此可见，表示盛弓箭之囊的“医”，和治病救人的“醫”根本不搭界。

“醫”是个形声字。《说文》曰：“醫，治病工也。殹（yī），恶姿也；醫之性然，得酒而使，从酉。王育说。一曰，殹，病声。酒所以治病也。《周礼》有醫酒。古者巫彭初作醫。”

许慎对“醫”的注释包含以下三点：

（1）字义。本指从事治病这一工作的人，古称“大（dài）夫”，宋代始有“郎中”之名，即今之医生。“巫彭”是行医者的鼻祖（《中医大辞典》：“巫彭，上古时代巫医，相传为黄帝之臣”）。

（2）字形。上下结构，上“殹”下“酉”，“酉”为部首。“醫”为什么从“酉”？“醫之性然，得酒而使”“酒所以治病也”。时至今日，中医仍用酒作为药引子。

（3）字音。读“殹”声。“殹”也是个形声字，从“殳（shū）”，“医”声。许慎曰：“殹，恶姿也”，接着，他又引王育的另一说：“殹，病声。”

如果说“殹”确实是指生病之人发出的呻吟声的话，“醫”就不单是形声字，而是一个形声兼会意字。

综上所述，“医”“殹”“醫”三者只是同音字，原先字义迥异。《辞源》释“医”云：“俗借用为醫字之省文。”这也表明，在民间“醫”早就减省为“医”了。

然而，无论是《现代汉语词典》，还是《现代汉语规范词典》，在解释“医”的条目中，再也没有“盛弓矢器”这一本义。所幸，《辞海》另出“医（yì）”条，解释为同“翳”。盛箭的器具。《说文·匚部》：“《国语》曰，‘兵不解医’。按，今本《国语·齐语》‘医’作‘翳’。”查《辞海》“翳”条，第五义项为“通‘医’，古代盛弓箭的器具。”

众所周知，现代“奥运”尚有射箭项目，难道这项赛事所用弓箭都不再需要盛器了吗？正因为此，笔者建议《现代汉语词典》等词典，还是保留“医”的本义为好。

鲜·鱻·尟

小篆“鲜”

小篆“鱻”

小篆“尟”

“鲜”有二读：一读xiān，新鲜的“鲜”；二读xiǎn，鲜为人知的“鲜”。

先说说第一读的“鲜”，它的本义是鱼。许慎曰：“鲜，鱼名，出貉国。”老子《道德经》曰：“治大国如烹小鲜。”这里的“小鲜”，指的是较小的鱼。

《周礼·职方氏》有“七闽九貉”之语。“闽”在东南方，“貉”在东北方，都是少数民族建立的国家。“貉”本是一种以鱼类为主食的动物。由此可知，貉国之民像貉那样喜欢吃鱼。据说，吃生鱼片的习俗源于貉民族。

有人以为，“鲜”字左“鱼”右“羊”，它告诉我们，鱼和羊一起煮味道特别鲜美，所以断定“鲜”是个会意字。其实不然！许慎曰：“鲜，从鱼，羴省声。”这就是说，“鲜”是个形声字。

鱼名的“鲜”，有许多引申义：由吃生鱼而产生“新鲜”之义；因生鱼需洗干净后才能吃，则“鲜”可作“洁”解；《易·说卦》有“为蕃鲜”之言，其中的“鲜”作“明”解；《左传·襄公三十年》云：“唯君用鲜。”此处泛指鸟兽等野味；凡刚杀的鱼、鸟、兽等，食之味美，于是又有了“鲜味”之义。

“鲜味”的“鲜”，古文写作“鱻”。许慎曰：“鱻，新鱼精（鲭）也。从三魚。”段玉裁云：“凡鲜明、鲜新字皆当作鱻。”“三鱼”者，众鱼也，多鱼烹煮，其味则鱻。爱吃火锅的朋友都有体会，如用几条鱼做汤底，火锅的味道更鲜美。

人们通常以为鱼和羊一起烧煮，味道一定特别鲜，所以段玉裁说："自汉人始以鲜代鱻，如《周礼》经作鱻，注作鲜，是其证。今则鲜行而鱻废矣。"笔者从未吃过鱼、羊一锅烩的那道菜，究竟是不是"味道特别鲜"没有体验，故对这样的烹调方法没有发言权。

"鲜"读第三声时，其义为"少"，成语"鲜为人知"就是很少有人知道。表示"少"的"鲜"，有异体字如"尟""尠"。《说文》曰："尟，是少也。从是、少。"段玉裁云："（尟）或作尠。尠者尟之俗……于其形得其义也。"

表示"少"这一义的"鲜"，为什么会有两个异体字呢？笔者以为，汉字绝非某一人或在某一地所造，东面的甲造了个"尟"，西面的乙造了个"尠"，创意都还不错，谁也不愿割爱，这就一起保留了下来。

最后补充说明一下：无论是鱼名"鲜"，还是表示味道鲜美等之"鱻"，抑或指代稀少之义的"尟（尠）"，现在都统一写作"鲜"了。但是，笔者提醒爱写繁体字的书法家注意，写"味道鲜美"时，切莫写成"味道尟（尠）美"；写"屡见不鲜"时也不可写成"屡见不鱻"呀！

屮·艸·芔·茻

 小篆“屮”  小篆“艸”  小篆“芔”  小篆“茻”

“大寒”是二十四节气中的最后一个节气。“大寒”一过，离“立春”就不远了。有道是“打春三日，百草开芽”，一到那时，遍野幼芽初绽，四下鹅黄嫩绿，充满勃勃生机。

本文题中四字，从“屮（chè）”开始，逐个递增，直至四个“屮”相叠，我们以为这正符合入春之后草木蓬勃生长的进程。

第一，先从“屮”说起。许慎曰：“屮，草木初生也。象丨（gùn，义同‘棍’）出形，有枝茎也。”徐铉注：“丨，上下通也，象草木萌芽，通彻地上也。”由此可见，凡草木开芽，则初为茎状，然后绽叶，概莫如此，故谓“初生”。

第二，二“屮”相并立为“艸”，即“草”字（二“屮”相垒为“出”）。徐锴曰：“艸丛生，故从二屮。”《金文诂林》云：“屮艸本一字，初生为屮，蔓延为艸，象丛生形。”先民将生物分为两大类，植物为“艸”，动物为“虫”。今义，“艸（草）”是指草本植物，以示区别于木本植物。

第三，三“屮”呈品字形为“芔（即‘卉’）”，读音huì。对于“芔（卉）”的解释，往往与“艸（草）”相混，多作“艸（草）之总名也”。徐灏《说文解字注笺》云：“艸之总名，故从三屮。三者众也，当为会意。”今有“花卉”一词，正是总名之义。我们觉得，“芔”的字形很有意思，在“艸”上再窜出个“屮”，会不会有着一定的寓意？果然，它还有一义为“勃”。《文选·司马相如〈上林赋〉》：“芔然兴道而迁义。”郭璞注：“芔，犹勃也。”

第四，四“屮”组成“茻”，音mǎng。《说文》曰：“茻，众艸也。从四屮。”《句读》言：“茻，众艸曰莽也。”这就是说，“茻”与“莽”乃一字。为什么说“茻”即“莽”？许慎以为：“莽，南昌谓犬善逐菟艸中为莽。从犬、从茻，茻亦声。”王筠《说文释例》云：“盖艸莽其本义，而从犬难解，故以方言证明之。”

本文分别解说了“屮”“艸”“芔”“茻”四字，自我感觉不仅是啰里啰唆，且有未尽其意之嫌。不过，古人早已对此四字作过概括，《论衡》中说道：“艸初生为屮，二屮为艸，三屮为芔，四屮为茻，言其生之繁芜也。”

文末，出个谜语请大家猜猜，算作余兴节目。谜面是“小狗钻进草从里”，打一个字。

各位文友，您看了本文，这则谜语大概不难猜吧！

从·比·北·化

小篆“从”

小篆“比”

小篆“北”

小篆“化”

“从”“比”“北”“化”，每个字都由二人组成，只不过侧身之“人”的朝向各异而已。

二人同向左为“从”。通常以为，“从”是“從”的简化字，其实不尽然。在《说文》里，“从”“從”并存，但释义不同。许慎曰：“从，相听也。从二人。”《部首订》云：“篆从二人相随指事者，以从字之意，义无违背，故象一人在前，一人在后，则相听之义自见矣。”许慎又曰：“從，随行也。从辵(chuò)、从，从亦声。”这就是说，前者是“听从”，后者是“跟從”。对于“从”“從”的分工，《金文诂林》如是说：“彝铭中从從同用，盖古今字也。从从二人，象随行之形，其后泥于行义而加辵以增繁，及随行义为從字所专，遂以相听义属从字。”

于许慎之后，情况发生变化，在相当长的时间里，“从者今之從字，從行而从废矣”(段玉裁语)。可是，20世纪中叶我们进行汉字简化时又来了个返祖归宗，即采取“从行而從废矣”，真可谓“风水轮流转”啊！

“从”字不仅有“听从”“跟从”之义，还可作“顺”解，如“顺从”；亦可作“自”解，如“自从”；又可作“就”解，如“云从龙，风从虎”；它指代跟班，如“侍从”；它形容舒缓之貌，如“从容”；它用来称呼同宗，如“从祖父母”。写作“從”时，还与“縱(纵)”同，“從横”即“纵横”；古代有姓“從”的，《广韵》称，“汉有将军從公”，据说今日东莞还有人姓“從”。

二人同向右为“比”。通常认为,“比”“从”这两个字应该没啥搭界,谁知一读《说文》,让人大长见识,它俩的关系大了去了。

许慎曰:“比,密也。二人为从,反从为比。”请注意,“反从为比”并非二人不相从,《金文诂林》特地强调指出,此字“象二人携手并肩相亲密之形,此正比之古义”。段玉裁也说:“(比)其本义谓相亲密也。”他举例说,人们要“择善而从之也”,不比怎能知其善?知其善则紧相从,彼此怎能不“亲密”?仔细想想还真是这个道理。

古人往往把“比”和“校(较)”作同义相训。《齐语》云:“比校民之有道者。”通过比较,即显出优劣高下。《韩诗外传》云:“高比,所以广德也。下比,所以挟行也。比于善,自进之阶。比于恶,自退之原。”所以说,凡有上进心的人都应该往高处比,向好者学,这才是“比”的正道。

可是,查阅《现代汉语词典》《辞海》,“比”字条解释虽多,却没有“比,密也”这样的本义。难道说,在今人的眼里,“比”就是两把“匕首”,只剩下“较量”“对抗”的意思了吗?

二人相背为“北”。通常理解,“北”是五方位之一,与“南”相对。其实,它的本义是背靠背的“背”。许慎曰:“北,乖也。”何谓“乖”?徐铉曰:“乖者,相背违也。”《史记·鲁仲连传》:“士无反北之心。”段玉裁注:“(北)此于其形得其义也。军奔曰北,谓背而走也。”

那么,表示“古之背字”的“北”,怎么会假借为朝向的“北”了呢?《部首订》云:“篆从二人相背,即指其事为违背。初则借为面北之北,继以人面明背暗,又借为南北之北。复因专为南北之称,而面北字又加肉作背以别之。”

又,“北”可作“败”解,如“败北”。《韩非子·五蠹》云:“鲁人从君战,三战三北。”可作“奔”“逃”解,贾谊《过秦论》云:“追亡逐北,伏尸百万。”军旅败北奔逃之惨状，目不忍睹啊！

一人正立一人倒立为“化”。其实，这个字的右半部“人而倒”的“匕（huà）”，本身就是古“化”字。徐灏《说文解字注笺》云：“匕化古今字，相承增偏旁，非有二义。”由此可见，“化”是个累增字。

许慎曰：“匕，变也。从倒人。”《吕氏春秋》对“人而倒”为什么是“变”，有较为详细的解释：“剖孕妇而观其化，此匕之本义。从倒人者，人之初生倒垂而下也，因而化训为生。”

“匕”加个“亻”旁，作“化”。《说文》曰：“化，教行也。从匕从人，匕亦声。”

“化”作“教化”解，其实是它的引申义。教化是人的一种行为，所以要“匕”加“亻”，这也是“变”而“化”之。

对于“教化”一词，段玉裁有句极为精当之言：“教行于上，则化成于下。”这就是说，“教化”乃是上行下效之事。从甲骨文、金文到小篆，“化”都写成左边“正人”右面“倒人”，单从这个字的写法已不难看出其义——倒着的“人”就得向直立的“人”学好样，否则，一直头朝下，那就永远是愚顽不化。

焉·舄·寫·爲……

小篆“焉”小篆“舄”小篆“寫”小篆“爲”

“四点”都是火吗？非也。“魚”“燕”的“四点”不是“火”。

那么，“焉”“舄”“寫（简化成‘写’）”“爲（简化成‘为’）”里的“四点”又是什么？笔者可以断言，“焉、舄、寫、爲”里的“四点”都与“火”没关系。

先说“焉”和“舄”。《说文》有“烏”部，“烏”部仅三字，“烏”字算一个，“焉”“舄”则属之。

“烏（简化成‘乌’）”，孝鸟也，即反哺之乌鸦。因“烏”属短尾之禽，与长尾的“鳥”有别，故另立一部。这里说句题外话：有词语曰“乌乎”，亦作“呜乎”“乌呼”，这是表示感叹，千万别理解成“乌鸦呼喊”。有何为凭？许慎引用孔子的话佐证：“孔子曰，烏……取其助气，故以为烏呼。”

“焉”，《广韵》说是“鸟黄色，出江淮间”。但究竟是什么鸟，说不清楚。现在“焉”字成了虚词。《段注》：“今未审何鸟也，自借为词助而本义废矣。古多用焉为发声，训为于，亦训为于是。”

“舄”（xì），许慎说它是“鹊”。是什么“鹊（雀）”？有位叫吴锦章的老先生在他的《读篆臆存杂说》中讲：“今俗语呼鹊为喜雀，喜即舄音之讹。”闹了半天，“舄”即喜雀（鹊）；喜雀（鹊）不仅和乌鸦同类，它竟然是“烏”的下属呢！

古代有一种鞋子叫“舄”，崔豹《古今注·舆服》言：“以木置履下，干腊不畏泥湿也。”由此可见，它是复底鞋。有个成语叫“舄烏虎帝”。《殷氏子抄》曰：“舄九写而为烏，虎三写而为帝。”就是说，文字几经传抄，容易出错，凡舞文弄墨之人可得注意喔！

综上所述，“焉”“舄”都是鸟，它们的“四点”就是鸟的尾巴（有的说是像侧面的爪子形状）。

“寫（写）”是个形声字，“宀”为形，“舄”为声。字是寫出来的，何谓“寫”？笔者写过《“写”，摹画之义也》一文，这里就不再重复了。

最后说一下“爲”。这个字的本义恐怕出乎意料，《说文》解释是“母猴”。《段注》给出的理由是：（篆体“爲”字）“上既从爪矣，下又全象母猴头目身足之形也。”不过，我们现在再不用此义了，它多作“作为”之用。这是什么原因呢？《甲骨文字集释》以为，“爲”这个字，一撇表示象鼻长，其下就像一头象，现在喻指有“作为”，以手役象本领强。

“爲”指“母猴”也好，表示“手役象”寓意“作为”也罢，这个字里的“四点”显然与“火”无关；不管是猴、是象，若说尾巴，只有一条，总不能把它们身上的毛都算上去吧！如果是这样，“四点”远远是不够的啊！

笔者有时爱胡乱猜想，也许“爲”这四个小点，象征着母猴护着的四只小猴子呢！

“人”与“大”

 甲骨文“人”  甲骨文“大”

“人”和“大”原本是同一个字。徐灏《说文解字注笺》云：“大象人正视之形，人象侧立之形。”从甲骨文的字形看，“大”像“人正面形，而扬其两手，张其两足”（段玉裁语）；“人”是侧身而立，只见其一臂一胫。

《礼记·礼运》曰：“故人者，其天地之德，阴阳之交，鬼神之会，五行之秀气也……故人者，天地之心也，五行之端也，食味、别声、被色，而生者也。”于是，许慎以极为精练之语释曰：“人，天地之性最贵者也。”

可是，“大（读作dà）”释义与“人”之义相去甚远。《说文》曰：“天大，地大，人亦大……故大象人形。”这时的“象人正视之形”的“大”，则是“小”的反义词。正如《部首订》所云：“凡物象，敛则小，侈则大，少则小，多则大。相反为义。”

我们知道，“人”是有具体形象的，能够用极其简单的笔画描摹出人的轮廓，所以它是象形字，而用以“形容体积、面积、数量、力量、规模、程度等方面超过一般或超过所比较的对象”这样一个漫无边际的概念，无论如何是“象形”不来的。怎么办？幸好，老子在《道德经》里有这样一句名言：“故道大，天大，地大，人亦大。域中有四大，而人居其一焉。”既然“人亦大”，那就把“扬其两手，张其两足”的“大（rén）”借过来，充当“可以参天地”的“大（dà）”吧。这种方法就是“六书”中的“假借”。从此，“人”和“大”就分别开了。

许慎曰：“假借者，本无其字，依声托事，令长是也。”周祖谟在《汉字的产生和发展》中说："文字在使用上有了假借的方法，就可以少造字；遇到难以造字的时候，也可以用假借以济其穷；这样就可以更好地使语言与文字相适应了。"

顺便说一下"大"的读音问题。普通话有二读：一是dà，即大小的"大"；另一读是dài，如"大夫""大王"；而吴语区（主要是上海人）也有二读：一读da（读如"打"），如"大学""大世界"；另一读du（读如"堵"），如"大胖子""搞搞大"。

"夕"与"夜"

 小篆"夕"  小篆"夜"

有一个字谜：谜面"一夜又一夜"，谜底"多"。

"多"字重"夕"。显而易见，这是利用"夜"与"夕"同义，将"一夕又一夕"改成"一夜又一夜"而制谜的。

严格来说，"夕"与"夜"只是近义词。"夕"和"夜"各有多义，唯有作"日入"这一解释时，它俩才是同义词。

先看"夕"字。《说文》曰："夕，莫（暮）也。从月半见。"段玉裁云："暮者，日且冥也。日且冥而月且生矣。故字从月半见。旦者，日全见地上。暮者，日在茻中。夕者，月半见。"

其实，"夕"是较为短暂的时间段，简言之即为"黄昏""傍晚"。《穀梁传·庄公七年》曰："自日入至于星出谓之夕。"《洪范五行传》注："初昏为夕。""晡时至黄昏为日之夕。"［注］《康熙字典》则说："晨之对，暮也。"也可以说，朝之对，夕也。如范仲淹《岳阳楼记》云："朝晖夕阴，气象万千。"

那么，许慎所说"从月半见"是什么意思呢？徐锴云："月字之半，月初生则暮见西方，故半月为夕。"这是从造字法上讲的，意思是说，"月"字内有二画，而"夕"字只有一画，减去一半，仅半个"月"字。

"夕"有时可作"夜"解，泛指夜晚。《诗·唐风·绸缪》云："今夕何夕？"苏轼《水调歌头》云："不知天上宫阙，今夕是何年。"也指前一天晚上，即"前夕"。

"夕"还指一年的最后一季或一个月的下旬。《洪范五行传》："（每月）下旬为月之夕；自九月尽至十二月为岁之夕。”

“夕”又特指某一（节）日。如农历七月初七称为“七夕”；大年三十（十二月最后一天）称作“除夕”。

“夜”字属《说文解字·夕部》，许慎释曰：“舍也，天下休舍也。从夕，亦省声。”段玉裁云：“休舍犹休息也。舍，止也。夜与夕浑言不别，析言则殊。小雅。莫肎（肯）夙夜。莫肎朝夕。朝夕犹夙夜也。”

《左传·庄公七年》有“辛卯夜，恒星不见”之言，《疏》曰：“夜者自昏至旦之总名。”这就是说，“夜”通常是指一个通宵，即从今天黄昏到明日天亮。故，《康熙字典》讲：“（夜）与昼对。”

有个名词叫“不夜”，乃城名。古代有两个不夜城。《杜甫诗》：“无风云出塞，不夜月临关。”这是指西夏的不夜城。《邵氏闻见录》：“无风塞，不夜城，西夏有其地，王诏经略西边至其处。”另一处在山东。《齐地记》云：“齐有不夜城，古者有日夜照于东境，莱子立此城，以不夜为名。”

有“长夜漫漫”一语。一夜究竟有多长时间？依季节变化而有长短：夏季夜短，夏至这天夜最短；冬季夜长，冬至这天夜最长，但是不管夜长夜短，古代一夜皆有“五更”，打更的人称作“更夫”，亦称“夜夫”。

清初，惨遭文字狱祸害的吕留良，曾在《家书》中说：“荐举事近复纷纭，夜长梦多，恐将来有意外，奈何！”从此，就有了“夜长梦多”这则成语，用来比喻时间拖延过久，事情也许会朝不利的方向发展。

［注］古时候，十二时辰还有一种叫法，类似于现在的作息时刻表。其名称对应如下：夜半（子，23–1）、鸡鸣（丑，1–3）、平旦（寅，3–5）、日出（卯，5–7）、食时（辰，7–9）、隅中（巳，9–11）、日中（午，11–13）、日昳（未，13–15）、晡时（申，15–17）、日入（酉，17–19）、黄昏（戌，19–21）、人定（亥，21–23）。

"追"与"逐"

许慎用互训法释"追""逐"二字。曰："追，逐也。"又曰："逐，追也。"由此可见，二者为同义词。

笔者以为，同义词实为近义词，也就是说，二者或多或少有所差别，哪怕是极其微小的差别。那么，"追"与"逐"区别何在？且听笔者慢慢道来。

（一）"追"者，逐寇也

甲骨文"追" 金文"追" 小篆"追"

请先看一下甲骨文的"追"字，上面那个部分像一张弓的形状（为"垍"去掉"土"旁），它的读音是duī，徐铉曰："俗作堆。"贾逵、韦昭皆云"小阜"。笔者以为，这个字符可能与"師"有关，用以表示可供驻扎部队的较为隐蔽的地貌。

《周礼·秋官·士师》曰："以比追胥之事。"注云："追，逐寇也。"什么叫"寇"？即敌之师旅也。《左传·庄公十八年》曰："追戎于济西。"这里的"戎"，亦指敌军。据此可知，用"追"表示追的对象是人，而不是兽。

"追"是个多义词。《广韵》曰"随也"，于是有"追随"一词。《玉篇》曰"送也"，《诗·周颂》曰"薄言追之"，注云："谓已发上道而追送之也。"《玉篇》又曰"及也，救也"，《书·五子之歌》"虽悔可追"。注云：

"言虽欲改悔，其可追及乎。"《论语》："往者不可谏，来者犹可追。"《康熙字典》云："凡上溯已往曰追。"《诗·大雅》："聿追来孝。"《左传·成公十三年》："追念前勋。"

古文"追"另有一读，音似"堆"，其义为"治玉"。《周礼·天官·追师注》："追，治玉石之名。"《诗·大雅》有"追琢其章"之句。

（二）"逐"者，追兽也

甲骨文"逐"

金文"逐"

小篆"逐"

再看看甲骨文的"逐"字，它的上部是"豖"（一头肥猪）。徐锴云："豚走而豖追之。"成语有"中原逐鹿"，语出《史记·淮阴侯列传》："秦失其鹿，天下共逐之。"这里的"鹿"只是打个比方，喻指政权。

"逐"字在甲骨文里有多种写法，上部有"豖"、有"犬"、有"鹿"、有"兔"，甚是有趣。正如当代文字学家商承祚先生所说："此字（逐）或从豖，或从犬，或从兔，或从鹿，从止，象兽走圹而追之，故不限何兽。"

"逐"与"追"字义不相同之处还在于，"逐"还有放逐、驱逐之义。《史记·李斯传》言："非秦者去，为客者逐。"故，李斯上《谏逐客书》。

附带说一下，"逐"另有一读为zhòu（音"胄"），义为"奔也"（见《康熙字典》）。《山海经》云"夸父与日逐"，说的是夸父与太阳比赛跑，夸父奔得快，超过了太阳，但累得唇干口燥，喝尽黄、渭二河之水仍感不足，终于干渴而死。可是，今注"夸父逐日"，多作夸父"追赶"太阳解，实因不知"逐"有"奔"一义之故也。

“瑕”与“疵”

小篆“瑕”

小篆“疵”

“瑕”字属“玉”部，其义跟“玉”有关。许慎曰：“瑕，玉小赤也。从玉叚声。”什么是“玉小赤”？即白玉之中有微小的赤色斑点，当属美中之不足。《礼记·聘义》有“瑕不掩瑜”之语，郑玄注：“瑕，玉之病也。”桂馥在《说文解字义证》中解释说：“玉尚洁白，故谓小赤为病。”

“疵”字属“疒”部，其义与“病”有关[注]。那么，“疵”是什么病呢？《广韵》云：“疵，黑病。”也有的说，眼白上的小黑点为“疵”。《淮南子·氾论》有言：“目中有疵，不害于视。”

“瑕”和“疵”是近义词，它们有一个共同的引申义，指细小的毛病。如成语“白璧微瑕”“吹毛求疵”，其中的“瑕”“疵”都表示这个意思。后来，这两个字组成了一个词叫做“瑕疵”，亦作“疵瑕”，其义仍然表示“微小的缺点”。

《史记·廉颇蔺相如列传》中有这样一个记载：蔺相如对秦王说，“璧有瑕，请指示王”。从此，就有了“指瑕”一词。后来，“指瑕”引申为指摘文章缺点的专门用语。《新唐书·文艺传上·王勃》云：“王勃……九岁，得颜师古注《汉书》读之，作《指瑕》以摘其失。”

古人读书，每见文中之讹误，即如芒在背，如鲠在喉，“故奋其笔舌，指瑕索瘢，甚至古先贤亦在所不免”（语出清人洪昇《〈坚瓠补集〉序》）。由此可见，“指瑕”是读者之责任，当义无反顾才是。

南梁刘勰所著《文心雕龙》，其第四十一篇题为《指瑕》，则是论述

“指瑕”重要性的文学专论。刘勰认为，文章毛病大体有六：(1)用词不当；(2)文义失当；(3)比拟不类；(4)语音犯忌；(5)掠人美辞(抄袭)；(6)注解谬误。

清代章学诚的《文史通义》有一章节叫《古文十弊》，指摘古代文章所犯毛病更详。

当代有学者认为，现在的出版物粗制滥造者众，其毛病大致有四：(1)内容上的毛病，即思想感情上的毛病；(2)体裁上的毛病；(3)用事上的毛病；(4)语文上的毛病。

笔者在报刊社当过编辑，自以为是肩挑“指瑕”重任的。现在看来，我们也就是个挑挑语文上毛病的人，甚至于只是个纠纠白字，改改病句之人。不过，即便如此，捉捉别字也是不可小看的。环顾当今之出版物，差错之多，不堪卒读。倘若世上没有“啄木鸟”，照此下去，恐怕用不了多久，国人将不知母语为何物，还谈什么振兴中华？

[注]“疒”，音chuáng，《说文》释曰：“倚也。人有疾病，象倚箸之形。”

"玩"与"弄"

小篆"玩"

小篆"弄"

玉，"石之美者，有五德：润泽以温，仁之方也；鰓理自外，可以知中，义之方也；其声舒扬，专以远闻，智之方也；不挠而折，勇之方也；锐廉而不忮，洁之方也"。（许慎语）故，人皆爱玉，因而有了"玩""弄"二字。

"玩"，它的本义是指供玩赏之物。《国语·楚语下》："若夫白珩，先王之玩也。"

"弄"有二读，一读lòng，义为巷中巷，通"衖"；二读nòng，即本文所说玩弄之"弄"。《金文诂林》："张日升曰，玉为珍宝，两手奉玉摩挲玩赏，此弄之溯谊也。"

许慎曰，"玩，弄也"；"弄，玩也"。他采用的是互训法，即"玩""弄"二字作动词时，它们的基本义相同。

把"玩""弄"二字组合成"玩弄"一词，本义是玩耍摆弄。《后汉纪·和帝纪下》："（阴）后不好玩弄，珠玉之物，不过于目。"这里的"玩弄"为中性词，无所谓褒贬。

有的时候，"玩弄"还含有褒奖之意。王充《论衡》云："簿书自有故事，勤力玩弄，成为巧吏。"这里的"玩弄"说的是"玩弄典籍"，作钻研、研习解。

可是，有的引申义，如卖弄、戏弄等，就不敢恭维了。假如在"玩弄"后面加上"妇女"二字，那可是令人作呕的行径啊！

“汤”与“池”

（一）

小篆“汤”

《说文解字》曰：“汤，热水也。”什么是“热水”？笔者以为不太会是“温吞水”，可能是热得发烫的水，或许就是开水，有成语“扬汤止沸”“赴汤蹈火”“固若金汤”为证。如果这些成语里所说的“汤”不是滚烫滚烫的水，还值得如此张扬?

许慎所说的“汤”，只是它的本义。其实，“汤”是个多义词。《孟子》曰：“冬日则饮汤。”这里所说的“汤”，则是指食物加水煮熟后的液汁，像什么鱼汤、肉汤、蛋花汤、菠菜汤等。假如我们下馆子，点个汤，服务员绝不会端碗开水来。

不过，古汉语之义的“汤”，现在还有不少地方保留着、运用着。除上述成语外，如：盆汤，是指洗澡的地方，而不是“盆子里盛汤”；汤壶，是盛热水后放在被窝里取暖的用具。这个“汤壶”，上海人叫它“汤婆子”。有一年冬天上海特别寒冷，不少老人特地到城隍庙商场购买“汤婆子”，晚上睡觉一夜焐到天亮，真的挺管用。

（二）

小篆“池”

“池”，一作“水塘”解，是指较小的水域，通常以人工开挖的居多。

另一解为“护城河”。旧时都邑亦称“城池”，城谓城墙，池谓城河，围绕都市四周，用以防卫。笔者猜想，由于护城河是人工开挖的，所以才叫它“池”。

护城河又称“汤池”。如前所说，“汤”是指开水。护城河里的水怎么会是开水呢？这是因为敌军来犯时，守城者即烧开水注入河中，水滚烫滚烫的，敌人就不敢游水过河。城似“铜墙铁壁”，水是“沸滚百烫”，这样的城池怎不“固若金汤”！

护城河里的水，通常情况下是常温的。因而，河里可以养鱼，就有了“城门失火，殃及池鱼”这个成语。“池鱼”，千万不可理解为养鱼塘里的鱼，而是护城河里的鱼。

据考，“城门失火，殃及池鱼”最早见于北齐杜弼的《为东魏檄梁文》：“但恐楚国亡猨，祸延林木；城门失火，殃及池鱼。”城门失火，怎会连累池中之鱼呢？有位叫周辉的在《清波杂志·池鱼》里作了解释，“张无尽尝作一表云：‘鲁酒薄而邯郸围，城门火而池鱼祸。’上句出《庄子》，下句不知所出，以意推之，当是城门失火，以池水救之，池竭而鱼死也”。

可是，《太平广记》卷四百六十六引《风俗通》另有一解：“池仲鱼，人姓字也，居宋城门。城门失火，延及其家，仲鱼烧死。”

城门失火，遭殃的不是护城河里的鱼，而是把住在城门附近的池仲鱼先生烧死了。此说实在搞笑，可当相声小段视之。

“雅”与“鸦”

小篆“雅”

小篆“鸦”

乌鸦的“鸦”字可能出现于唐宋间，那么，在此之前有没有“鸦”？有，就是“雅”。

“雅”，本指“楚乌”，一名誉，一名卑居，秦谓之雅乌。从隹，牙声。《小尔雅》解释“楚乌”：“纯黑反哺之慈鸟。”古人把禽类分为二种：短尾之禽称“隹”；长尾之禽叫“鸟”。

综上所述，乌雅（鸦）是纯黑色、短尾、会“反哺”的慈鸟。原来，它是吉祥之鸟，故，太阳里有一只“金乌”。据此可知，古人早已观察到太阳黑子。

有个词叫“乌府”，亦称“乌台”。《汉书·朱博传》：“是时御史府吏舍百余区……又其府中列柏树，常有野乌数千栖宿其上，晨去暮来，号曰朝夕乌。”假如乌鸦不吉利，御史大员们怎肯让它集结于此，不来个“灭乌运动”才怪呢！古人以为，“雅”这种鸟不仅吉祥，而且高雅。周王朝时，京都贵族用“国语”写诗，后被孔子选入《诗经》，称之为“雅”。实话实说，笔者也爱写诗，只不过尽是些“打油诗”，是登不了大雅之堂的。

现代人普遍认为乌鸦不吉利。球王贝利评球，人家称他“乌鸦嘴”，他预测谁赢，谁准倒霉。笔者想，原本那么好的乌鸦咋会遭人嫌弃呢？我们觉得这也是一起冤案，它应与“乌台诗案”有关。你想啊，爱好文学的人谁不爱苏轼？“乌台诗案”让苏东坡蒙冤，险遭杀害。有个成语叫“爱屋及乌”，同理，恨“乌台诗案”也就会恨“乌府及乌”了。

本文乃涂鸦之作，敬请各位读者雅正。

“词”与“辞”

 小篆“词”  小篆“辞”  小篆“辤”

每逢元旦，报刊都要发表“新年献词”。“新年献词”亦作“新年献辞”。照此说来，“词”与“辞”是相通的。然也！

徐灏《说文解字注笺》云：“词辞二字，古多通用。”《辞海》“词”注：“通‘辞’”。释“辞”：“文词；言词。”这就是说，仅在“言词”这一义上，“词”“辞”通用（以下分述“词”“辞”二字时不再重复此义）。据考证，在较古的时代，一般只说“辞”，不说“词”；汉代以后逐渐以“词”代“辞”。

众所周知，“词”“辞”都是多义字，各有各的表义职能。

先说“词”。《说文》曰：“词，意内而言外也。从司从言。”段玉裁注：“意者，文字之义也。言者，文字之声也。词者，文字形声之合也。凡许之说字义皆意内也。凡许之说形、说声，皆言外也。有义而后有声。有声而后有形。造字之本也。形在而声在焉。形在而意在焉。六艺之学也。”这是它的本义，是指语言结构中能独立运用的基本单位，具有声音、意义和语法功能。

据清代王引之的《经传释词》所言，旧时“词”有另一义，指语助词、虚词。

此外，“词”还是文体名，它是诗歌的一个种类，取依曲填词之意。起于唐而盛于宋，别称“诗余”；因句式长短不一，又称“长短句”，如南宋诗人辛弃疾的词集，名为《稼轩长短句》。

再说“辞”字，其义较多。

（1）《说文》曰：“辞，讼也。从𤔔。𤔔，理也。”《康熙字典》引《书·吕刑》：“民之𤔔，罔不中听狱之两辞。《疏》单辞谓一人独言也，两辞谓两人竞理也。”本义即为“诉讼”“打官司”；亦指申诉，辩解。

（2）古代一种介于诗歌和散文之间的体裁，也叫“赋”，或并称“辞赋”，如陶潜的《归去来辞》。（“辞”还是我国古代的一个逻辑术语，本文从略。）

（3）作“告别”“离开”解。李白诗句如“朝辞白帝彩云间”“故人西辞黄鹤楼”等。

（4）作“推辞”解。如苏轼《画鱼歌》有“本不辞劳几万一”句。

（5）作“不接受”解，如“辞谢”“辞呈”等。

按理说，以上（3）（4）（5）义的“辞”应是“辤”。《说文》曰：“辤，不受也。从辛从受。受辛宜辤之。”段玉裁为此有一段精彩的说明：“经传凡辤让皆作辞说字，固属叚借，而学者乃罕知有辤让本字。或又用辤为辞说而愈惑矣。故特注之。以别于他处之言辞曰者。”他还以《世说新语》为例证：“蔡邕题曹娥碑。黄绢幼妇，外孙齑臼。（杨修）解之曰，齑臼所以受辛，辤字也。按此正当作辞。可证汉人辤辞不别耳。”

说到这里，我们可以理出“词”“辞”“辤”三者本义之别的头绪：言之成文为“词”；诉讼为“辞”；不受为“辤”。（据《康熙字典》“词”条）

“受”与“授”

 甲骨文“受”  金文“受”  小篆“受”  小篆“授”

本文不是说“男女授受不亲”的儒家礼教，而是说“授”“受”这两个字不容易搞清楚。日前，在报上看到一篇文章，其中有“受人以鱼，不如授人以渔”这样的话。“授”，给予；“受”，接受。由此可见，这句话的第一字应改为“授”。

“授人以鱼，不如授人以渔”是中国的一句古话，意思是说：送给他一条鱼，只能解一时之饥；不如教他捕鱼的方法，让他学会营生的本领，则可解长久之饥。同理，传授具体的知识，不如传授学习知识的方法。

有一位朋友最近写了篇文章，大意是说：中国的专制社会何以延续数千年，跟儒家长期宣扬皇权思想有关。他把这个意思归结为两句话：帝王是“君权神授”，百姓得“逆来顺受”。笔者觉得，他这里的“授”“受”二字就把握得相当准确。

“男女授受不亲”，源出《孟子·离娄上》，“淳于髡曰：‘男女授受不亲，礼与？’孟子曰：‘礼也。’曰：‘嫂溺，则援之以手乎？’曰：‘嫂溺不援，是豺狼也。男女授受不亲，礼也；嫂溺援之以手者，权也’”。

译成白话大意是：淳于髡问，“男女之间递接物品时手不能相接触（甲骨文、金文“受”的样子），这是‘礼’的要求吗？”孟子答：“这正是礼的要求。”又问：“如果嫂嫂掉进河里，可不可以伸手拉她？”答：“嫂嫂落水而不伸手拉她，这简直就是豺狼。男女之间递接物品时手不能相接触，这是礼的要求；嫂嫂落水伸手去拉，这是变通。”

“教”与“学”

甲骨文“学” 金文“学” 小篆“学”

甲骨文“教” 金文“教” 小篆“教”

将“教”与“学”这两个字搁在一起说，我们觉得先谈“学”字比较顺溜。

学，小篆作“學”，由四个部分组成：上部，两只手捧着“爻”；下部，房子里面一个“子”。这个字的构思大体是：在学馆里（房子），先生手把手地把多种知识（“爻”者，杂驳也，如同孔子的“六艺”）传授给蒙童，所以，《增韵》说：“受教传业曰學。”《尚书大传》云：“學，效也。近而愈明者學也。”

《说文》曰：“學，觉悟也。”人非生而知之；如果不通过启蒙，不获得知识，那是不可能觉悟的。一部《论语》，开卷即言“學而时习之”，足见“學”的重要性。

“學”又作“學校”解，即为传授知识的场所。《礼记·王制》：“天子命之教，然后为學。小學在公宫南之左，大學在郊。”由此可见，我国古代是很重视教学工作的。

接下来谈谈“教”字。《说文》又曰：“（學）本作斆，篆作學。”笔者以为，此说或许有误，“斆”可能是“教”的古文。我们从甲骨文的“教”字看，它的左半部是将“學”字省去两只手和一间屋子，变成上“爻”下“子”，其实这部分仍然是“學”。

“教”的本义是指把知识和技能传授给别人。《左传》：“教其不知，而恤其不足。”《国语·周语》：“教，文之施也。”随着王权体制的不断强化，“教”的性质也有了很大的变异。《礼记·王制》曰：“明七教以与民德。”《注》云：“七教，父子，兄弟，夫妇，君臣，长幼，宾客，朋友也。”这样一来，教育就成为灌输“纲常”观念的工具。诚然，有识之士早就注意到，要用“七教”训化民众，关键在于“上所施，下所效也”（许慎释“教”）。《尔雅·释名》亦云：“教，效也，下所法效也。”

现在普遍认为，“教”字从“文”从“孝”，“孝”亦声。于是，其形其义与造字初衷相去甚远。有位大名鼎鼎的教授说，“教”是指让人懂得“孝道”的文化。该教授错把隶变后的“學”当成“孝”，把部首“攴”[注]当作“文”。如此望文生义，大谬也！

[注]《说文》曰：“攴，小击也。从又，卜声。”

“饥”与“饿”

 小篆“饥”  小篆“饿”  小篆“饿”

“饥饿”一词，繁体原作“飢餓”，而不是“饑餓”。这是为何？请听我们慢慢道来。

在《说文解字》里，既有“飢”字，又有“饑”字，解释各不相同。

先说“饥”与“饿”的关系。许慎解释“饥”“饿”二字，采用的是互训法，“饥，饿也”；“饿，饥也”。不过，只要细细体味这两个字的字义，你就会觉得它们还是有程度上的区别的，那就是“饥”为“食不果腹”，尚停留在“饥肠辘辘”“饥渴难耐”的生理感受阶段，于是就会“饥不择食”；《正字通》云：“饿，甚于饥也。”这就是说，“饿”要比“饥”严重，已经成为病态，厉害者则成为“饿死鬼”（而不说“饥死鬼”），所以有“饿殍遍野”之惨况（而不说“饥殍遍野”）。

再说“饥”与“饑”的不同。对于“饥”字，段玉裁在《说文解字注》里特地指出：“（饥）饿也，与饑分别，盖本古训。”再看《说文》释“饑”：“谷不熟为饑。”什么叫“谷不熟”？就是谷物没有收成，闹起饥荒。

古人根据庄稼歉收程度而将荒年分为五等：“一谷不升谓之嗛（同歉），二谷不升谓之饑，三谷不升谓之馑，四谷不升谓之康，五谷不升谓之大侵。”（语出《穀梁传·襄公二十四年》）

据考证，“饥”“饑”在先秦时期是形、音、义都不相同的两个字，中古以后读音才变得相同。汉字简化时，用“飢”代替“饑”，食则简化为饣，于是有了饥。《康熙字典》有段按语：“《说文》饥、饑二字，饥训饿，饑训谷不熟。汪来虞方伯说，饑馑之饑从幾，饥渴之饥从几，诸韵书俱分列支微两韵……近代喜茂密者通作饑，趋简便者通作饥。”

跟“饑”密切相关的“馑”字，其义则是指“蔬不熟”，《释天》引用李巡的话说：“可食之菜皆不熟为馑。”由此可见，“饑馑”就是五谷菜蔬全都遭受自然灾害，严重的甚至赤地千里。《尔雅·释天》：“谷不熟为饥（饑），蔬不熟为馑，果不熟为荒。”以上都指荒年歉收。“馑”特指连蔬菜、野菜都吃不上。

有史料记载，自三皇五帝始至1949年止，我国历史上发生的重大水灾、旱灾等，累计夺走2991万人的宝贵生命。历史的教训值得注意。我们今日当进一步提高忧患意识，加强防灾减灾的能力才是啊！

［注］《现代汉语词典》《现代汉语规范词典》都将“饑”作为“饥”的繁体字。

“联”与“连”

甲骨文“联” 小篆“联” 小篆“连”

“联（聯）”与“连（連）”，音同、义近、形异；现代汉语似有近义词之议。如果追根溯源，它俩属于同义词。

《说文》曰：“联，连也，从耳……从丝，丝连不绝也。”这里需要说明的是：

（1）“联”何以从“耳”从“丝”？《文源》云：“凡器物如鼎爵盘壶之属多有耳，欲联缀之，则以绳贯其耳，从丝从耳。”原来是用丝绳把鼎爵盘壶等器物的耳朵穿起来，连成一串，便于提携，这才是“联”的本义。

（2）“联”就是“连”，又有何据？依据有三：①《一切经音义》云：“联亦连也，谓相续不断也。”②《周礼》：“郑司农云，联读为连，古书连作联。”③经段玉裁考证，“周人用联字，汉人用连字，古今字也”。

不过，“连”还有其自身的意义，那就是“负连也，从辵从车”（许慎语），“辵”与“行”同义；“负连”“若车之相连也”（徐锴语），“谓同贯而后能牵连也”（桂馥语）。

综上所述，“联”曾是“连”的古字；对于“贯”这个概念而言，“联”“连”同义。

现代人仿佛要将“联（聯）”“连（連）”二字进行具体分工：“连”作“连接”“连续”等解释（军队的“连”、姓氏的“连”不属本文议论范围）；“联”当“联合”“联系”等解释。

但是，由于此二字有着千丝万缕的关系，真所谓“剪不断，理还乱”，于是就出现了诸多的“也称”“亦作”，如：“连璧”亦作“联璧”，“连贯”亦作“联贯”，“连娟”亦作“联娟”，“连绵”亦作“联绵”云云；“联缀”也称“连缀”，“联句”也称“连句”，“联袂”也称“连袂”，“联通”也称“连通”等等。如此之多的相互替代，真是不胜其烦。

在汉字简化过程中，出现一些奇怪的情况，例如将“發”和“髮”这两个意义毫无关系的字统一简化成“发”；而有着千丝万缕关系的“联”“连”二字反而不去归并，不知人家是怎么想的。

最后再补充一点。在周代，“连”曾用作王畿千里之外的行政区划名称。《礼记·王制》：“十国为连，连有帅。”“联”曾是古代户口编制的名称。《周礼·地官·族师》：“五家为比，十家为联；五人为伍，十人为联；四闾为族，八闾为联。”

“奢”与“侈”

小篆“奢”

小篆“侈”

“奢”“侈”二字，其构造原本都从“大”：大者为“奢”；大多为“奓（‘侈’的异体字）”。其义相近：“奢，张也。”（许慎语）“奢者侈靡放纵之义。故曰‘张’，言其张大也。”（徐灏语）“多费谓之侈。”（语出《韩非子·解老》）“侈，掩胁也。一曰奢也。”（许慎语）“掩者，掩盖其上。胁者，胁制其旁。凡自多以陵人曰侈。”（段玉裁语）

现代汉语有双音节词“奢侈”，即不节俭，用以形容挥霍钱财，追求享受，历来为人们所不齿。近年来，又出现“奢侈品”一词。何为“奢侈品”？这是一个舶来概念，在国际上被定义为“一种超出人们生存与发展需要范围的，具有独特、稀缺、珍奇等特点的消费品”，又称之为“非生活必需品”。通俗地讲，就是极少数有钱人用来摆阔炫富的东西。

与奢侈相对立的是节俭。节俭历来是中华民族的优良传统。老子著《道德经》，规劝当政者“去甚、去奢、去泰”。韩非《十过》言“常以俭得之，以奢失之”，把奢侈列为“十过”之一；司马光作《训俭示康》，告诫世人曰：“以侈自败者多矣。”然而，也有人鼓吹“奢侈论”，认为富人的奢侈可以增加穷人的谋生手段。梁启超曾批评崇俭思想是“上古不得已之陋俗”；严复竟然说，“滞财之致贫，其害烈于侈靡”。笔者以为，“奢侈论”荒唐至极，应予批判，坚决抵制！

现如今，“奢侈论”甚嚣尘上，什么“超前消费”“刺激消费”，大有市场；某些人穿戴奢侈品、饕餮奢侈宴，作为他们这些“成功人士”

钱多的身价、奢华的象征、炫富的表现，完全是一副暴发户不可一世的嘴脸！

惊闻，中国不久将超过日本成为世界第一奢侈品消费大国。这也要争第一？

于是，作《“奢”与“侈”》一文予以劝诫。

“当”与“挡”

小篆“当”

小篆“挡”

“当（當）”，《说文》解释为“田相值也。从田，尚声”。何为“田相值”？段玉裁云：“值者，持也，田与田相持也。引申之，凡相持相抵皆曰当。”什么叫“相持相抵”？用句大白话说就是“这个等于那个”。在中国邮票史上，有一枚“叁分红印花小字当壹圆”珍贵邮票，那是因为晚清政府来不及制作邮票，就用“叁分红印花”（税票）加盖“当壹圆”三字，充当面值壹银元的邮票使用。

《广雅·释诂》曰：“当，直也。《公羊传·庄公十三年》，‘君请当其君，臣请当其臣’。注，犹敌也。”《广雅·释诂》注“当”为“犹敌也”。这就是说“当”也有“抵挡”“抵敌”这层意思。例句如李白《蜀道难》：“剑阁峥嵘而崔嵬，一夫当关，万夫莫开。”

“当”有时可以作“挡”，但它的逆定律不存在，“挡”不可以替代“当”。这得从“挡”的本义说起。“挡”的繁体为“攩”（亦作“擋”）。许慎作注：“攩，朋群也。从手，黨声。”这就是讲，“攩”应是最早的“黨”字。《六韬》云：“友之友谓之朋，朋之朋谓之黨，黨之黨谓之群。案此则朋群也者，复语也。”

现代的字典、辞书，“挡”已非原义，而是作“阻挡”“遮挡”“抵挡”等解释，可不能说成“阻当”“遮当”“抵当”呀！

“偷”与“盗”

 小篆“偷”  甲骨文“盗”  小篆“盗”

先说一下写《“偷”与“盗”》的起因。

据媒体报道：2012年2月17日下午，日本骑车环球旅行者河源启一郎和朋友一起到武昌沙湖附近的汉街游玩。因汉街为步行街，自行车不能入内，他就将自行车靠墙停放，晚上八点半取车时已不见踪影。武汉警方经认真侦查，20日晚即将该车物归原主。

日前，笔者和几位文友聚餐，其中一位朋友几年内被偷掉十辆自行车。他提起武汉警方破获日本游客丢车案之事，就气不打一处出：“唉，咱那些车大概太便宜，都达不到立案标准，称不上‘盗’，只能算‘偷’，难怪每次报警都石沉大海……”

笔者随即寻得武汉警方《并非日本游客丢车才重视》一文阅读，这才发现，果然丢车一事从头到尾不说是“被偷”，而称为“被盗”。原来，河源启一郎的车价值17000元，达到了立案标准。如此说来，被贼窃走的东西，价格低叫“偷”，价格高叫“盗”，这就有了“小偷”与“大盗”之别。对此，笔者并不认同，于是就来咬文嚼字一番。

“偷”原属“女”部，写作“媮”，本义是“苟且”，故有“苟且偷生”一语。作为窃取之义的“偷”，与“盗”同义。《广韵》曰：“偷，盗也。”《后汉书·陈元传》言：“偷者，天下之盗也。专操国柄以偷天下。”都把天下给偷去了，那该叫“窃国大盗”，还能说他是“小偷”吗？

“盗”这个字说起来要比“偷”字复杂。瞧甲骨文的“盗”字，它形象地表示：一个贪婪的家伙看到人家的器皿（也不过是个盆子）就会流口涎，于是心存不善，即想占为己有（“盗”本写作“盜”，上部是个“涎”——三点“水”加个“欠”）。故，《说文》释“盗”为“私利物也”；《句读》云：“私有所利于他人之物为盗。”《荀子·修身》言：“窃货曰盗。”

成语有“鼠窃狗偷”和“鸡鸣狗盗”。我们怎么一点也看不出来，“狗偷”偷的东西价格低廉一点，“狗盗”盗的物品价格昂贵一些。笔者以为，日本游客“被盗”的自行车警方要全力侦破；咱们国内老百姓“被偷”的自行车，警方也应立案，也得花大力气去侦查，可不能因“查不胜查”就不去立案侦查。

“上”与“下”

甲骨文“上”

甲骨文“下”

古文“上”作“丄”，“下”作“丅”，它们都是指事字。段玉裁云：“指事者，不泥其物而言其事，丄丅是也。”徐灏《说文解字笺注》云：“上下无形可象，故于一画作识，加于上为上，缀于下为下。”

《说文》曰：“上，高也”“下，底也”。这就是说，“上”和“下”是相对而言的，凡垂直着的物体，上在下之上，下在上之下（笔者此言简直就是一句废话）。

从一般的角度来理解，“上”比“下”权重，皇上总是驾驭臣下，上司可以驱使下属，官员有功即可上位，一旦有错轻者下放，重者下狱，甚至于取下项上人头；“上”比“下”高贵，优者称之为上乘、上品，劣者斥之为下等、下品；“上”比“下”光鲜，如在城市建设方面，地上建筑总比地下设施重视，所谓“面子工程”，就是要让人们看得见它的华丽之处；表现在经济方面，那更是“上”比“下”强，股指接连大幅上升，就夸之为“牛市”，如不断下降，则叫它是“熊市”……

不过，上述种种并不是绝对的，有时竟是“下”比“上”好，“下”比“上”重要。譬如，领导者切莫眼睛向上，而应不耻下问，现在动不动下基层，接地气，煞是热闹；造高楼，下部基础要坚固，上部建筑才稳当；搞经济，一旦大干快上过了头，尽快下马是良策……

有许多事物，“上”与“下”是相辅相成的，谁也离不开谁。你家如果住的是高楼，电梯上上下下，给你带来方便，电梯下，你可以外出，电梯上，你可以进屋；“下”有时比“上”管用，树干下部粗，是大木料，栋梁材，树顶上的枝条，只能当柴烧。

有些日常生活用语，“上”和“下”还会反着讲。例如，到饭馆去用餐，通常说成“下馆子”；去卫生间行方便，竟然说是“上厕所”。你也许会说，“下馆子”“上厕所”之类，这是语言习惯。笔者以为不然。过去，有地位的人家办婚典、做寿诞等喜事，都在自家府上举行，那样更显得气派，而一般性的应酬则到酒馆饭店，实际是等而次之，上不了大台面，这才说成“下馆子”。至于内急时去解手出恭，那是绝对不能说这个“下”字的，假如说成“下”的话，岂不是要掉到茅坑里去了吗?

说到这里，笔者觉得有义务提醒大家，如果有人尽说“上”比“下”好，你得警惕，小心上当!

综上所述，无非是说明笔者的一个观点，即越是简单的，越要想得复杂一点。君不见，现在的字典辞书，对“上”“下”二字的解释那可是详之又详，本义、引申义、比喻义，名词、动词、形容词（“下”还可作量词），各有几十个义项，只要一查，都能知道，本文就不再啰唆了。

“公”与“厶”

小篆“公” 甲骨文“厶”

“私”的古文是“厶”。所有制有“公私合营”；笔者今作《“公”与“厶”》，把“公”“厶”二字合在一起谈。

首先碰到一个问题：是先说“公”字，还是先说“厶”字？《韩非子·五蠹》云：“仓颉之作书也，自环者谓之厶，背厶者谓之公。”段玉裁在引用了韩非的这句话后说：“自营为厶，六书之指事也；八厶为公，六书之会意也。”据此，笔者认为造“厶”在前，造“公”在后。于是，按此顺序，先谈“厶”，再谈“公”。

几千年来，“厶”字就像它的旋绕之形那样一直被曲解，蒙受着不白之冤。许慎解释“厶”，谓其“姦衺（奸邪）也”。他又说：“韩非曰：‘仓颉作字，自营为厶’。”难道说凡“自营”者都属“奸邪”？谁人不谋私利，谁家不蓄私财？难道谋点私利、蓄点私财、想点私情、干点私事都是“奸邪”之举？笔者以为，这个解释恐怕有违仓颉造字之意图。

笔者在想，与其说古“厶”形为“自环者”，倒不如说它是犄犄角角之状。何为“自营”？古时候实行“井田制”，耕地划成“井”字形，周遭八块犄犄角角的田地即自种自收归自己，而当中那块方方正正的良田为“公田”，八户为它耕种，收获充作税赋。你能说八户自耕农的“自营”行为是“奸邪”？所以笔者说，这个“厶”合情合理合法，不仅应该予以保护，而且要调动自耕农的积极性，愿他们所种私地里的收获越多越好。

《说文》曰：“公，平分也。从八从厶。”这一点笔者很赞成。《礼记·礼运》如是说：“大道之行，天下为公。”请注意，这里的“公”字犹如“共”字。我们现在已经弄清楚，“天下”不是皇家囊中之物，而是全民共有的国家；管理国家的领导者就是要为全民操劳，关心百姓的钱袋子，使之逐渐鼓起来，让他们的日子一天天好起来。

笔者以为，“公”上面的那个“八”应看成一把保护伞，它是为了保护底下那个“厶”，为千千万万个“厶”服务的。道家有言，“大公即大私”，正是这个意思。

笔者之所以将“公”“厶”二字合在一起谈，其目的就是：不把它俩对立起来。一旦尖锐地对立起来，那将是一场很难想象的灾难！

公字其实不高深，要义就是搞均衡。

社会分配得公允，普天之下享太平！

“多”与“少”

小篆“多”

小篆“少”

“多”“少”二字很平常，不知有啥趣事讲？是否有趣，听听无妨，说得不好，敬请原谅。

“多”字怎么解释？历来有所争议：一是“重夕”说；二是“二肉”说。

《说文》曰：“多，重也。从重夕。夕者，相绎也，故为多。重夕为多，重日为曡（叠）。”段玉裁力挺许慎，云：“重者，增益也。故为多。多者胜少者，故引申为胜之称。战功曰多，言胜于人也。从重夕，会意……夕者，相绎也，故为多。相绎者，相引于无穷也。抽丝曰绎；夕绎叠韵。”

持“重夕”说者甚众。王筠《说文句读》言：“重复则多也。”宋育仁《说文解字部首笺正》在“夕”字上做足文章，他说：“夕而又朝，朝而又夕，相引无穷，故制多字取义于夕。”综上所述，仿佛“重夕”说是有理有据的。

但是，且慢！“二肉”说的理由也得认真对待。王国维说：“多从二肉，会意。”徐中舒在他的《汉语古文字字形表》里提出：“多象两块肉形。古时祭祀分胙肉，分两块则有多，义自见。”也许由于古代物质贫乏，谁要是吃上两块肉，那当然比别人多了。从另一方面来说，分肉之人可得主持公道，不得偏袒私情呀！

“少（shǎo）”是“多”的反义词。许慎解曰：“少，不多也。从小丿（夭）声。”段玉裁亦说：“不多则小。故，古少小互训，通用。”

然而，“少”另有一读“shào”，如“少男少女”，就是指年轻人。

人有“老少”之分。其实，这里的去声“少（shào）”，也是由上声“少（shǎo）”引申而来的。徐灏《说文解字注笺》云：“老少之义因乎多少，如言某少（shǎo）于某若干岁是也。”这里正是用的“小”的意思。

“多”与“少”是相对的；“相对的”就表明两者之间不是一成不变的。照这么说，难道还有“多比少少，少比多多”的时候？这不是抬杠嘛！不过，这种情况还真的会出现。

有一则谜语，谜面说道：“一家分二院，二院子孙多。多的倒比少的少，少的倒比多的多。”打一物。谜底是“算盘”——上档珠少，下档珠多；但上档一珠之值，相当于下档五珠。

这正是：

是多是少仔细看，弄清字义非等闲。
咬文嚼字实有趣，掩卷会意笑开颜。

“笑”与“哭”

小篆“笑”甲骨文“哭”小篆“哭”

“笑”和“哭”，都是人的内心情感反映在脸部的表情。一般来说，“笑”是喜悦、欢乐；“哭”是痛苦、悲伤。

笔者比较喜欢琢磨文字的结构——“笑”与“哭”，它俩为什么这样写？关于这两个字的造字法，虽然前人有诸多论述，可是笔者总觉得还值得进一步探讨。

（一）“笑”怎会从“竹”？

先说说“笑”。它有多种写法：

（1）上“竹”下“夭”，这是通常的写法。李阳冰解释“从竹从夭”云：“竹得风，其体夭屈，如人之笑。”

（2）上“竹”下“犬”（这个写法《辞海》有，而电脑字库无），朱骏声注：“此字古皆从犬，本义犬狎人声也。”

（3）左“口”右“关”，写作“咲”，理由不详，见于《汉书·扬雄传》：“樵夫咲之。”

笔者以为，以上三种写法的道理都很勉强。其实，孔夫子早已对“笑”的造字法作了解答：“乐然后笑。”（语出《论语·宪问》）也就是说，人一高兴才会笑出来，这是典型的表情说。有个词叫“笑眯眯”，笑的时候两个眼睛就会眯成一条线，“竹”字头正像眯眯笑时眼睛的形状。“笑”的下部那个“夭”，既象形又兼声，一看就是笑得合不拢嘴的样子，成语如“笑容可掬”“笑逐颜开”等，则把笑的脸部特征形象生动地描绘出来。

（二）“哭”跟“犬”何干？

人伤心至极则哭。故，许慎曰：“哭，哀声也。”后来的文字学家认为，哀声大者曰哭，细声有涕者曰泣。

然而，“哭”是什么造字法，历来众说纷纭。《说文》讲它是形声字，“从吅（xuān），狱省声。”徐铉曰：“哭声繁乱，故从二口。”由此看来，“哭”字形部从“吅”，是取大声啼哭之义，倒也说得过去；但是，“狱省声”之说则多遭质疑。

段玉裁云：“哭入犬部，从犬吅，皆会意，而移以言人。”他的意思是说，“哭”是个会意字，从吅从犬，借犬吠形容人哭，表示大声啼哭如犬嗥。

笔者以为，许慎的“狱省声”之说，依据的是小篆字形，他那时没见过甲骨文。现在让我们来看看甲骨文的“哭”，它从吅，表示呼号；中间像一人擗踊的样子。本义是悲痛时发出叫嚣之声，正所谓“哭声震天动地”。可是到了小篆，字形发生了较大的变化，原先中间那个侧身张口嗥叫之人，变成了“大”字加一点，这就使许慎误以为是个“犬”字，用以表声。

笔者觉得许说、段说都很勉强，我们的看法是：小篆“哭”字当中的“大”，就是正面的“人”，上面的“吅”是人头上的大眼睛，“一点”则是流出的眼泪，此乃“整体象形”。

笔者进而认为，小篆“笑”与“哭”，各是一幅人的面部表情的“简笔画”。

“表”与“裏”

小篆“表”小篆“裏”

一到冬季，人们为御寒保暖，都得由表及裏添衣加衫。

“表”和“裏”，原本属“衣”部，它们都是衣服，或是衣服的一个组成部分。

“表”是个会意字，小篆字形为“衣”字中间加个“毛”字。《说文解字》曰：“表，上衣也。从衣从毛。古者衣裘，以毛为表。”许慎所说“上衣”，并非今人之上装，而是指穿在最外面的衣服（湖南人称之为罩衣）。段玉裁注：“上衣者，衣之在外者也。”

这里值得一表的是，古代物质贫乏，衣裘不易，官府为了表示清廉，特地立下规矩，“表裘不入公门”（见《礼记·玉藻》）。于是，官员们纷纷用“上衣”套在外面以遮人耳目，这就是典型的表面文章。久而久之，套在外面的那件“上衣”就成了礼服。

由于“表”有套在外面的衣服这层意思，就引申出“表相”“表征”“外表”等词语；“表”又引申为“表率”“榜样”等。包拯《乞不用赃吏》云：“廉者，民之表也。”这时的“表”也可通“标”。

“裏”，原意是“夹裏”，可别理解为“内衣”。许慎解释为：“衣内也，从衣里声。”《急就章》云：“衣外曰表，内曰裏。”《诗·邶风》有“绿衣黄裏”之句，用现在的话说，就是绿色的面子，黄色的裏子。

“表”和“裏”连在一起就有了“内外”之义。有个成语“表裏山河”，语出《左传·僖公二十八年》：“若其不捷，表裏山河，必无害也。”

是说内外都有山河之险要可以作为防守。

另一则成语“表裹如一”。朱熹《朱子全书·论语》里说：“行之以忠者，是事事要着实，故某集注云：‘以忠，则表裹如一也。’”他的意思是说，说到做到、表裹如一，这才叫“忠”。同理，如果表裹不一，那就是不忠！

值得一提的是，“裹”在简化时把它的外衣脱得精光，只剩下“里”了。

“里”字古已有之，其义有二：(1)作里程解。《正韵》云：“路程，今以三百六十步为一里。”现在以五百米为一里。(2)代指居住的区域。《周礼·地官·遂人》云：“五家为邻，五邻为里。”《风俗通》则说：“五家为轨，十轨为里。里者，止也，五十家共居止也。”

日前，笔者去上海某公园游玩。见园中一景点是仿石库门的街坊，其牌匾大书“上海裡”三字。什么是“上海裡”，难道上海人都住在衣服的夹裹（裡）之中？笔者觉得有必要提醒一下爱写繁体字的书法家，千万别把“上海里”这个里弄的“里”，写成“衣裹（裡）”的“裹（裡）”呀！

“善”与“恶”

小篆“善”

小篆“恶”

有道是“善有善报，恶有恶报”，此乃天理，但是何为善，何为恶？那可是首先要搞清楚的问题。

“善”，古文写作“譱”。《说文》曰：“譱，吉也。从誩（jìng）从羊。此与義美同意。”

对许慎的这一解释，我们是这样理解的：

（1）“譱”从“誩”，“誩”又是什么？许慎解释为“競言也”。《部首订》云：“言之通义为直言。誩犹二人直持其说，各不相让，盖争言也。但争者以手，其意有恶无美；誩者以言，其意有恶有美，故争誩之义相同。部中譱从誩，意取其美；讟（dú）从誩，意取其恶，皆可证。”

（2）“譱”从“羊”，羊是吉祥的象征，故为“吉也”。

（3）“譱”“義”“美”都从“羊”，所以三字是同一个意思（又，《广韵》释“善”，与“良”“佳”同义）。

不过，《尔雅·释诂》认为“善”从“言”。其曰：“祥，善也。吉言为善，故善从言；善言为吉，故吉从口。”这就表明，直言有“譱”有“讟”，要认真加以辨别。所以，孔子提醒人们要“择其善者而从之，其不善者而改之”（见《论语·述而》）。当然，凡是善言，闻者则应从善如流。

笔者以为，“善”不单是美好的直言，而且是一切有利于他人的行为，例如扶贫帮困、修桥铺路等善举，人们无不称道。“多多行善”应是当今大力提倡的社会价值观。

与“善”相对立的是“恶”。《广韵》释“恶”为：“不善也，从心亚声。”笔者的看法则是：“恶”字既近“亚”声，且近“亚”义。那么，“亚”是什么呢？许慎曰：“亚，丑也。象人局背之形。”王筠《说文释例》言：“丑是事而不可指，借局背之形以指之。”由此可见，造字之本意是想说，“恶”属于丑陋的现象。

这里必须讨论一个问题：“善”字从“言”，而“恶”字为什么从“心”？俗话说，歹念都由心头起，作恶常在一念间。对此，《通论》有极为精彩的解释：“有心而恶谓之恶，无心而恶谓之过。”意思是说，存心做坏事就是作恶，而非故意却做了坏事属于过失，两者是要加以区分的。从法律的角度讲，前者为故意犯罪，当从严惩处；后者属过失犯罪，处罚时可适当从宽。

明辨是非、惩恶扬善，是当前弘扬社会正气之急需，笔者特作《“善”与“恶”》，一吐心声。

善恶其实一念间

我劝弓手弓莫弹，枝头小鸟闹得欢。

都说小鸟会依人，鸟语花香是人间。

弓手倘若一出手，鸟儿小命准完蛋。

口念慈悲心向善，善恶其实一念间。

“茍”与“苟”

 金文“茍”  金文“敬”  小篆“茍”

“宁可不给孩儿上户口，也不能让他姓苟。”近日，某市一位姓苟的先生决定要给孩子改姓，于是撂下这句狠话。关于姓“苟”的人要求改姓的事，早已不是什么新闻，前几年就有某地某村2000余姓“苟”者改成姓“敬”了。

自古道“行不改名，坐不改姓”。是什么原因促使“苟”姓之人非要改姓不可呢？这是因为“苟”读gǒu，他们觉得这个音同“狗”，长期以来遭到世人的歧视和污辱。据说，他们的祖上原本姓“敬”。后晋时期，有一“敬”姓大臣因为要避皇帝石敬瑭（936—946年在位）的名讳，再加上奸臣的构陷，只得忍痛减去“攴”旁，改姓为“苟”。以此佐证，这是历史冤案造成，应予以平反改正才是。

我们未对后晋的这起冤案作过考证；不过，笔者认为：他们不姓“苟”（从艸勾声），而姓“茍”，读音是jì。也就是说，是他们祖上把自家的姓写成别字，读成错音了——它本身就是一大冤案！

许慎释曰：“茍，自急敕也。从羊省，从包省；从口，口犹慎言也。从羊，羊与義、善、美同意……己力切。”饶炯《说文解字部首订》云：“急敕义为敬。《仪礼·聘礼》云宾为茍敬，而以二字连文者，盖析称之曰茍曰敬，累称之曰茍敬也。茍敬双声，义得互借。或说，茍即敬字。”有一位姓薛名寿的文字学家专门写过《释茍》一文，他说：“茍亟敬三字古义皆同。故，茍训急敕。《大学·汤盘铭》苟日新，急日新也。苟亦当是茍字之讹。(茍)若读如从艸之苟，则与韵不谐矣。《论语》茍有用我者，言急有用我者。惜相沿俱多用从艸之苟，故漫不加察也。”

这里必须强调指出，在许慎的《说文解字》里，“茍”单列一部，从属仅一个“敬”字。徐灏《说文解字注笺》云：“敬又戒谨义，茍训急敕，敕者戒也。其义相近，声亦相转。疑茍即古敬字，从茍加攴，攴，治也，治事肃恭之意。”

综上所述，“敬”姓即姓“茍”，而不是姓“苟”。特别需要注意的是：“茍”是“羊”字头；“苟”是“艸”字头。孔广居《说文疑疑》云：“苟，草也，借为苟且，草率之义也。”

文末，作“打油诗”曰：

茍苟混淆冤案奇，茍者本是古敬字。
姓茍从羊寓吉祥，何来苟且之贬义。
我劝茍姓诸朋友，自身切莫乱生疑。
汉字博大而精深，弄清本意为第一！

“到”与“倒”

小篆“到”

小篆“倒”

在网络上看到一则小笑话：在新兵连时，任何时候点到名都要大声应答“到”。有次班长点名，我答“到”，班长说我声音太小，罚我对着围墙大喊100遍“到，到，到”……可是还没喊到50遍，围墙突然倒了，进来一个货车屁股。紧接着，就听到围墙外一个声音在怒吼：“谁在瞎指挥！”

原来，那货车司机把“到”听成“倒”，你不停地“到”，他就一个劲儿地“倒”，这围墙哪有不倒之理？

“倒”有两读：一读dǎo，二读dào。“倒（dào）退”的“倒”和“到来”的“到”同音，所以听时易混。书写有时也会犯难，譬如“到数”与“倒数”，前者表示“数字到了”，后者意为“倒过来数”。值得注意的是，“数”也有两读：“到数”的“数”读shù；“倒数”的“数”读shǔ。

《说文》曰：“到，至也。从至刀声。”许慎老先生不愧是文字学的鼻祖，把这个“到”字解释成“至”，不仅科学，而且艺术。此话怎讲？我们知道，“到”既有“来”之义，如“首长到”，又有“去”之义，如“到北京”。一个“至”则“来”“去”二义兼而有之——至哪里？至这里即“来”，至那里即“去”。

“到”有一义为“颠倒”。《庄子·外物》篇言：“草木之到植者过半。”颜师古注：“锄拔反之更生者曰到植。今字作倒。”由此可见“倒”是后起字，汉碑方初见之。

不过，“倒”字起先仅有一义。徐铉云：“倒，仆也。从人到声。”现在，这个“倒”字其义繁多，实难一一罗列。笔者以为，关键是要把握好dǎo、dào之别。譬如，“倒下来”，如读成“倒（dǎo）下来”，那是表示跌翻了；若读成“倒（dào）下来”，则表示往下倾注。

“剌”与“刺”

 小篆“剌”  小篆“刺”

形近难辨之字，“剌”“刺”可算典型，要想加以区别，“束”“朿”必须分清。四句口诀念罢，转入本题正文。

许慎说：“朿，木芒也。象形。”许慎讲它是象形字，意指“木”字当中的那部分就像长出的芒刺。段玉裁注：“芒者草耑（同端）也，引申为凡铁锐之称……朿今作刺，刺行而朿废矣。”所以，“刺”就是“朿”。然而，还有两个隶属于“朿”的字，一个是叠朿为“棗（枣）”，另一个是并朿为“棘”。

笔者本以为“棘”是带刺的灌木，近日查资料才知道“棘，酸枣之树也”（颜师古语）。

“束”，捆绑的意思。看到这个字，就会回想起半个世纪前的部队生活。那时候，我们常常上山砍柴，竟然学会用一根小竹子拧成绳往柴垛当中一束的本领。你看，把木柴拦腰一箍，这可是再形象不过的一个“束”字。

经过一番迂回曲折，现在该谈谈“剌”“刺”二字的区别了。其实，“刺”在讲“朿”时已经都说了，再说无非是带“刺”的词语，如刺刀、刺字、刺配、刺探、刺激……

笔者忽然想起，古代有一个管理地方的官职叫“刺史”，笔者一直弄不明白他到州郡去是刺探民众动向，还是刺激百姓愤慨？总之，这个官名不好，所以历史上几经换名，一会儿改叫“州牧”，一会儿更为“太守”；但笔者总觉得再怎么改也好不到什么地方去，哪有现在称作“书记”谦逊、高雅。

“剌”（là），是个书面语，现在它的用处不大了。其义有二：一是造字本义，“以刀破束”（语出徐灏《说文解字注笺》）；二是作乖戾、乖张解，如乖剌、剌谬等。有一物叫“剌子”，《本草纲目》里说它是“红色的宝石”。

“坐”与“座”

小篆“坐”

小篆“座”

“坐”与“座”，易搞错。如“坐北朝南”，很多人写成“座北朝南”。怎样才能避免这种差错呢？笔者以为，最简单的方法是区分二者的词性。

“坐”是动词，表示与“行”相对的一种止息方式。如《史记·项羽本纪》：“项王、项伯东向坐，亚父南向坐。亚父者，范增也。沛公北向坐，张良西向侍。”

“座”是名词，指供人坐的地方，也指位置、座次。如李商隐《无题》诗：“隔座送钩春酒暖。”旧时用“座”作为对官长或对他人的敬称，如“座主”，是用来称呼主考官或总裁官的；“军座”“总座”是对首长的敬称；“座前”是旧时书信中对尊长的敬称。

接下来，再从“坐”字的构造方面谈一下。《说文解字》曰：“坐，止也。从土，从留省。土，所止也，此与留同意。”徐灏《说文解字注笺》云：“古人是席地而坐，故从土。从留者，留亦止也，故曰同意。此坐之本义，引申为凡止者之称。古文从二人对坐，取字体相配。”

古人的坐姿为两膝着地，臀部压在脚跟上。由于跪的样子与坐这个姿势相似，所以“跪可言坐”。例如，《礼记·曲礼》有言：“先生琴瑟书策在前，坐而迁之。”但“坐不可言跪”，原因是“坐而迁”即是“膝行”。

又因为“二人对坐”，而且坐与跪的姿态相仿，由此再引申出“罪人对理曰坐”这层意思。（意指“坐罪”，《仓颉篇》曰：坐，罪也。）

据南宋洪迈（1123—1202年）的《容斋随笔》所述，席地而坐的先民，直到汉代才学习胡人的坐姿，制作出用来支撑臀部的凳子、椅子等特定的坐的器具。与此同时，就产生了一个后起字“座”，用以表示所坐之处（“座”从“广”，指屋中坐的位置）。例如，皇帝坐的龙椅称为“宝座”；礼让来客时说“看座”；请客人就席说“入座”等都是指的座位。

这里必须说明一下，“坐”字释义众多，譬如，枪炮发射时，由于力的反作用而使枪炮向后移动，称为“后坐力”；“坐”还可作介词“因为”“由于”，如杜牧《山行》中有“停车坐爱枫林晚”之句，可不能理解成坐在那儿。

“座”也有多解，它还可以兼作量词，如一座山、一座桥等。

文末，写首“打油诗”，请各位挑错，算作余兴节目。

坐座二字易混淆，弄点差错让你挑。
对号入坐坐位找，找到坐位快座好。
头排中坐总坐座，总坐入场掌声高。
总坐座下戏开演，看戏不可离坐跑。

（“打油诗”三至八句的答案应为：对号入座座位找，找到座位快坐好。头排中座总座坐，总座入场掌声高。总座坐下戏开演，看戏不可离座跑。）

“繁”与“简”

金文“繁”

小篆“繁”

小篆“简”

世上任何事物都有个从简到繁、再从繁到简的过程，汉字也是如此。大多数国人说汉字太繁，主张简化。笔者幼年学的是繁体字，颇有“繁体烦”之感慨，所以很赞成“简化汉字”。

乍看起来，“简化汉字”仿佛是20世纪50年代开始的事，其实不然。我们的先民从开始创造文字起，就一直做着在不影响表意的前提下尽量减少字的笔画的事，今人所谓的“汉字改革”，只不过是继续前人的意愿而迈出较大的步伐而已。

就拿“繁”“简”二字来说吧。“简”是从“簡”简化而来，仅将“門”简成“门”；而现在写的“繁”字，还真是个“繁体”，大有不胜其烦之感。可是，早先这个“繁”字没现在的繁，金文、小篆都写作“緐”，字里面没有“攴”，比“繁”还少四画呢！

许慎解释“緐”的本义是“马髦饰也”。段玉裁注：“引申为緐多。又俗改其字作繁，俗形行而本形废，引申之义行而本义废矣。”由此可见，由“緐”到“繁”，乃俗人所作俗事。今人力主简化，本应将“繁”恢复到“緐”才是。20世纪五六十年代虽然搞过多次简化，不知何故，“繁”竟不作简化，真让笔者有点弄不懂，是不是特意保留“繁”，给人们一个“繁复”“繁杂”的印象？要知道，这个“繁”字还有“繁多”（汉字究竟有多少，至今说不准）、“繁殖”（大量的形声字就是从象形、会意、指事字孳生出来的）等义。笔者以为，“繁”字的用处越多，越有简化的必要！

1956年，我国发布了《汉字简化方案》，根据《简化字总表》规定，一下子有2000多个字简化了。笔者以为，“文字改革”虽有不足之处，但瑕不掩瑜，从总体来看这次简化是成功的。在这2000多简化字中，绝大多数是偏旁部首的简化，如“食”部、“金”部、“糸”部、“馬”部等，吸取草体写法，一下子就简化了数百字。有一些“简化”其实就是恢复古文写法，或是采用了前人简化的成果，如“長”简为“长”，则是参照了古文“夫”；卯金刀“劉”写成文刀“刘”，汉代人治印时就是这样写的，如此等等，足以表明汉字改革当在继承前人的努力方面发展。如一味搞“大跃进”，则会出现“二简”及前不久的“44字”之瑕疵。

简化汉字当是坚定不移的方向，但是汉字是传递先民认识自然、利用自然的科学信息，是制约社会、规范行为的智慧结晶，每一个汉字都有它的文化积淀，理所当然是一门大学问，因此我们对汉字首先得有敬畏之心。汉字改革每走一步都应当慎重，慎之又慎，尽量避免“亻丁（停）”“氵九（酒）”“咀（嘴）”之类的洋相，尽量减少“發”“髮”不分的乱象。

“蘇”与“蘓”

小篆“苏”

“苏”是个形声字，从“艹”，读音为“稣”，它的繁体写作“蘇”。《说文》曰：“蘇，桂荏也。”《本草纲目》称：蘇，即紫蘇。其注云：“蘇从稣，舒畅也。蘇性舒畅，行气和血，故谓之蘇；蘇乃荏类而味辛如桂，故《尔雅》谓之桂荏。”

杭州西湖十景之中有一处称为“苏堤春晓”。并非堤上长满紫苏，乃因苏轼知杭州期间，主持疏浚西湖，堆泥成堤，故得名苏堤。

“蘇”有个异体字“蘓”。康熙皇帝曾御笔亲题“蘓堤春曉”四字，“文革”之初这块御碑被砸毁。

康熙为什么要将“蘇”写成“蘓”呢？这还得从东坡居士与佛印和尚就“蘇”跟“蘓”的不同写法演绎出的一则文坛佳话说起。

苏东坡爱吃鱼。一次，他做了一盘“五柳鱼”，刚端上餐桌准备享用，佛印和尚及时赶到。苏学士心想：好个蹭饭的和尚，这鱼我偏不让你吃。于是，他把那盘鱼搁到了书架顶上。

佛印大和尚非但鼻子灵，而且眼睛尖，早就看到鱼藏何处，暗自思考片刻，已想出让苏东坡乖乖把鱼拿出来的妙计。

“贫僧今日特来请教一字。”

“何字？”

“蘇学士的‘蘇’怎么写才正确？”

佛印大和尚学识渊博，他怎能专程前来讨教这等小儿科问题？苏东坡佯装不知，像煞有介事地回答：“‘蘇’字上面是个草字头，下边左‘鱼’右‘禾’。”

“要是把‘鱼’搬到右边呢？”

“这个‘蘓’，还念‘蘇’。”

“要是把‘鱼’挪到草字头上面去呢？”

“‘鱼’放在上头就不成字了。”苏轼暗自好笑，原来他是在这里等着我呀！

佛印用手指了指书架顶上藏着的“五柳鱼”：“那就请把鱼拿下来吧！”

在一阵嬉笑声中，这对欢喜冤家分享起美味的“五柳鱼”来。

康熙出于对“苏文公”的尊崇，将“蘇”写成“蘓”，此后在编《康熙字典》时，“蘓”就成了“蘇”的异体字，正式收入字典之中。

民间还有一则“秦观制字谜求婚”的美谈。

某年重阳节，苏轼邀秦观饮酒赏菊。谈笑间，苏轼问秦观为何至今未择佳偶？秦观满脸通红地回答：“不才久慕一位窈窕淑女，只是难以启齿。”

“相中哪位千金，不妨说来听听。”

“小弟制一个字谜，请兄台猜猜看：园中花，化为灰，夕阳一点已西坠。相思泪，心已碎，空听马蹄归，秋日残红萤火飞。”

苏轼一听，哈哈大笑：“你的意中人竟是我家小妹，这个大媒我做定了。”

原来，花去化，是“艹”；夕少点、思去心、马留四点，合起来是“魚”；秋去火是“禾”。“艹”“鱼”“禾”组合起来就是“蘇”字。

“仆”与“僕”

小篆“仆”

甲骨文“僕”

“仆（pū）”“僕（pú）”原是两个毫不相干的字，如今，“僕”简化为“仆”，于是“仆”成了多音多义字。

许慎曰：“仆，顿也。”朱骏声云：“前覆曰仆，后仰曰偃。”段玉裁云：“仆，顿也。顿者，下首也。以首叩地谓之顿首。引申为前覆之辞。”由此可见，“仆”的本义是表示人向前跌倒这个动作。《史记·项羽本记》云：“樊哙侧其盾以撞，卫士仆地。”后引申为倒伏、下坠。韩愈《祭湘君夫人文》所言：“旧碑断折，其半仆地。”

“僕”是个会意字。甲骨文像一个罪人手端畚箕正在从事繁重的体力劳动之形状，本义为供役使的奴隶；古文从臣、从菐，金文开始从人、从菐，菐亦声。故，《说文》曰：“僕，给事者。”《礼记·礼运》云：“仕于公曰臣，仕于家曰僕。”后泛指被人雇佣，听主子差遣的人。又可作第一人称代词，旧时谦称自己为“僕”。司马迁在《报任安书》中说：“僕非敢如是也。”

当今，各级官员都十分谦虚地称自己是“公僕”，把自己降格到了听任民众使唤的“僕人”的地位，真可谓诚恳之至，谦逊之极！而“仆”有跌倒一义。笔者真不希望有官员在公众面前“跌倒”，更不希望他们跌得“前仆后继”。

所以，笔者建议将“公仆”恢复为“公僕”。

“后”与“後”

小篆“后”

小篆“後”

电视剧《秦始皇》里有这样一个情节：秦始皇发现母后赵姬与丞相吕不韦私通，大为恼火，即吩咐心腹赵高，“太後甘泉宫里的那些下人，伺候太後的时间太长了，知道的事情也太多了，应该换一批了。你即刻去办吧！记住，不要惊动太後，也不要放走一个”。

请注意，这段话的字幕里，竟有三处将“太后”写成“太後”。编导以为，“後”是“后”的繁体，把“太后”写成“太後”，说明咱们对古文颇有研究，“国学”底蕴深厚。这其实是弄巧成拙，恰恰出了个大洋相！

《尔雅·释诂》云：“后，君也。”《说文解字》曰：“后，继体君也。施令以告四方。发号者君后也。”这就是说，“后”即君王。

徐灏《说文解字注笺》对此有较为详细的解释：“古者凡继体从政有君人之道者皆曰后，故有后夔、后羿之称，而诸侯谓之群后，天子独称元后。後世乃为后妃之专名。”

“後”，本是“先後”“前後”之意。许慎曰：“後，迟也。从彳幺夂者，後也。”《文源》释“後”：“从行者，夂象足形，足有所系，故不得前。”段玉裁言：“幺者小也，小而行迟，後可知矣。故，从幺夂会意。”

而今，“後”被简化，也写作“后”。于是，就有了将“太后”写成“太後”之杰作。殊不知，此“太後”若是排名，不知要排在第几个妃子之後，真是搞笑。

笔者以为，把“太后”写成“太後”，太莫名其妙了！

“鉏”与“锄”

小篆“鉏”

安徽蚌埠怀远县古城乡庙荒村有上千名鉏姓村民。因“金”作部首时简化成“钅”，故电脑打字打不出“钅+且”，造成这些村民存不了款、办不了房产证、实名制后买不到火车票……为此，有位苏艺先生写了篇题为《安徽千余村民姓氏电脑打不出 财产登记妻子名下》（以下简称《姓氏》）的文章，登在《安徽商报》上，指出“鉏”没有简化字，希望政府有关部门应对此事迅速作出处理。

可是，《姓氏》一文刊出后，电脑仍然打不出这个“鉏”字，你道为何？原来，苏艺先生把“鉏”读成“池”，电脑是不会帮你纠正这个错误的。

“鉏”有三个读音：（1）chú，一是“锄”的异体字，二是姓。（2）jū，有“鉏铻”一词，同“龃龉”，意为（上下齿）不相配合。（3）xǔ，本后羿立国所在地名。《左传·襄公四年》“后羿自鉏迁于穷石”，在今河南滑县东。

“鉏”作为姓氏，其实并不过于冷僻。戏剧《赵氏孤儿》应该说是有相当知名度的，其中的一位义士就姓“鉏”。

春秋时，晋灵公荒淫暴虐，宰相赵盾屡屡劝谏，晋灵公非但不听，还密谋杀害赵盾，便派勇士鉏麑去相国府行刺。深夜，鉏麑潜入赵府，见赵盾端坐于堂上，朝衣朝冠等待上朝，顿时觉得老相国是位大大的忠良，不忍心加害，但是不杀赵盾就是违背君命，于是他毅然撞庭中槐树而死。后人为追思鉏麑，为其建造了“触槐堂”。

“聽”与“听”

小篆“聽”

小篆“听”

许慎曰：“聽，聆也。从耳悳，壬声。”（笔者注：“悳”即“德”）段玉裁云：“凡目所及者云视，如视朝，视事是也；凡目不能遍而耳所及者云聽，如聽天下，聽事是也。从耳悳，会意。耳悳者，耳有所得也。”徐灏说：“耳主聽，故从耳悳，悳犹指职也。”

“聽”的引申义众多，可释作“从也”。《左传·昭公二十六年》中“姑慈妇聽”，即为“聽从”之义。

亦可释作“断也”。《周礼·天官·大宰》：“凡邦之小治，則冢宰聽之。”《汉书·刑法志》：“一曰辞聽，二曰色聽，三曰气聽，四曰耳聽，五曰目聽。”此乃“聽断”之义。

又可释作“任也”。《汉书·景帝纪》中“其议民欲徙宽大地者，聽之”，则是“聽任”的意思；也可作“打探”解，《战国策》：“请为王聽东方之处”，其注云：“聽，侦探也。”

还可释作执掌、管理事务，如“聽政”“聽事”等。

现在，“聽”变成“听”，实在令人纠结：你用嘴巴讲话，我拿耳朵聆听。简化“听”从“口”部，字义无法弄清。

其实，“听”这个字古已有之。《说文·口部》曰：“听，笑貌。从口，斤声。”蒋人傑《说文解字集注》指出，听这个字读作yín（音近“垠”）。《史记·司马相如传》有“无是公听然而笑”之语，郭璞注：“听，笑貌也。”

自西学东进之后，国人将马口铁罐子装的罐头食品称作“听（tīng）头”；同时，“听”也是量词，如买一听水果听头。

“丑”与“醜”

甲骨文“醜” 甲骨文“丑”

笔者极不赞成把“醜”简化成“丑”。这是为何？请听笔者将理由慢慢道来。

许慎曰：“醜，可恶也。从鬼酉声。”段玉裁云：“（从鬼）非真鬼也，以可恶故从鬼。”

“醜”有诸多引申义：可作“臭”解，如《释名》言，“（醜）臭也，如臭秽也”。亦指君王、权臣不轨之处，如《韩非传》里讲：“在知饰所说之所敬，而灭其所醜。《注》索隐曰：谓人主有所避讳而醜之，游说者当灭其事端而不言也。”故，《谥法》指出：“怙威肆行曰醜。”例如《晋书·何曾传》：“曾骄奢过度，宜谥缪醜。”又可指代行为不端之徒，如有个词叫“醜贼生”，专门用来骂毫无人性，犹如畜生者。还特指相貌醜恶，如《汉书·五行志》所说：“或形貌醜恶，亦是也”。

“醜”是“美”的对立面，《淮南子·说山训》说道：“不求美，又不求醜，则无美无醜矣。”

综上所述，凡可恶的、醜陋的、见不得人的、臭不可闻的，皆可称之为“醜”。

“丑”原本不醜，其义无所谓褒贬。《说文》曰：“丑，纽也。十二月，万物动，用事。象手之形。时加丑，亦举手时也。”这就是说，“丑”是“地支”的第二位，因十一月阳气动，为“子月”，而丑在子后，万物动，故农历十二月为“丑月”。它又指“丑时”（1—3时），这是因为其字形像“手”握“丨”，徐锴云：“丨所执不出于手也。昧爽为丑，人皆起有为也。”请注意，“昧爽”尚处似明似暗天色，即黎明之时，此刻人们已起身劳作（是谓“举手有为”），可见国人之勤劳，所以“丑”又对应十二生肖中的“牛”。顺便说一下，药物中有一样“丑宝”，它是牛黄的别称。

笔者将计年月日时的、比喻勤劳的“丑”，与表示可恶的、醜陋的“醜”作了这番对照，请问各位读者，它俩还能混为一谈吗?

当下，美醜不分、以醜为美的低俗文化日渐泛滥，这就充分说明，正是以“丑”字代替“醜”字的潜意识作祟所致。由此看来，汉字的改革绝非是减减笔画那么简单的事，它是关系到道德情操升华、社会风气净化、民族精神振奋的大事，可得谨慎从事，千万马虎不得。

"法"与"灋"

小篆"法" 金文"廌"

"灋",古文"法"字。《说文》曰:"灋,刑也。平之如水,从水;廌,所以触不直者;去之,从去。"许慎的意思是说,这个字由"水""廌""去"三部分组成。后人把"廌"去掉了,"法"字就剩下"水""去"两部分了。

让我们来看一看这个"廌"是什么。"廌(zhì)",传说中的一种神兽,全名解廌,亦称獬豸、觟虒。《说文》曰:"解廌,兽也,似山牛,一角,古者法讼,令触不直。"《论衡·是应》:"儒者说云,觟虒者,一角之羊也,性知有罪。皋陶治狱,其罪疑者令羊触之。有罪则触,无罪则不触……"《异物志》云:"獬豸独角,见人斗,即以角触不直者;闻人争,即以口咬不正者。"

不管"廌"是独角牛,还是独角羊(也有说它属于鹿),它能判断曲直是非,能确定罪与非罪,这样的神兽即使伤残也显得特别可爱,以至于古代人喜欢戴"獬豸冠"。《后汉书·舆服志》:"獬豸,神羊,能别曲直,楚王尝获之,古以为冠。"往后,"獬豸冠"借指执法者。关汉卿在他的折子戏《玉镜台》里唱道:"生前不惧獬豸冠,死来图画麒麟像。"

那么,现在的"法"字省去了"廌",是出于何故呢?也许是由于后人办案的水平提升了,判定是非曲直的能力提高了,再无需"解廌"帮忙了;也许认为"法"字已经有"水"了,就能够"一碗水端平",公平断案了,准确量刑了;也许考虑到书写方便,该简则简吧……

我们并不主张恢复古文“灋”字，但今日之执法者可不能丢掉“解廌”的本色，正如段玉裁所云：“法之正人，如廌之去恶也。”

时下，法院大门口一般都塑上一尊独角兽，这充分说明“廌”还留在执法者的心中。有道是“獬豸知曲直，狱讼平则至”（语出《宋书·符瑞志》），法不阿贵，法不偏袒，若真如此，公民之幸也。

“锺”与“鐘”

 小篆“鍾”  小篆“鐘”

2010年11月21日是国学大师钱锺书先生100岁诞辰。提起他老先生，就让我们想到了这个“锺”字。

钱锺书先生出生于江苏无锡县。诞生那天，曾有人送来一部《常州先哲丛书》，伯父钱基成就为他起名“仰先”（取“仰慕先哲”之义），字“哲良”。至周岁“抓周”时，小仰先抓的是一本书，父亲钱基博便为他正式取名“锺书”，意思是“锺爱读书”。

“锺（鍾）”，有“集聚”的意思，由此引申出“感情专注”之义，如“锺（鍾）情”“锺（鍾）爱”等。现在，将“锺”和“鐘”都简化为“钟”。可是，钱老先生生前向来不写“钱钟书”，一直坚持写成“钱锺书”，这是出于何故？原来，汉字简化时，把原本互不相干的“鍾”和“鐘”都归入简化的“钟”。

《说文》解释：“鐘，乐鐘也。”指的是打击乐器编鐘。《左传·昭公二十一年》曰：“鐘，音之器也。”《释名》云：“鐘，空也。内空受气多，故声大也。”

《说文》解释：“鍾，酒器也。”段玉裁云：“古者此器盖用以宁酒。故大其下，小其颈。自鍾倾之而入于尊。自尊勺之而入於觯。故量之大者亦曰鍾。引申之义为鍾聚。”

“鍾”又是古代的一种计量单位。春秋时齐国的“公量”制规定：四升为豆；四豆为区（瓯）；四区为釜；十釜为鍾。一鍾合六百四十升。由此看来，“鍾”是个很大的计量单位，故有“读，读，读，书中自有千鍾粟”之语。

“鍾”“鐘”统一变成“钟”后，语义多有混淆。“锺山风雨”的“锺山”，即紫金山，现在写成“钟山”，如果理解成“鐘山”，谁也不知道这座山在何处；广西有个“富钟县”，它是指粮食富裕还是指乐器众多？笔者觉得以“富锺县”为宜。

因为简化的“钟”包含“鍾”“鐘”二字，就此产生诸多不便，不少辞书在列“钟山”“钟爱”等条目时，则处理成“钟（锺）山”“钟（锺）爱”等，真够烦的。

汉字简化是大势所趋，总体应该肯定；但有的要甄别，“钟”字则应列入需要甄别之列。钱锺书先生不愧是国学大师，他签名不改一个“锺”字，绝不能理解成仅仅是个人的锺爱，其中的深意很值得从事文字改革的诸位先生体会呀！

“肉”和“月”

 甲骨文“肉”  甲骨文“月”

“肉”作部首时，大多数写成“月”（形同月亮的“月”），如“肥”“胖”；也有少数用原字形，如“胾”（zì，切肉大者为胾）、“脔”（luán，切肉小者为脔）。

“肉（月）”部在汉字里是“人丁兴旺”的大部，在《说文解字》中就有140字之多；《辞海》有360多字（包括繁体、异体）；《现代汉语词典》有260多字（包括繁体、异体）。不过，《辞海》《现代汉语词典》的“月”部是“肉”“月”（月亮的“月”，以下改注音yuè）合为一部的。

我们以为，作为辞书，最好把“肉”部与“月（yuè）”部分开。《说文解字》就是这样做的。尽管真正属“月（yuè）”部的字数不多，但混在一起会产生不少费解、难解、误解的问题。

先说一下“肉”作为部首为什么绝大多数成了“月”？人类之初多以鸟兽之肉为食，加上人的肢体脏腑名目较多，从“肉”的字就多。许慎说“肉”是象形字。鸟兽之肉割下来没有规则，像什么形？于是篆体就写成斜着的“月”，里面的那两根线条用以表示肉的纹理。

“月（yuè）”部，《说文解字》里收了10个字。如月朗星稀的“朗”、月色朦胧的“朦胧”、相约有期的“期”、称王称霸的“霸”等。

“霸”这个字怎么会跟月亮相关呢？许慎曰：“月始生，霸然也，承大月二日，承小月三日。”众文字学家都说“霸”与月亮生出之状相关。

由此可见，“朗”“期”“霸”等绝不能拿来当肉吃。《辞海》《现代汉语词典》把它们和表示“肉”的字归在一起，实在说不过去。

有一个“朒(nǜ)”字，《辞海》《现代汉语词典》都归在“月”部，更让人有莫名其妙之感。“朒”，《说文》在“月(yuè)”部，其义为：“朔而月见东方谓之缩朒。”《玉篇》：“缩朒，不宽伸之貌。”别看这字左右都是“肉”，但它与“肉”毫不相干。

“肉”部字趣味多多

（1）“肌肉”分为“肌”与“肉”。“肌”当然是肉，但段玉裁说：“人曰肌，鸟兽曰肉。”切记，我们吃的是鸟兽的肉，不能说成吃“肌”！

（2）“胚”“胎”，现在统称“胚胎”。“胚”和“胎”本不是一回事。段玉裁老先生就像妇产科专家一般，说得可清楚呢。“《文子》曰：一月而膏，二月而脉，三月而胚，四月而胎，五月而筋，六月而骨，七月而成形，八月而动，九月而躁，十月而生。”据此可见，“胚胎”一词是严格按“胚”（三个月）在前、“胎”（四个月）在后的顺序排列的。

（3）成语有“肝胆相照”，为什么没有“肠肺相照”或“胃肾相照”？这是因为“大肠为肺之府而不连肺也……惟胆连于肝，故先云连肝，指其部位也”，它俩连在一起，这就“肝胆相照”了。

（4）“胃”，怎么上面是“田”字？原本不是“田”，而是“囗（围）里一个米”，米（食物）吃下去到哪里？当然先到胃里；后经消化吸收，渣滓排出，这才会送到田里当肥料（现在“米田共”不用去田里了）。

（5）也许最感意外的是“胡”字，如果指“胡须”，它属人身上长出来的，勉强算与肉有点关系；假如说是“胡人”，人当然身上长着肉；可是，《说文》解作“牛颔垂也”，依据是《史记·封禅书》。段玉裁特作诠释：“牛自颐至颈下垂肥者也。”这大概是我们土话说的“潮头肉”吧？

有些字在“肉”部不太好理解，得琢磨琢磨。如“散”，它原义是碎肉，碎的当然就是散掉的，是这个理。又如“胜”，现在的意思是赢了，跟“肉”有什么关系？它的本义是“犬膏臭也，一曰不熟也”，今作“腥”，可见原义跟“肉”有关。如今作胜败之胜解，跟“肉”毫不搭界。再有

“肖”字，它应作“像”解，故有“肖像”一词。许慎说，这个“肖”字“骨肉相似也”。是不是指这个字形像“骨”又像“肉”？非也。他说的意思是“肖与不肖”，《一切经音义》对此解释为：“今言不肖者似也，谓骨肉不似其先，故曰不肖。”

“皮”和“毛”

小篆“皮” 小篆“毛”

什么是“皮”？《说文》曰：“剥取兽革者谓之皮。”许慎之说实为“兽革剥取下来后谓之皮”。为此，段玉裁云：“剥，裂也。谓使革与肉分裂也。”你瞧小篆“皮”字，不正是表示用手从兽体剥下一块东西吗。

其实，“革”是“皮”的加工物。《周礼·天官》云：“掌皮，掌秋敛皮，冬敛革，春献之。”《注》云：“有毛为皮，去毛为革。”徐锴云：“生曰皮，理之曰革，柔之曰韦。”

“皮”，因其是体表剥取之物，所以“凡物之表皆曰皮”，如“树皮”等；“凡去物之表亦皆曰皮”，如“削皮”等。

接下来说说“毛”。《说文》曰：“毛，眉发之属及兽毛也。”笔者以为：禽兽表皮之上长有一种角质附着物，兽称之为毛，禽称之为羽。人为“倮虫”，不再是遍体长毛，只是局部有毛；而体表不同部位的毛又有不同的雅号。段玉裁称之为：“眉者，目上毛也。发者，首上毛也。须者，口下之毛也。髯者，颊须也。䰅，口上须也……”

“毛”也有许多引申义，这里只说一个引申义——指代地面所长之草木、谷物等。《崔豹·古今注》言：“地以名山为辅，石为之骨，川为之脉，草木为之毛。”《公羊传·宣公十二年》有“锡之不毛之地”之语。不毛之地者，五谷不生也。

据《井观琐言》称：“闽南人谓毛曰膜。”时至今日，湖南、广东等地“毛”依旧读作“冇”。这让笔者想起苏东坡请好友刘贡父吃“毳饭”的故事。

某日，刘贡父应苏轼之邀，兴冲冲来到苏府，品尝“毳饭”。苏将刘引至餐厅，餐桌上却空空如也。刘想，这“毳饭”一定是三种长毛之荤腥，也许煮的时间较长，那就耐着性子等候吧。可是，苏轼竟举起筷子一味劝吃，直弄得来客丈二和尚摸不着头脑。过了老半天，苏轼这才笑眯眯地解释：“饭也毛（冇），萝卜也毛（冇），盐也毛（冇），三样都毛（冇），这不是‘毳饭’吗？”原来，南方方言读“冇”为“毛”，三“毛”相叠为“毳”，这“毳饭”干脆啥都没有！

本文题为《“皮”和“毛”》，其实我等知之甚少，只能说点皮毛，仅供各位一笑。

“鸟”和“隹”

甲骨文“鸟”

甲骨文“隹”

许慎曰：“鸟，长尾禽总名也。”又曰：“隹（zhuī），鸟之短尾总名也。”段玉裁注：“短尾名隹；长尾名鸟。析言则然，浑言则不别也。”这个注解的意思是，凡二足而羽之禽总称为“鸟”（“禽”的本义是“走兽总名”）；如果细分的话，鸟中短尾巴的叫“隹”。

现代生物学给出的定义：鸟是“脊椎动物的一纲，温血卵生，全身有羽毛，后肢能行走，前肢变为翅，一般能飞。”由此可见，这一定义并未提及因尾较短而有“隹”属。于是笔者想，抑或先民对飞禽的观察比今人仔细。笔者的这个想法有以下例证。

《正字通》云：“二足而羽谓之禽，或曰鸟。嘴曰咮曰喙，爪曰距，尾曰翠，一名尾罂。膍胵（pí chī，鸟的胃）曰奥，咙曰亢曰员官，项畜食处曰嗉，翅曰翮曰翎，颈毛曰翁，脚短者多伏，脚长者多立，脚近翠者好步，脚近臆（鸟的胸部）者好踯。”从这段表述得知，古人也是很重视解剖学的。《尔雅·释鸟》云：“鸟之雌雄可别者以翼，右掩左雄，左掩右雌。”这就表明，早在东汉人们已掌握了辨别鸟儿雌雄的门道了。

检索字典辞书，鸟、隹各领一部。《说文解字·鸟部》有115字，还有新附字4个；《说文解字·隹部》有39字，两部字数相差甚多。（“乌”也属鸟，但《说文》另立一部，本文从略。）不过，在“鸟”部的鸟并非都是长尾巴，而在“隹”部的隹也不都是短尾巴。如隹部的“雉（野鸡）”，它的尾羽既长且美；而鸟部的“鸭”，尾巴短而丑陋。难道说这两个字划分部首有误？又如，“雄”“雌”二字都属“隹”部，可是它们的解释却是“鸟父”“鸟母”。

就在笔者对“鸟”“隹”二部的划分有所疑惑之时，忽见蒋人傑先生所著《说文解字集注》引《义证》之按语云：“《左传》言，凡短尾者从名为隹也，非谓字之从隹者皆短尾也。盖析言之则隹鸟异类，合言之则隹鸟通称。”又引《殷虚文字》语：“卜辞中隹与鸟不分，故隹字多作鸟形，许书隹部诸字亦多云籀文从鸟，盖隹鸟古本一字，笔画有繁简耳。许以隹为短尾鸟之总名，鸟为长尾之总名。然鸟尾长者如雉与雞（鸡），而并从隹，尾之短者莫如鹤鹭凫鸿，而均从鸟，可知强分之之未为得矣。”

啊，原来如此。笔者本以为对“鸟”“隹”二部之字略有所知，竟然落入“强分”之俗套而起质疑之意。今方有所悟：笔者读书欠多，此实乃“未为得矣”！

文末，录韩愈《郓州溪堂诗》诗句曰：“流有跳鱼，岸有集鸟。”（见《全唐诗》第10册第3867页）鱼跳鸟集，则大气无灰霾，河水无黑臭，这样的生态环境是何等美妙呀，凡做“中国梦”者，无不向往之。

“部首”的形音义

前言

汉字建“部首”，属许慎之创造。《说文解字·叙（上）》曰：“……将以理群类，解谬误，晓学者，达神恉。分别部居，不相杂厕也，万物咸睹，靡不兼载，厥谊不昭，爰明以谕。”段玉裁注：“群类，谓天地鬼神山川草木鸟兽昆虫杂物奇怪王制礼仪世间人事。达神恉者，使学者皆同憭于文字之形之音之义也。厕犹置也。分别部居，不相杂厕，谓分别为五百四十部也。谊兼字义字形字音而言。昭，明也。谕，告也。”王筠按：“《说文》以字形部居，独出千古，后世所宗。”

往后的文字学家觉得，汉字划分540部过于繁杂，于是不断地对“部首”进行梳理归并，直至今日所通行的201部。现今通行的“部首”以独体字居多，形音义兼具，部属之字则能大致辨别其类，领会其意，但也有一些乍看上去只是起首笔画而已，至于它是什么读音，表示什么意思，今人多有不识，或以简化字注音释义，势必与先民造字的原本意图相去甚远。

为利于弄懂造字之本义，笔者以《“部首”的形音义》为题，从文字学大师著作中抄录部分解释部首的形音义的精彩内容与广大读者分享。

第一组:"丶";"冫仌";"氵";"灬"。

"丶",俗称"点",读音zhǔ。一义为灯中火炷,《部首订》云:"镫(灯)中火主为本义。"又一义为"句断"之顿号,《说文》曰:"有所绝止,丶而识之也。"意思是说,古人每读书句毕,以笔作丶为断。

"冫仌":"冫"在字左,"仌"在字下,俗称"二点水",读音bīng。许慎曰:"冻也,象水凝之形。"徐锴注:"冰初凝文理如此也。"《说文解字·仌部》有17字(《辞海》"冫"有36字),字义大都与寒冷冰冻相关。

"氵",即"水",用在字左写作"氵";用在字的下部写作"水",如"泰""浆"等。《说文解字·水部》字众多,文468,新附字23。字义多为水流、水域名称或与液体相关之物,但有些字与"冫"部重复,如"冲""沖"实为一字。

"灬"即"火",写在字的下部,字义大都与加热、烹煮有关。请注意,"魚""燕"下部四点不是"火",而是表示尾巴形状。

第二组:"凵";"匚";"冂"。

"凵",读音qiǎn,一义为:"凵卢,饭器,以柳为之。象形。"另一义为:"张口也,象形。"(以上引文皆为许慎语)《说文通训定声》云:"坎也,堑也,象地穿,凶字从此。"

"匚",俗称"匡字框",读音fāng。《说文》曰:"匚,受物之器,象形。"《部首订》云:"匚即匡之古文,受物方器也,正象竹编之形。"

"冂",俗称"同字框",读音jiōng,即"冋(冏)"字。许慎曰:"邑外谓之郊,郊外谓之野,野外谓之林,林外谓之冂。象远界也。"《说文解字·冂部》有"央"字,释曰:"中央也。从大在冂之内;大,人也。"由此可见,位居中央之人管的范围够宽广的。

第三组："冖"；"宀"。

"冖"，俗称"秃宝盖"，读音mì。许慎曰："冖，覆也。从一下垂也。"《玉篇》注："以巾覆物，今为幂。"故，"冖"部字多与覆盖之义有关，最具代表的字如"冠"。

"宀"，俗称"宝盖头"，读音mián。许慎曰："宀，交覆深屋也。象形。"段玉裁注："古者屋四注，东西与南北皆交覆也。有堂有室，是为深屋。"王筠言："(宀)乃一极两宇两墙之形也。"该部之字皆与宫室家宅的名称，或与在房屋之中做事有关联。

第四组："厂"；"广"。

"厂"，俗称"厰字头"，读音hǎn。许慎曰："厂，山石之厓岩，人可居。"《句读》云："左之斗绝者山也，上之横覆者厓也，上山不能横出，故曰山石之厓岩。"以上所言，意为山一侧有岩石横出，其下可居人。"厂"部字可表示和山崖、山、石或房屋有关的事物。如今"厂"成了"厰"的简化字。

"广"，俗称"廣字头"，读音yǎn。许慎曰："广，因厂为屋，象对刺高屋之形。"徐灏云："因厂为屋，犹言傍岩架屋，此上古初有宫室之为也……对刺，谓屋上作人形相对也。"王筠《说文释例》云："广当与宀相次耳。广乃一面有墙；宀则两面有墙，而中高者为栋极，左右杀者为两宇。""广"部字之义与房屋等建筑物有关。如今"广"成了"廣"的简化字。

"厂"部有个"库(厙)"字，"广"有个"库(庫)"字，二者形近，极易写错，写手得多加留意。又："府""库"二字本义都是"藏"，但有所分工。许慎曰："府，文书藏也。"徐灏云："府主出纳，故从付声。"许慎又曰："库，兵车藏也。从车在广下。"段玉裁云："此库本义也。引申之凡贮物舍皆曰库。"

第五组：“卩”；“阝（在左）”；“阝（在右）”。

“卩”，俗称“硬耳朵”，读音jié，古文写作“卪”。许慎曰：“卩，瑞信也。守国者用玉卪，守都鄙者用角卪，使山邦者用虎符，土邦者用人卪，泽邦者用龙卪，门关者用符卪，货贿用玺卪，道路用旌卪。”徐锴注：“今皆作節字。卪象半分之形，守国者，其卪半在内，半在外。”徐灏云：“窃疑此字乃象骨節之形，引申之义为節制，故令印等字从之耳。”

顺便提一下“節”，本义为竹節。竹不属草，现在把“節”简化成“节”，或有不妥。

“阝（在左）”，即“阜”，俗称“左耳朵”。许慎曰：“阜，大陆，山无石者。”《尔雅·释地》云：“高平曰陆，大陆曰阜，大阜曰陵。”

《说文解字·阜部》有“陰（阴）”“陽（阳）”二字。《说文》曰：“阴，水之南，山之北也。”《穀梁传·僖公二十八年》云：“山南为阳，水北为阳。”

“阝（在右）”，即“邑”，俗称“右耳朵”。许慎曰：“邑，国也。从‘囗’（音围）。先王之制，尊卑有大小，从卪。”《句读》云：“邑之名，古大而近小。凡邑有宗庙先君之主曰都，无曰邑。”

“邑”部亦为大部，《说文》收182字，其义皆和城市、邦国、地方、居住、姓氏有关。

第六组：“彳”；“廴”；“辶”；“夊”。

“彳”，俗称“双人旁”，读音chì。许慎曰：“彳，小步也。象人胫三属相连也。”段玉裁注：“三属者，上为股，中为胫，下为足。单举胫者，举中以该上下也，胫动而股与足随之。”笔者以为，“彳”是“行”的左半部，而“行”的右半部“亍”，读音chù，则“彳”“亍”连读为“chì chù”，乃脚步之声也。“彳”作部首的字，其义与走路、道路、距离、脚的动作或人的行为有关。

设问："彳"部有"微"字，今义为"细小"，它与"彳"有什么关系？其实，它的本义是"隐行也"（《说文》语）。《左传·哀公十六年》："白公奔山而缢，其徒微之。注云，微，匿也。"《史记·廉颇蔺相如列传》："赵使人微捕得李牧，皆隐行伺察之义。"

"廴"，俗称"建字底"，读音yǐn。许慎曰："廴，长行也。从彳引之。"徐灏云："长行者，连步行也，故从彳而引长之。"凡"廴"部字，可表示和走路有关的事物，徐锴对"延"字的解释正是"长行"。

"辶"，俗称"走之底"，古文写作"辵"，读音chuò。许慎曰："辵，乍行乍止也。从彳，从止。"《句读》云："（辵）部中字皆行义，辵与行同意。"王国维《说文练习笔记》言："辵之训当为行也。"凡"辶"部字，其义与行走、路程或脚的动作有关。

设问："造"字的意思是"制作"，丝毫看不出它跟"辵"的关系。笔者以为，"造"本应是"艁"；"艁"者，从舟，告声，本义为制作舟船。然而，"造访"即与行走有关。

"夊"，读音suī。许慎曰："夊，行迟曳夊夊，象人两胫有所躧也。"徐灏云："谓缓步而行，夊夊然若有所曳也。"《六书精蕴》云："（夊）象人曳杖形。"凡"夊"部字，其义和脚的动作有关的，和"止"部相通。

与脚及行走动作相关的部首还有"止""足""走"等。

第七组："疋"；"癶"。

"疋"，读音shū。许慎曰："疋，足也。上象腓肠，下从止。"宋育仁《说文解字部首笺正》云："上象腓肠，今言足肚。下从止，止训下基，足之所止，如支物之有丌。疋之本义即足趾之趾。"根据以上解释，"疋"部字之义应与脚或脚的动作有关。可是，如今的字典、辞书收在"疋"部的"胥""蛋""楚""疑"等字，笔者根本看不出它们跟脚或脚的动作有什么关系。

值得一提的是，无论是古代的《说文》等，还是如今的《现代汉语词典》等，属“⻊”部的字数都比较少。笔者以为，“跟脚或脚的动作有关”的字其实很多，《说文》“足”部有文85个，新附字7个；《现代汉语词典》“足”部字（含繁体）多达170个，干吗再单列个“⻊”部呢？

“癶”，读音bō（读若“拨”），这也是个与脚的动作有关的字的部首。许慎曰，“癶，足剌癶也”，形如正反“止”。徐锴云：“两足相背不顺，故剌癶也。”《句读》云：“剌癶古语，谓足动止不自由，形容其行不前貌也。”

《说文·癶部》仅收二字：“登”与“癹”。《说文》释“登”为“上车也”，登车这个动作当然是要两足分开先后而上的。《说文》释“癹”（bō）为“以足蹋夷草”，就是用脚把草弄平。

值得一提的是，“發”不在“癶”部，而在“弓”部，它是个形声字，形部属“弓”，声部为“癹”。

第八组：“幺”；“糸（纟）”。

“幺”（小篆字形像个小葫芦），读音yāo。许慎曰：“幺，小也。象子初生之形。”《义证》云：“重厶为幺。幺象月昧也，亦象子初成之形。”王筠引《集韵》语：“（幺）象子初生之形也……则成胎三四月时，其体已备，但在胞中，四体不能展布，故象其拳曲而作幺也。”徐灏云：“凡物之小者皆谓之幺，因之子初生亦曰幺也。”

“幺”部最具代表性的字是“幼”，其本义“少也”。徐灏解释：“幼从力从幺，言其力微也。”幼小之人，其力单薄，实属正常。请注意：有人以为，“幺”部字与“丝线”之类事物相关，不然。

“糸（纟）”，俗称“绞丝旁”，读音mì。许慎曰：“糸，细丝也。象束丝之形。”段玉裁云：“丝者，蚕所吐也。细者，微也，细丝曰糸。”那么，“糸”有多细？徐锴云：“一蚕所吐为忽，十忽为丝。糸，五忽也。”由此看来，“糸”只有半丝。

“糸（纟）”部是大部，现通行的《说文解字》版本收文248个，新附字9个，约占全书的四十分之一。其部首字与丝、绳、丝、棉、麻等纺织品以及色彩有关。我国古代丝织品领先世界，故“糸（纟）”部字众多。

第九组：“攴（攵）”；“殳”。

“攴（攵）”，有人称“攵”叫“反文旁”，非也，读音pō。许慎曰：“攴，小击也。从又，卜声。”林义光《文源》云：“（攴）象手有所持形，犹治事之意。”

有人以为，“攴”作部首时，可以表示和敲、打、击等手的动作及干、做等行为动作有关的事物，此说不当。徐灏云：“从攴之字多非击义。攴训小击，理有难过，且条枚之枚、细微之微皆从攴，其非取义于击更可知。疑本象手有所执持之形，故凡举手作事皆从之，因用为扑击字耳。”表示敲、打、击等义的字当在“殳”部。

“殳”，读音shū。许慎曰：“殳，以杖殊人也。《周礼》：殳以积竹，八觚（‘觚’作棱角解），长丈二尺，建于兵车，旅责以先驱。”《金文诂林》云：“殳之为器，其柄曲，其头尖，盖捶物之器也。”

以“殳”作部首之字可以表示和敲打、打击有关的事物，如“殴”者，本义即为“捶击也”。

笔者注：繁体“击”写作“擊”，《说文》将它划在“手”部，释曰“攴也”。这就容易造成“攴”“殳”字义之混淆。

第十组：“毋”；“毌”；“母”。

“毋”，读音wú。它是个独体字。许慎曰：“毋，止之也。”《古本考》云：“其字从女，内有一画（横弯勾）。古人云毋犹今人言莫也。”《新华字典》解释为“不要，不可以”，与“勿”义同。《现代汉语词典》解释为“表示禁止或劝阻”。

从“毋”字仅有一个“毐”，读音ǎi。许慎曰：“毐，人无行也。从士，从毋。”《史记·秦始皇本纪》有“嫪毐封为长信侯”之语。“嫪毐”是什么人？《汉书·五行志》云：“太后（秦始皇之母）淫于吕不韦及嫪毐。”颜注：“嫪，姓也；毐，名也。许慎说以为，嫪毐，士之无行者。”

“毌”，俗称“贯字头”，读音guàn。许慎曰：“毌，穿物持之也。从一横贯，象宝货之形。”古有地名“毌”者，《史记·齐世家》：“伐卫取毌邱。”索隐云，毌音贯，卫之邑也。

“母”：《说文》无“母”部；今201部首有“母”部。奇怪的是：（1）《新华字典》《现代汉语词典》“毋”“母”分列，而《辞海》“毋”“母”合为一个部；（2）《现代汉语词典》将“毌”收入“毋”部，不知所依何据。

关于“毌”“毋”“母”之混淆，文字学界对此多有质疑，笔者说不清楚，只好点到即止。

第十一组：“冃”；“罒”；“覀”。

“冃”，俗称“冒字头”，读音mào。徐灏云：“冃冒古今字。”实则，“冃”“冒”“帽”是一个字，术语称作“累增字”。许慎曰：“冃，小儿及蛮夷头衣也。从冂，二其饰也。”段玉裁注：“谓此二种人之头衣也。小儿未冠，夷狄未能言冠，故不冠而冃，冃即今之帽也。”

“冃”部字多与冠带有关，如“冕”“胄”等。有字“最”，为何从“冃”？徐锴云：“军功上曰最，下曰殿。”军功最上者，不就是“盖了帽”的吗！

“罒”，读音wǎng。许慎曰：“罒，庖牺所结绳以渔。从冂，下象网交文。”该部首字，可以表示各种网，或与网的功能有关的事物，如“罩”“罗”等。“罪”的古义为“捕鱼竹网”（许慎语）。王筠云：“罪乃捕鱼竹网也。鱼有何非而网之哉？盖自秦借罪为辠，遂与罟从网能。”那么，秦始皇为什么要以“罪”代替触犯法律之“辠”呢？原来，“秦以辠字似皇字，改为罪”（《义证》语）。

“襾”，俗称“覆字头”（不应称为“西字头”），读音xià。许慎曰：“襾，覆也。从冂上下覆之。”作部首时可表示和遮盖或反复有关的事物。

说明：“冃”部，《辞海》将它归并于“日（曰）”部；“襾”部如今与“西”部合并。

第十二组：“屮”；“艹（艸）”。

“屮”，音chè，读若“徹”。许慎曰：“屮，艸木初生也。象丨（音gùn）出形，有枝茎也。”徐铉曰：“丨，上下通也，象艸木萌芽，通徹地上也。”颜师古注：“屮，古艸字。是古文借屮为艸也。”《春秋经》案云：“屮艸本一字，初生为屮，蔓延为艸，象丛生形，甲骨文从艸之字，又或从茻（同‘莽’），形虽不同，谊则一也。”

“屮”部，《新华字典》有11字，《现代汉语词典》有10字，然而，仅“屯”一字的归属与《说文》相同；《辞海》“屮”部所收6字，除“屮”字本身外，竟无一字与《说文》相同。

“艹（艸）”，即“草”。许慎曰：“艸，百卉也，从二屮。”《论衡》云：“艸初生为屮，二屮为艸，三屮为卉，四屮为茻，言其生之繁芜也。”

“艸”部是个大部，《说文》收“艸”部字多达445个，另有新附字13个，约占总数的4.6%，真可谓“其生之繁芜也”！

第十三组：“木”；“爿（丬）”；“片”。

“木”部字数仅次于“艸”部，在《说文》中收文421个，新附字12个。

许慎曰：“木，冒也。冒地而生，东方之行。从屮，下象其根。”王筠《说文释例》云：“从屮，非也。木固全体象形字也，丨象干，上扬者枝叶，下注者根株。”《字林》定义为：“木，众树之总名。”

此外，许慎所说之“冒”是何意？《说文解字义证》以为：“冒”字应是“卯”字（夏历十一月为“子月”，次年二月为“卯月”），即“二月万物冒地而出”。

如果将“木”字中分，则成“爿”“片”二字，如今的字典、辞书都有“爿(丬)”“片”二部。

“爿”，读音pán。《说文》不见此字，亦无“爿（丬）”部，这是何故？桂馥在《说文解字义证》中说：“本书（指许慎《说文》）无爿字。馥谓爿当属片部，与反正为乏同例。”段玉裁《说文解字注》云：“古文一字可以反正互写，爿片当是一字。”有的文字学家讲，直到唐代才有“爿（丬）”部。

“爿”字何义？《甲骨文字集释》称：“当是牀（床）之初文，横之作ㄒ，上象床版，下象足桄之形。”原来这个“爿”就是竖起的床，故“爿（丬）”部中的某些字尚可看出与“床”有关，如壯（壮）、妝（妆）等。

“片”，许慎曰：“判木也，从半木。”现多指平而薄的东西。“版”“牒”“牍”等皆从“片”，乃因古代书籍写于竹片之故。

第十四组：“气”；“欠”。

“气”，许慎曰：“云气也，象形。”段玉裁云：“气氣古今字。气本云气，象云起之貌。”这就是说，“气”字古已有之，不是“氣”的简体字。古文“气”写得像“三”，李孝定云：“三象云气层垒形，上从二与三字近，下象云气下垂之象。”

在《说文》里，“气”部仅收一个“氛”，其义为“祥气也”；现代的字典、辞书，“气”部字不少，这些字可以表示各种气体或以气体作为存在形式的化学元素。

“欠”，古文写作上“三（即‘气’）”下“人”。许慎曰：“欠，张口气悟也，象气从人上出之形。”段玉裁云：“悟，觉也，今俗曰呵欠。又欠者气不足也，故引申为欠少字。”

“欠”作部首的相当一部分字，可以表示和张大嘴巴有关的各种动作，如“吹”“歔（嘘）”“歎（叹）”等。

值得一提的是“次”字，它跟张口吹气毫无关系，怎会列入“欠”部的呢？许慎曰：“次，不前不精也。”段玉裁对“次”的解释颇为清晰：“不前不精，皆居次之意也，从欠（气不足）从二（差一等）故为次。”

第十五组：“彡”；“髟”。

“彡”，俗称“三撇儿”，读音shān。许慎曰：“彡，毛饰画文也。”徐铉注：“毛发绘饰之事”（意即须毛和画饰的花纹）。“徐锴云：“古多以羽旄为饰，象彡彡然。”

《说文解字·彡部》有新附字“彩”，徐铉曰：“文章也。从彡，采声。”郑珍《说文新附考》云：“经史皆作采，后加作綵，加彡更晚出。”

“髟”，读音biāo。许慎曰：“髟，長髮猋猋也。从長从彡。”意为头髮下垂的样子。

“髟”部字可以表示毛髮或与毛髮有关的事物。然而，该部最具代表性的头髮的“髮”，现在简化成“发”，部首不见了，没有归属了（还有“鬍”“鬚”等字都把“髟字头”去掉了）。尽管如此，“髟”的生命力还是挺顽强的，像“髯”“髻”“鬃”等，假如把“髟字头”去掉，则“冉”“吉”“宗”等诸字之义与毛髮有何相干？

第十六组：“犭”；“豸”；“虍”。

“犭”即“犬”，俗称“反犬旁”。“犬”与“狗”本是同一种家畜，区别在于：“悬蹄短尾”“疾行而足不著地”为犬；“吠守者”为狗。也有的说，“大者为犬，小者为狗”。

"犭(犬)"部字，有一部分是狗的品名，如短胫狗叫"猈"；长喙犬叫"猃"；西藏猛犬叫"獒"；南越名犬叫"獀"等。"狡"字往往与"猾"组词，义为奸诈，其实"狡"的本义是"少狗也"（许慎语）。《周书·王会》云："匈奴狡犬者，巨身四尺。"但"犭(犬)"部字多数并非犬类，"狼""狐"其形类犬，而小者如"猩猩"，大者如"狻猊"，与狗毫无相似之处。（注："狻猊"，传说中古代的一种猛兽。《尔雅·释兽》："狻猊……食虎豹。"郭璞注："狻猊，师（狮）子。"）

"犭(犬)"部字，部首在左时写作"犭"；在内、在下、在右者写成"犬"，如"戾""臭"。左"犭"右"犬"，合起来是个"犾(yín)"，其义为"两犬相啮也"（许慎语）。"犾"中加个"言"，就成了"狱"。段玉裁云："狱字从犾者，取相争之意。"

"豸"，读音zhì。许慎曰："兽长脊，行豸豸然。"徐锴云："豸豸，背隆长貌。"李孝定《甲骨文字集释》："（豸）字上象兽头张口见牙，四足（侧视作二足），长尾之形。"

"豸"部字多为走兽之名，"豹"属此部。《金文诂林》云："（豹）兽也，似虎，团纹，黑花，小于虎。"不过，"豸"部中不少字与"犭"部重，如"貓(猫)""貛(獾)"等。一字从属两部，显然是资源浪费。

"虍"，俗称"虎字头"，读音hū。许慎曰："虍，虎文也，象形。"《部首订》云："虎象蹲踞形，但画毛纹及二足，虍又从虎省足而但存皮。"

"虍"部字中，多数字的本义与虎及虎的动作有关。例如"虔"，今义为"敬(虔诚)"，本义却是"虎行貌"（许慎语）。徐锴释云："虎之行虓虓然有威，故敬为虔。"又如"虐"，今义为"残暴"，本义则是"虎反足以爪(抓)人也"（徐锴言）。再如"虞"，本义竟是虎名。许慎曰："虞，驺虞也，白虎黑文，尾长于身，仁兽，食自死之肉。"徐灏云："虞，防虎也。山泽之官因谓之虞。引之为忧虞。"这就是现今"疑虑"之义；又作"欺诈"解，"尔虞我诈"是也。

后记

关于“部首”的形声义，笔者罗列上述16组，并作了简要叙述；另有《“牙”和“齿”》《“肉”和“月”》《“皮”和“毛”》《“鸟”和“隹”》等单独篇章。

自《说文解字》创立540部的汉字“部首排检法”以来，文字学家在肯定许慎的重大贡献的基础上，普遍认为分类过于繁琐，譬如，“刀（刂）”部之后有“刃”部，“虍”部之后有“虎”部，“土”部接着是“垚”部，“弓”部接着是“弜”部，“水（氵）”部后面有“林”部，“鹿”部后面有“麤”部……于是，后人不断对部首进行归并，又以楷体的变化进行改革，至《字汇》《康熙字典》等，则减少到214部。现代通行汉语辞书大多采用《汉字部首表》的201部。

然而，现在采用的201部首，亦有诸多不尽如人意处，那就是检索不全是按表义的形旁，而是按字的笔序以先书写的部分作检索部首，如“思”“想”二字，本是心理活动，原先查找都在“心”部，现“思”在“田”部，“想”在“心”部。有的辞书，“思”既在“田”部，又在“心”部（此类现象不少），简直就是一种资源浪费。由此可见，汉字改革任重道远，须慎之又慎，决不能草率从事。

笔者斗胆草就此文，是想引起同道之文友共同进行探讨。文中多有不妥，敬请读者原谅。

[本书自2010年开始写作至今，已四易其稿。在此过程中，得到了蒋人傑、郝铭鉴、叶文宪等多位文字专家的悉心指点和帮助，还有许多热心文友的指瑕，笔者在此向各位致以衷心感谢。

由于作者属初涉文字学领域，学识肤浅，所撰拙文疏漏讹误在所难免，敬请方家和广大读者给予指正。]